科学运动训练与运动员竞技能力发展研究

樊芹芹 著

南方传媒 广东人民出版社
·广州·

图书在版编目（CIP）数据

科学运动训练与运动员竞技能力发展研究 / 樊芹芹著. — 广州 : 广东人民出版社, 2021.12
ISBN 978-7-218-15585-2

Ⅰ. ①科… Ⅱ. ①樊… Ⅲ. ①运动员－运动训练－研究②运动员－竞技状态－研究 Ⅳ. ① G808.1 ② G804.22

中国版本图书馆 CIP 数据核字 (2021) 第 263181 号

KEXUE YUNDONG XUNLIAN YU YUNDONGYUAN JINGJI NENGLI FAZHAN YANJIU
科学运动训练与运动员竞技能力发展研究
樊芹芹　著

出 版 人：肖风华

责任编辑：李力夫
责任技编：吴彦斌　周星奎
装帧设计：马静静

出版发行：广东人民出版社
地　　址：广州市大沙头四马路 10 号（邮政编码：510102）
电　　话：（020）85716809（总编室）
传　　真：（020）85716872
网　　址：http://www.gdpph.com
印　　刷：三河市德贤弘印务有限公司
开　　本：710mm×1000mm　1/16
印　　张：18.5　　**字　　数：**332 千
版　　次：2022 年 6 月第 1 版
印　　次：2022 年 6 月第 1 次印刷
定　　价：90.00 元

如发现印装质量问题，影响阅读，请与出版社（020-85716849）联系调换。
售书热线：020-87716172

前　言

运动员比赛成绩的获得在很大程度上依赖于自身的竞技能力水平的高低，而运动员的竞技水平则在很大程度上取决于平时的运动训练质量。所以，无论是运动队还是个人都非常重视日常的运动训练。只有运动员的运动训练水平提升了，才有可能取得更为理想的比赛成绩。运动员的竞技能力构成要素主要有体能、心理、智能、技战术能力等，这些要素的获得与提升直接决定着运动员的运动水平。可以说，高水平竞技运动员的培养是竞技体育高质量、可持续发展的重要基础。在当今时代背景下，我国“体育强国”建设对高水平竞技运动员的培养提出了新要求。运动员的培养目标也从以培养具有高水平竞技能力和成绩的运动员向兼具高水平竞技能力和文化素质等方面转变，这就为运动员的培养与训练带来了极大的挑战。

目前，我国竞技体育运动水平整体上来看处于世界前列，尤其是在一些传统优势项目上，如乒乓球、跳水等项目的优势巨大，成为全世界学习的标杆，这与我国高强度的运动训练和雄厚的人才储备是分不开的。但必须承认的是，我国有很多运动项目的运动训练体制、训练理念、训练模式等都存在不少问题，尤其是一些集体项目，如足球、篮球等与欧美等强国的差距越来越大，这是值得我们重点反思的。只有大力挖掘与培养竞技体育后备人才，加强运动员的运动训练，提高其竞技能力，才能在世界体坛占据一席之地。

本书以运动员训练与竞技能力的提升为主题展开深入细致地研究与分析，主要分为理论与实践两个部分。其中第一章至第三章为理论部分，第一章主要阐述了运动训练的学科理论基础，包括运动生理学理论、运动心理学理论、运动训练学理论和教育学理论等内容。第二章主要研究了运动员科学训练的机制、原理和保障，主要包括运动训练理念、运动训练计划、运动训练的原则与方法、运动训练管理、运动训练保障等内容。第三章主要研究了运动员竞技能力的构成与发展，在阐述运动员竞技能力的概念、构成要素、结构特征的基础上，重点研究与分析了如何有效地提高运动员的竞技能力。第四章至第九章为本书的实践部分，其中第四章至第六章为运动员的竞技能力要素训练研究，重点设计了运动员体能、心理、智能、技术、战术能力训练的手段与方法。第七章至第九章为运动训练的实证分析，主要涉及技能主导类格斗对抗性项群、体能主导类项群和技能主导类隔网 / 同场对抗性项群等项目的训练。通过以上内容的研究，可以为运动员的训练提供科学的理论与实践指导。

本书高度重视理论与实践的结合，具有较强的前沿性和科学性，关于运动训练与竞技能力理论的研究深入浅出，能为运动员参加运动训练提供科学的理论指导。以项群理论为视角对各个项群的运动训练进行了实例分析，能为运动员的运动训练提供有益的实践指导。

本书在撰写的过程中参考和借鉴了大量有关运动训练方面的书籍和资料，在此向有关专家及学者致以诚恳的谢意。由于时间和精力有限，不足之处在所难免，恳请广大读者批评指正，以便日后加以完善。

作　者

2021 年 9 月

目　录

第一章　运动训练的学科理论基础

运动训练的学科理论基础是开展实际训练的基石，在此基础之上，构建了现代运动训练的理论框架，指导着教练员、运动员的运动训练实践活动。运动训练的学科理论基础涉及的范围较广、学科类型较多，包括运动生理学、运动心理学、运动训练学、教育学等多学科的理论知识。本章就针对与运动训练高度相关的学科理论进行简单阐述，以便对运动训练的科学规律有更为深刻的把握。

第一节　运动生理学理论

生理学这门学科主要研究生物体的基本功能及活动规律，研究内容包括细胞、组织、器官和人体的各种调控机制等。运动生理学主要研究人类运动现象的生理属性，揭示运动对人体机能的影响，阐明运动训练、体育教学过程中的生理学原理，指导不同年龄、性别的人进行科学的训练，最终提高运动员的竞技水平，提高全民体质。运动生理学是生理学的一个重要分支，是体育科学中重要的基础理论学科。

一、肌肉运动

（一）肌肉的结构

肌肉在体育运动中的作用不言而喻，人体参与任何一项体育运动都离不开对肌肉的调节。肌肉通过收缩与舒张两种形式实现肌肉的活动，在肌肉进行收缩、舒张的过程中，其张力和长度发生了明显的变化，与之相连的骨杠杆随之发生位移，帮助人体完成各种身体姿势，开展各种身体活动。

人体运动系统由各部位关节、200 多块骨骼、600 多块肌肉等构成。肌细胞（又称肌纤维）是组成人体肌肉的基本结构和功能单位，呈细长的圆柱状，肌细胞内部有细胞质和多个细胞核。包裹在肌细胞外部的一层薄膜叫作肌膜，肌膜内呈圆柱状的、上面带有横纹的物质叫作肌原纤维。肌原纤维由两种蛋白质微丝（又称肌丝）排列而成，粗肌丝由肌球蛋白构成，细肌丝则是由肌动蛋白、肌钙蛋白、原肌球蛋白构成。粗、细两种肌丝的相对滑动使得肌肉的舒张与收缩成为可能。

许多肌纤维排列在一起，形成肌束，在肌束的表面包裹着一层肌束膜，许多肌束聚集在一起，最终形成了一块肌肉。生理专家通过分析肌肉的化学组成成分发现，肌肉中 75% 是水，25% 是包括蛋白质、各种酶在内的固体物质，肌肉中富含大量的毛细血管网，为肌肉活动输送氧气和养料，并且肌肉中富含神经纤维，使得肌肉的活动情况受神经系统的控制。

（二）肌肉的种类

通常情况下，人体内部肌肉包括骨骼肌、平滑肌、心肌三种。其中，骨骼肌数量最多，体重占比最大，任何躯体运动都需要依靠骨骼肌的活动来实现。平滑肌、心肌则与内脏器官的活动（如胃肠道的运动等）有关。

（三）肌肉的收缩形式

肌肉主要负责实现收缩活动，根据肌肉收缩的长度差异、张力变化，收缩形式可以分为以下几种不同的类型。

1. 向心收缩

向心收缩指肌肉在进行收缩的过程中，产生了大于外加阻力的张力，从而造成了肌肉缩短，与之相连的骨杠杆做相向运动的一种收缩形式。在这种肌肉收缩形式下，肌肉起止点之间的距离缩短了。此种收缩方式最为常见，起跳、屈肘、持拍等多种动作的实现都需要依靠肌肉的向心收缩。

2. 拉长收缩

当肌肉的收缩力小于外力时，肌肉被拉长，肌肉起止点之间的距离逐渐扩大，这种肌肉收缩的形式被称为拉长收缩。肌肉在进行拉长收缩时，收缩力的方向与肢体的移动方向相反，因此，起着制动、减速的作用。

3. 超等长收缩

超等长收缩指肌肉先进行拉长收缩，使肌肉被拉长，随后再进行向心收缩，使得向心收缩产生了更大的输出功率。在实际训练中，利用这种方法能够使肌肉得到有效的锻炼。例如，在跳深练习中，运动员先从高台上跳下深蹲，使包括臀部肌在内的肌肉预先被拉长，为随后的起跳创造条件。

4. 等长收缩

当肌肉的收缩力等于或小于外力时，肌肉在收缩，但是肌肉起止点之间的距离不变，这种肌肉收缩的形式被称为等长收缩。肌肉在此种收缩形式下，虽然没有做外功，但是依然消耗了能量。武术中的马步蹲、体操吊环中的十字悬垂等动作都属于肌肉等长收缩动作。

二、物质代谢

（一）糖类代谢

1. 糖类的作用和在人体内的存在形式

糖是构成人体组织、细胞的重要组成成分，是人体的能量来源，在某些条件下，糖还可转化为脂肪和蛋白质。人体日常消耗的能量70%来自糖类。

糖原、葡萄糖是人体内最常见、最重要的糖类。糖通过食物进入人体被充分吸收后，一部分以血糖的形式存在，作为糖类的运输形式，另一部分则进入到肝脏、肌肉中，以肝糖原、肌糖原的形式存在，作为糖类的贮存形式。血糖、肝糖原、肌糖原在体液的调节下，维持着动态平衡（图 1-1）。

2. 糖类在体内的代谢

糖类通常作为能量的供应者，在体内被分解消耗。其代谢途径主要有以下两种。

（1）糖酵解。此种代谢方式不需要耗氧，糖在体内的组织细胞中分解为乳酸，并释放出能量。通过糖酵解这种途径释放的能量较少，但是速度较快。通常，每分子葡萄糖分解生成 2 分子乳酸，最终转化为 2 分子的 ATP（三磷酸腺苷）。

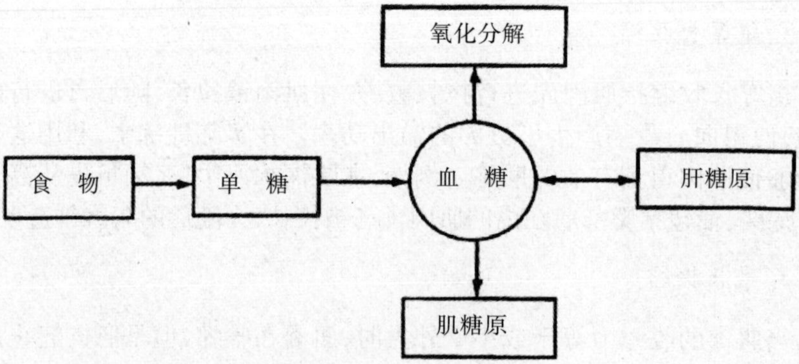

图 1-1 糖动态平衡示意图 ①

（2）有氧氧化。此种代谢方式是机体供能的主要形式，葡萄糖在有氧条件下进行彻底分解，最终生成二氧化碳和水。有氧氧化过程释放的能量较多，每分子葡萄糖完全分解所产生的能量是糖酵解的 19 倍。

（二）脂肪代谢

人体内的脂类物质少数以游离的形式存在于血液中，大部分以脂肪的形式存在于皮下、各组织、器官中，人体内部的脂肪约占体重的 10% ~ 20%。

食物或体内的糖是脂肪的重要来源，脂肪不仅是体内的能量供给者，还是组成细胞的重要成分。脂肪在体内发挥着重要的作用，例如，保护内脏器官不受外部伤害、防止体温散失等。

脂肪在一定条件下能够氧化成为二氧化碳和水，并在此过程中释放大量的能量。在长时间的运动锻炼中，脂肪氧化供能的比例会逐渐加大。

（三）蛋白质代谢

蛋白质作为重要的能源物质、生命活动的物质基础，不仅能够帮助有机体建造、修补再生组织，而且与有机体内部生理机能、代谢过程密切相关。与糖和脂肪不同，蛋白质不能在体内贮存，所以人们需要每天从食物中摄入蛋白质，以维持基本的生理需要。

通常情况下，蛋白质不作为人体的能量来源，为机体供能，但是在长期饥饿、疲劳的情况下，有机体能够通过蛋白质氧化为机体提供必要的能量。

蛋白质的代谢过程（分解与合成过程）对于维持人体生命活动十分重

① 杨建昌．运动生理学 [M]．西安：西安地图出版社，2003.

要。由于蛋白质中的主要成分是氨基酸，所以蛋白质的代谢过程以氨基酸代谢为基础。许多激素参与到蛋白质的代谢过程中，如肾上腺素、甲状腺素、生长激素等。在蛋白质代谢过程中，生长激素含量的增加有助于蛋白质的合成，加快了蛋白质合成的速度，使肌肉变得健壮。

从事力量性、耐力性项目的运动员在日常的运动训练中需要特别重视蛋白质的补充。

三、人体生理机能的调节

面对复杂的环境变化，人体通过较为完善的调节机制实现各部分功能的协调配合。

（一）神经调节

神经调节通过神经系统的活动有效调节着机体的各项功能，在人体整个调节系统中发挥着重要的作用，具有迅速、准确等显著特点。

神经调节通过反射活动实现，反射指个体在中枢神经系统的控制下对刺激做出的规律性反应。反射弧是有机体实现反射活动的结构基础，反射弧包括感受器、传入神经、中枢、传出神经和效应器五个环节。外界各种刺激信号通过感受器转换为神经电信号，沿传入神经到达中枢，中枢对神经电信号进行处理并转化为具体的电信号指令，指令经传出神经到达效应器，效应器按照指令做出相应的反射动作。手指触碰到火时快速缩回就是一种最常见、最简单的反射活动。

（二）体液调节

体液调节通过体液中化学物质之间复杂的相互作用实现对机体功能的调节。体液调节主要指激素参与的调节，体液调节的主要方式为内分泌腺或内分泌细胞分泌大量的激素，激素通过血液被运输到不同的器官、部位，开始发挥作用，进行调节活动。相较于神经调节，体液调节需要的时间较长，但调节的范围更广。除了激素参与的调节外，利用某些细胞产生的化学物质或代谢产物（如二氧化碳等）可以实现局部体液调节。人体中，许多内分泌腺会受到中枢神经系统的控制，因此，体液调节往往作为神经调节的一个环节，类似于反射弧传出通路的一个延伸，人们将这种复合的调节方式称为神经—体液调节。

（三）自身调节

自身调节指组织细胞依靠自身对刺激的适应性反应进行的调节，此种调节方式具有调节幅度小、灵敏度低的特点。例如，骨骼肌就通常采用自身调节这种方式，若骨骼肌的初始长度较长，其产生的收缩力就较大。除此之外，脑血流量、肾血流量等都采取自身调节的方式。

（四）整体调控

在控制论的理论观点下，人体主要依靠开环式的非自动控制系统、闭环式的自动控制系统两种方式实现功能的整体调控。

1. 非自动控制系统

调控信息只能在单一方向上实现反射活动，信息从感受器传到中枢再传到效应器，而效应器接收的信息不能反作用于中枢。这种调控方式并不常见，中枢因无法得知效应器对指令的完成情况，因而无法对效应器做进一步的调控。

2. 自动控制系统

自动控制系统因其具有灵巧、精确、自动化的显著优势，成为最普遍的整体调控方式（图 1–2）。在此调控方式中，效应器虽然属于受控系统，但其中也包含感受装置，能够将状态信息（即反馈信息）反传给中枢控制系统进行处理。例如，人体在运动过程中，大脑运动中枢向骨骼肌发出指令，骨骼肌在执行指令的同时，把肌肉活动情况反馈给脑中枢，从而使骨骼肌的调节更加精准有效。反馈机制在调节系统中广泛存在，不仅存在于神经调节中，还存在于体液调节和自身调节中。反馈分为正反馈、负反馈两种。正反馈加强原有效应，使某种生理过程加速完成，例如，血液凝固等。负反馈与正反馈的作用恰恰相反，对于维持人体生理功能的相对稳定十分重要，例如，维持血压、心率的相对稳定。负反馈形式的调节在人体中很常见，对于维持人与内外环境的协调统一很重要。

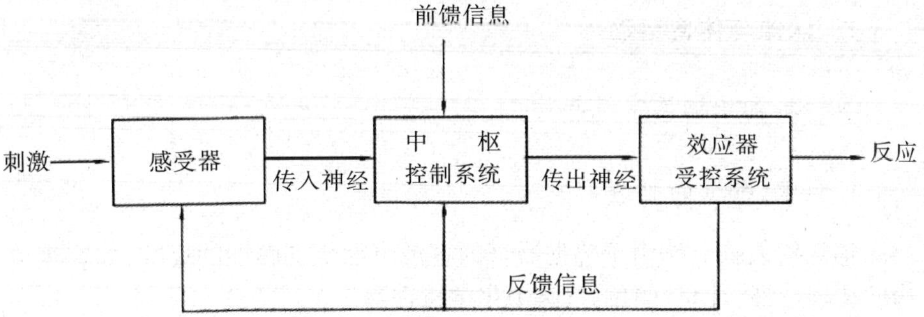

图 1-2 人体功能调节的自动控制 ①

第二节 运动心理学理论

运动心理学作为最近发展起来的一门交叉学科，着眼于人类运动的心理属性，是心理学在体育运动领域内的一个分支，主要研究运动员在运动过程中的心理变化、心理现象、心理规律，对体育运动、开展运动训练具有极强的应用价值。

一、运动心理学概述

在心理学体系中，心理的内容主要包括心理过程、状态、个性心理特征等各种心理现象。其中，心理过程主要包括三个方面的内容：认知过程、情感过程、意志过程。心理状态指人体在某一时刻进行信息加工时表现出来的具体状态，这一点在运动训练中较为突出，许多运动员在训练和比赛中表现出完全不同的心理状态。个性心理特征则主要反映个体之间的心理差异，体现在兴趣、能力、气质等各个方面。

现阶段，根据运动情境的不同，运动心理学被划分为竞技运动心理学、学校体育心理学、锻炼心理学三个部分。

① 杨建昌．运动生理学 [M]．西安：西安地图出版社，2003.

二、认知与体育运动

（一）运动中的感觉与知觉

1. 感觉、知觉的概念

感觉指人脑对作用于感觉器官的客观事物个别属性的反映，如客观事物的物理特性（性状、颜色、气味）、化学特性等。

知觉需要多种感觉分析器的联合活动，指人脑对作用于感觉器官的客观事物的整体反映。

感觉和知觉在一定程度上都能够较为准确地反映客观事物，是人体一切心理现象的基础，但二者之间存在一定的差别。

（1）对客观事物发生反应的具体水平不同。感觉反映客观事物的个别属性，知觉则是对客观事物的整体感知。但二者密不可分，感觉不能脱离具体事物而独立存在，需要与整体事物建立联系。例如，不存在抽象的红色，个体能真切感受到红花的红、国旗的红。在日常生活中，人们常常同时利用感觉、知觉加深对客观事物的理解，将二者统称为感知。

（2）感觉是知觉的基础，知觉是感觉的进一步深化。知觉不是各种感觉的简单相加，知觉大于各种感觉之和，具有自身整体的意义。

2. 感觉、知觉的种类

感觉通常被分为外部感觉、内部感觉。

（1）外部感觉。接受丰富的外部刺激，反映外部事物的属性，包括视觉、嗅觉等。

（2）内部感觉。接受内部刺激，反映身体内部内脏器官的状态或身体位置的运动，通常包括平衡觉、动觉、内脏感觉。

①平衡觉的感受器是内耳中的前庭器官，反映人体的姿势、头部运动的方向和速度。

②动觉又被称为运动感觉，通常指肌肉、关节的感觉，反映人体各部位的运动状况。

③内脏感觉又被称为机体觉，反应内脏器官的变化，通常包括饥饿、渴、恶心等感觉。

知觉通常被分为一般知觉、复杂知觉、错觉。

（1）一般知觉。某种感觉反应器起主导作用的知觉，通常包括视知觉、嗅知觉等。

（2）复杂知觉。根据知觉对象的不同分为运动知觉、空间知觉等。

（3）错觉。人在特定条件下产生的对客观事物的扭曲知觉，将实际事物扭曲为完全不同、不相符的事物。

3. 感觉与体育运动

感觉是每个人开展体育活动的心理基础。学生通过体育教师在课堂上对技术动作的讲解与示范，通过自身的不断练习，逐步掌握运动知识，习得运动技能。学生在进行动作练习时，需要依靠感觉器官提供的各种感觉信息不断深化对动作的认识，其中，相较于视觉与听觉，动觉的作用尤为突出，对提升运动成绩、掌握运动技能尤为重要。通常情况下，人体在刚开始进行运动练习时，对动觉的感受较为模糊，随着训练逐步推进，模糊的感觉会变得清晰，对运动技能的掌握也越来越熟练。

4. 知觉与体育运动

（1）运动知觉与体育运动。人体在开展体育运动的过程中，必须依靠运动知觉（包括客体运动知觉、主体运动知觉）产生对外界事物、自身运动的反应。以乒乓球这一运动项目为例，感知对手球的落点、方向等，属于客体运动知觉；感知自己的上肢、下肢接球动作属于主体运动知觉。两种运动知觉缺一不可，只有将二者完美地结合在一起，才能成为一名训练有素的运动员，在运动中快速感知外界的运动变化，控制自身动作。

（2）空间知觉与体育运动。学生或运动员的空间知觉能力对于掌握运动技能十分重要。正确的空间知觉反映了物体的空间特征，涉及物体的方位、距离等多种信息。在各种空间知觉中，方位知觉、距离知觉与身体运动之间存在较大的关联。运动场上的任何活动都需要有空间知觉的参与。例如，篮球运动员需要依据清晰准确的空间知觉估计双方球员的站位，从而选择行动方向，做出决策。

（3）时间知觉与体育运动。时间知觉与身体运动的协调性、韵律节奏有关，反映了个体对客观事物变化的延续性、顺序性认识，是开展体育运动必不可少的因素。不同的运动项目采用不同的媒介对时间进行估计，赛跑项目运动员主要将机体觉、肌肉运动觉作为估计时间的媒介；竞技体操运动员通过肌肉运动觉估计时间的长短，把控动作的节奏、速度。

（二）运动中的表象与想象

1. 表象、想象的概念

表象指人体在头脑中反映之前感知过的事物形象。例如，在头脑中浮现出著名影星的形象。

想象指人体在头脑中创造新形象的过程，此过程受头脑中已经存在的表象的影响，需要个体充分发挥创造力，将各种信息按照全新的方式加以组合。运动员需要在运动训练、运动比赛的过程中发挥想象。例如，在篮球比赛中想象队形、阵型的变化，在编排体操动作时想象各种动作之间的衔接等。作为一种独特的思维形式，想象通常在问题情境中产生，是对现实情况的超前反映。例如，体操教练通过想象在头脑中呈现出整套动作，整个作品。

表象与想象之间关系密切，表象是想象的基础、素材；想象是对表象素材的加工与改造。可以说，没有表象，想象就无从谈起。如果体操运动员在头脑中没有空翻动作的表象，就不会在自己的成套动作中编排难度较大的空翻动作。

2. 表象、想象与体育运动

表象、想象在运动训练、体育教学中必不可少，起着非常重要的作用。

（1）运动员要想形成运动动作、掌握运动技能离不开运动表象与再造想象。教练员通过利用运动表象、讲解动作概念将运动知识传授给学生，学生通过教练员的讲解与示范、观看比赛录像等，初步形成较为清晰的运动表象，再对相关技术动作进行模仿，随后通过再造想象，不断巩固与加强技术动作，使之达到熟练化、自动化的程度。由此看来，运动员头脑中的表象储备越多，再造想象能力越强，运动动作就越容易掌握。

（2）表象训练、想象训练可以帮助运动员巩固与改善技术动作。有相关实验结果表明，在篮球投篮训练中，先进行想象投篮练习，再进行投篮练习的实践操作，会获得最好的训练效果，运动员成绩提升得最快。运动表象的复演与想象过程的效用有其科学理论基础。一些心理学专家专门做过以下实验：要求运动员作赛跑想象，研究人员发现在想象过程中，运动员的腿部、手臂肌肉电流明显增强，与实际的运动效果相似。由此可见，表象训练、想象训练确实在运动训练中有显著效用。许多网球运动员充分利用表象训练、想象训练提升自身的运动成绩，例如，运动员在比赛前或每次训练前通过表象训练纠正技术中出现的问题，精进击球技术。

（3）创造想象有利于实现战术创造。任何创造发明都离不开创造者头脑中进行的想象，体育运动中尖端、高难技术动作的创新、独特新颖的战术运用、大型团体操的编排以及新的体育运动项目的产生，都离不开创造想象活动。[①] 在对抗比赛中，面对瞬息万变的赛况，只有具备想象力，具备一定的预见性，才能在技术、战术上取得重大突破性。

（4）在比赛前，想象训练能够有效降低运动员的焦虑水平，缓解运动员的情绪波动，帮助运动员达到最佳状态。例如，短跑运动员在赛前通过想象让自己感到放松的情景（如平静的湖面），平复自己的紧张心情。当站在起跑线上时，将自己想象成追赶猎物的雄狮，这种心理上的"超前跑"能够带给运动员额外的力量。

（三）运动中的思维

1. 思维的概念

思维是认识的高级形式，是人脑对客观事物本质属性的概括与认识。思维通常通过概括这一形式加以表现，将同类事物的共同特征抽取出来，找到其本质特征。与感觉、知觉直接反映客观事物不同，思维是对客观事物的间接反映，需要利用某种媒介物，通过大脑对客观事物进行充分的加工。在体育运动领域中，人们常常利用思维做出各种决策判断。例如，人们在赛前充分分析不同球队、不同运动员之间的实力差异，预测比赛结果；研究人员、学者将不同的运动项目按照一定的原则进行分类等。许多活动都可以看作思维的产物，思维作为一种理性活动、理性认识，在感知觉的基础上产生，从事物的表面现象中发现普遍的规律，认识事物的本质。

2. 思维的种类

按照不同的分类方式，思维可以分成许多不同的种类。

（1）根据个体发展的水平进行分类，思维主要分为动作思维、形象思维、抽象思维。

①动作思维。依靠实际动作的思维，运动员运用动作思维完成技术动作。

②形象思维。依靠表象进行的思维，是思维的初级形式，儿童主要采取此种思维方式。

① 商银行．运动心理学[M]．成都：电子科技大学出版社，2017.

③抽象思维。常常表现为概念、判断、推理等形式，是思维的高级形式，旨在认识事物发展的客观规律，探究各事物的本质特征与内在联系。

（2）根据思维的方向性进行分类，思维可以分为聚合思维、发散思维。

①聚合思维。聚合思维强调求同，指收集与问题有关的各种信息，确定好最终目标，朝着单一的思维方向寻找问题的答案。

②发散思维。发散思维强调求异、创新。人们通常在目标的指引下，从不同角度、不同维度，采用多种思维方式探究问题的答案，具有流畅性、变通性和独特性。

（3）从体育运动实践需要的角度出发，思维主要分为运动操作思维、战术思维。

①运动操作思维。这种思维方式常在动作或操作技术中进行，运动员不仅需要考虑自身的肢体动作，而且需要考虑器械的运动，实现二者的充分结合。例如，摩托车、汽艇运动员在比赛或训练中需要利用运动操作思维，实现对摩托车、汽艇的操控。动作思维单单以肌肉动作为特征，而运动操作思维帮助运动员在完成操作动作的过程中发展自身运动能力、思维能力。运动操作思维作为运动员的一项基本功，其养成需要以大量的肌肉练习为基础，不断摸索动作的规律与本质。

②战术思维。在体育运动项目中，战术思维指运动员在完成战术任务的过程中进行的思维活动。不同运动员之间的战术思维能力存在差异，主要体现在灵活性、预见性、创造性上。战术思维能力的高低在一定程度上反映了运动员的个人能力。运动员只有充分利用战术思维调节、计划自己的行动，才能在瞬息万变的赛场上把握时机，击溃对手，获得胜利。

3. 思维与体育运动

在体育运动中，思维发挥着重要的作用。

（1）思维有助于运动技术的形成。运动员掌握运动概念、动作要领必须依赖思维。了解动作之间的内部联系、客观规律必须通过思维才能实现。

（2）运用思维有助于提高训练质量。高质量的训练不仅需要运动员刻苦努力，而且需要运动员掌握方法与技巧，达到事半功倍的效果。因此，在训练过程中要避免简单的重复，在完成训练任务后注重总结与回顾，要求运动员及时评价自己的技术动作，评定训练效果。运动员的运动训练只有在思维活动的参与下，才能不断提升自身的运动水平。

（3）运用思维有助于实现战术运用、战术创造。战术指双方队员根据赛场上的情况，为了实现遏制对方进攻、取得比赛胜利的目的，所采取的一系列有效计划与策略。比赛的最终胜利不仅与运动技术有关，关键在于运动员具有较强的战术思维能力。战术思维包括多方面的内容，例如，预测比赛进程、了解对手意图、选择具体的战术手段等。战术意识在战术思维中尤为重要，主要表现为在复杂的局面下准确观察场上变化，随机应变，在短时间内实施最佳决策。

三、运动中的情绪

（一）情绪的概念

情绪作为一个常见的心理学名词，指人体一系列的主观认知经验，通常具有一定的外部表现，反映了个体愿望与个体需要。

（二）情绪的成分

美国著名心理学家伊扎德将情绪划分为情绪体验、生理唤醒、行为表现三个层面，三个层面共同构成了一个较为完整的情绪过程。

1. 情绪体验

情绪体验作为一种主观感受，是情绪的核心成分，通常可以利用"快乐""悲伤"等形容词进行描述。一个人的情绪体验处在不断地变化之中，受周围环境的影响，在性质和强度上存在差异。

在性质方面，情绪包括简单的情绪体验（通常指一种单一的情绪，如快乐、痛苦等）和复杂的情绪体验（不同性质情绪的组合，如悲喜交加、苦中作乐等）。

在强度方面，性质不同的各种情绪在不同的时间范围内表现出不同的强度。例如，喜这一情绪，根据强度的不同，可以从适意、愉快到欢乐、狂喜；怒，可以从轻微不满到生气再到暴怒等。随着情绪强度的逐步增加，个人也更加容易卷入到情绪之中，无法自拔。与此同时，当一件事物对人越发重要，情绪体验就越发强烈。事物的重要性排序体现了一个人对不同事物的需求。相比于饱食者，食物对处于饥饿中的人有着更为重要的意义，能够带来更加强烈的情绪体验。

2. 生理唤醒

生理唤醒指人在情绪状态中体验到的生理器官和组织的一系列变化。其变化过程由自主神经系统（受中枢神经系统的支配）来调控。在情绪的刺激下，自主神经系统激活了有机体各器官、组织的活动，使有机体产生了一系列的生理反应。自主神经系统由交感和副交感神经系统构成，二者相互作用,共同调控着内脏器官(血管、心脏、胃等)、外部腺体和内分泌腺的活动(表 1-1)。有机体在情绪状态下的生理反应可以通过各种生理记录仪加以记录与观察,成为衡量个体情绪的客观指标,常见的指标有心率、血糖等。

表 1-1　交感神经系统与副交感神经系统的机能活动比较①

机能活动内容	交感神经系统	副交感神经系统
瞳孔	放大	缩小
心率	增快	减慢
血压	升高	降低
血糖	升高	降低
皮肤血管	收缩	舒张

3. 行为表现

行为表现指反映个体情绪的外部行为,通常体现为面部表情。表情是情绪的语言,人们常常用微笑表达愉快的心情,用哭表达伤心的心情。然而,每个人会有个人较为独特、稳定的情绪动作模式,此模式是人们相互之间理解对方情绪的重要方式。表情通常包括面部表情、姿态表情、声调表情。三种表情紧密结合,帮助人们在日常生活中鉴别不同的情绪。

(三)竞技运动中的情绪

1. 唤醒

在早期心理学领域,唤醒与生理唤醒等同,反映了有机体内部器官和组织的生理激活水平。通常情况下,人体在一天内的生理唤醒水平有显著变化,夜间生理唤醒水平较低,白天随着人体兴奋性的提高,唤醒水平也缓慢提升。除此之外,相关研究结果表明,人的生理唤醒水平与体温变化呈现高度正相关,表现出一定的周期性、节律性。

随着研究的进一步深入,人们逐渐认识到唤醒不仅包括生理上的唤醒,还包括心理上的唤醒,同时人们越发重视唤醒的心理因素、认知因素。心理上的唤醒实际上是一种"心理能量",是有机体普遍的生理、心理激活状态,体现了心理功能的强度。

心理唤醒与生理唤醒之间既有区别又有联系,生理唤醒是心理唤醒的

① 商银行.运动心理学[M].成都:电子科技大学出版社,2017.

基础，心理唤醒与个体的生理变化、物质能量代谢有关，心理唤醒水平受生理、认知、情绪等多种因素的影响。

2. 焦虑

焦虑是一种常见的复杂情绪，经常发生在人们预感到不利情境将要出现之时，往往是担忧、紧张、不安等各种负面情绪的综合。焦虑伴随着明显的生理变化，例如，肾上腺素浓度增加、血压升高、呼吸频率加快、皮肤苍白等。由此可见，焦虑作为一种消极的情绪状态，与身体唤醒水平的提高有关，感到焦虑的人通常会出现神经紧张、担心等一系列状况。

焦虑有许多不同的种类。

（1）弗洛伊德将焦虑分为两种，即客观性焦虑、神经症性焦虑。客观性焦虑与害怕同义，是人们对真实危险的正常反应，神经症性焦虑则处在人们的潜意识中，通常表现为意识上的矛盾。

（2）焦虑分为正常焦虑、异常焦虑两种。通常，人们都有过焦虑体验，当人们在日常生活中觉察到某种潜在的威胁时，人脑中与焦虑相关的“程序”就会“启动”，帮助人们采取有效措施，避开危险。因此，焦虑通常是可以理解、具有积极意义的，这种焦虑被称之为“正常焦虑”。然而，有些人在特定情境中体验到了“不合理”“过分”的焦虑。人们找不出焦虑的具体原因，个人的情绪体验与现实状况不符，焦虑的强度过大、持续时间过长，这种焦虑被称之为“异常焦虑”。异常焦虑往往不能进行自我控制，需要医学帮助获得心理上的健康状态。

（3）焦虑分为状态焦虑、特质焦虑两种。状态焦虑是一种暂时性的焦虑，通常由特定的情境触发，在心理上表现为忧虑、恐慌，并在生理、行为上有相应表现。特质焦虑则是一种人格上的焦虑倾向，高特质焦虑的个体容易将不存在危险的情境看作威胁情境，做出过高的状态焦虑反应。

（4）在体育运动这一学科领域中，有关专家对特殊情境下焦虑的概念做出了区分，并将其分为竞赛特质焦虑、竞赛状态焦虑两种。竞赛特质焦虑指运动员将几乎所有的竞赛情境知觉为威胁，并做出高度的紧张反应。竞赛状态焦虑指运动员将某一具体的竞赛情境知觉为威胁，处在较为严重的焦虑状态之中。状态焦虑通常由认知焦虑、躯体焦虑两方面构成。认知焦虑表现为对个体行为的消极关注、紧张、担忧等一系列负面情绪。躯体焦虑则主要通过心率加快、呼吸频率加快等身体症状加以表现。运动员在赛前表现出来的竞赛状态焦虑被称作赛前状态焦虑，对失败、评价的恐惧等各种因素均会引发赛前状态焦虑。

四、运动动机

人的行为离不开动机的驱动。运动员在体育比赛、日常训练、体育课堂上的具体表现均受动机的支配。强烈的运动动机促使人们长期参加运动活动，保持训练强度，在训练中更加努力，更加集中注意力，获得更好的训练效果。

（一）运动动机概述

1. 动机的含义

动机是激发或维持一个人朝向某一特定目标不断前进的内部动力，常与个体需要、个体愿望相关。内部需要（个体因缺乏某物而引起的内部紧张状态）和外部条件（存在于个体之外的刺激，包括环境因素、生物因素、社会性因素等）的共同作用，使得每个人拥有了独具特色的个人动机。个体行为受外在环境因素、内在个人因素交互作用的影响，但外因需要通过内因起作用，强烈的动机决定人的行为。

通常，动机具有三大作用。

（1）启动作用，帮助个体发动具体活动。

（2）指向或选择作用，帮助个体行为向某一具体目标前进。

（3）强化作用，帮助个体维持、增加、减弱投入到某一活动的力量。

2. 动机的分类

（1）根据动机来源的不同，可以将动机分为外部动机和内部动机。外部动机以满足自身社会性需要为基础，通过完成某项活动获得外部奖励，避免遭受惩罚，个体行为由外部力量驱动。内部动机以满足个体的生物性需要为基础，通过完成某项活动充分展示自身能力，个体行为由内部力量驱动。通常情况下，运动员参加体育运动同时受到内部动机、外部动机的影响。但有时，不当的外部奖励反而会削弱个体的内在动机，对运动员的运动训练带来不好的影响。

（2）根据兴趣的特点，可以将动机分为直接动机和间接动机。直接动机指个体对于自己所从事的活动项目本身感兴趣，从而引发个体的行为。例如，有的学生认为数学很有趣，喜欢进行数字运算；有的短跑运动员享受冲刺的感觉，享受能力感的释放，长期坚持参加运动训练。间接动机指个体对于活动造成的结果感兴趣，从而引发个体的行为。例如，学生为了得到家长承诺的奖品而努力学习；运动员为了获得荣誉而坚持训练。

（3）根据需要的对象，可以将动机分为生物性动机和社会性动机。生物性动机以生物性需要（如因饥饿而产生的动机）为基础；社会性动机以社会性需要（如成就动机等）为基础。通常，人们受社会性动机的驱动投入到运动锻炼之中，通过参与运动活动结交朋友，实现自身价值。

（二）运动动机理论

1. 成就动机理论

成就动机最早由心理学家默里提出，他将成就需要放在人基本需要的首位。随后，心理学家阿特金森将人的成就动机细化为两部分内容：追求成功的动机和避免失败的动机，并提出三种影响人追求成功倾向（Ts）的因素：追求成功的动机（Ms）、成功的可能性（Ps）、成功的诱因值（Is），且 $Ts=Ms \times Ps \times Is$。同样，他也提出了三种与之对应的影响人避免失败倾向（Tf）的因素：避免失败的动机（Mf）、失败的可能性（Pf）、失败的诱因值（If），并且 $Tf=Mf \times Pf \times If$。最终综合上述各种概念，得出了计算人成就动机（Ta）的公式：$Ta=Ts-Tf=Ms \times Ps \times Is-Mf \times Pf \times If$，即人的成就动机等于趋向成功的倾向减去避免失败的倾向。同时，Is 和 Ps、If 和 Pf 为相反的关系，即成功的可能性越大，其诱因值越小，对个体的吸引力越小。当 $Ms>Mf$ 时，$Ta>0$，个体表现为趋向成就活动，对成功充满渴望。然而，当 $Ms<Mf$ 时，$Ta<0$，个体表现为回避成就活动。

在体育学科中，相关研究结果表明，在学习的早期阶段，成就需要与动作表现之间存在相关关系。与低成就需要的被试相比，高成就需要的被试在早期的练习和比赛中表现得更好，在相对容易的训练、学习阶段，高成就需要水平促进个体行为。然而，随着训练、学习的进一步深入，成就需要的差异变得不明显，刚开始具有高成就需要的被试的动机下降了，而刚开始具有低成就需要的被试因为在练习中取得了一些进步，成就需要得到了提升。

比赛也影响着运动员的成就需要和动作表现。有相关专家在竞赛、非竞赛条件下设置套圈任务研究成就需要和动作表现之间的关系。实验结果表明，在非竞赛条件下，低成就需要的被试表现得更好。而在竞赛条件下，高成就需要的被试表现得更好。由此可见，竞赛可以促进高成就需要被试的动作表现。

2. 自我效能理论

1977年,班杜拉提出了自我效能这一概念。自我效能与个体对自己是否有能力完成某一任务的信念有关,其核心是个体对自己能力的知觉。自我效能的高低影响个体对活动的选择、个体的努力程度、面对困难时的态度和坚持。个体可以通过三种途径提升自我效能水平,即直接经验、代替经验和言语说服。自我效能使得个体回避超过自己能力水平的活动,选择认为自己有能力承担且能够胜任的任务。自我效能在很大程度上能够预测个体面对某一具体活动的动机和行为。

第三节　运动训练学理论

在运动训练实践的基础上,运动训练学理论得以形成与发展,运动训练学理论作为一门独立的理论学科,主要用于研究运动训练规律,包括训练过程中的一般规律、训练的目的、内容、措施、评价等各项内容,对运动训练具有普遍的指导意义。本节内容将重点关注运动训练学的创立与发展、运动训练学体系、运动训练学的理论基石、运动训练学的理论思想四大方面的内容。

一、运动训练学理论的创立与发展

早在古代奥运会时期,运动训练就出现了,只有连续训练10个月以上并且在伊利斯接受1个月专门训练的运动员才有资格参加古代奥运会比赛。但是,由于缺乏文字记录,我们无法知晓这些古代运动员具体的运动训练内容,也不知道他们是如何开展训练的。

随着现代竞技体育的快速发展,运动训练学理论开始形成并得以创立与发展。现代奥运会诞生于1896年,距今已有100多年的历史,受到世界人民的欢迎与关注,比赛的规模、影响力不断扩大,已经成为一项重大的社会活动,其发展速度令人震惊。与此同时,运动训练科学理论也不断向前发展,形成了较为完善的运动训练学理论体系。

近代运动训练可以被划分为两个具体的阶段。

1. 靠经验与模仿进行学习的阶段

19 世纪 50 年代之前，运动训练一直缺乏科学的理论依据，主要依靠运动员的个人经验或模仿优秀运动员的技术动作开展日常的学习与训练活动。在这一阶段，大多数运动员采取延长训练时间的方式获取技术的进步、成绩的提升，常常集中地参与高强度的比赛与训练，缺乏科学性与合理性。特别是在对技术、体能要求较高的田径项目、水上运动项目上，教练员与运动员并不了解所从事项目的具体特点，开展较为盲目的训练，训练量与训练内容、手段、方法都不够系统、科学。

在这一阶段，随着科技的进步、社会生产力的提高，美国（包括英国）对科学运动训练进行了初步探索，真正意义上的运动训练开始出现。在一些运动项目中，训练指导者开始注重合理安排运动时间，经过实践的检验，初步认为一天内安排两次训练会有较好的训练效果。一些运动领域的教练、专家、学者开始分析运动员自身的各项能力，根据运动员的个人特点、不同运动项目的具体特点组织更加系统的训练活动。例如，在棒球训练过程中重视运动员的击球力量、球的旋转角度，在一定程度上提升了运动员的运动成绩。

2. 科学训练的过渡阶段

19 世纪下半叶到第一次世界大战前夕，近代运动训练逐渐迈入了科学训练过渡阶段。在这一阶段，各个科学领域取得了极大的进步与发展，收获了显著的成果。医学、遗传学、生理学等领域的一系列发现极大地促进了运动训练的发展。1884 年肌肉测量器问世，19 世纪 90 年代在心脏机能和血液循环方向上有了全新的发现，20 世纪初血液测验、心血管效能测定等一系列方法问世，医学界、生理学界在短短一个世纪取得了辉煌的成果，并开始进入运动训练研究领域，影响着运动训练的发展。与此同时，心理学家也对运动训练中运动员的心理状态、心理变化产生了浓厚的兴趣，提醒教练员在开始安排训练计划时，充分考虑运动员的心理特点。另外，高尔登遗传研究中关于人的特性可以测定的结论、巴甫洛夫的条件反射学说、比内和西蒙关于联想与记忆的理论、技巧运动测定法则等问世，都为研究运动训练过程奠定了理论基础。[①]

随着人们对竞技体育的关注度越来越高，运动训练的科学组织工作刻不容缓。不同运动训练项目的实践发展促进了专项训练理论的产生与发

① 曹青军．运动训练理论与实践 [M]. 北京：北京理工大学出版社，2010.12.

展，其中，田径运动作为竞技体育的大项目，需要运动员进行跑、跳、投等多项训练，专项训练理论在田径项目中得到了充分的肯定与广泛的运用，并逐渐推广到其他运动项目中，各专项训练充分吸收运动生理学、运动解剖学、体育教育学、运动心理学等学科理论知识的指导，逐渐建立起较为系统的一般训练理论。

据统计，最早出现的运动训练学专著是1913年在美国出版的《体育训练》，苏联学者在1922年编写的《科学训练原理》一书也是早期比较引人注目的研究成果。

1962年在莫斯科举办了一场“社会主义国家运动训练问题国际科学方法讨论会”，会上讨论了大量与运动训练有关的研究内容，在现代运动训练体系、运动训练远景规划、运动训练的分期问题、运动训练方法的研究等诸多方面均取得了一定的研究成果，初步构建起运动训练学理论的框架。在会上，还强调了运动训练学与其他学科（包括生理学、生物化学、心理训练等）之间的联系，为运动训练学理论的建立奠定了坚实的基础。

前民主德国莱比锡大学在1964年采用的《训练学》函授教材，标志着系统训练学理论的形成。随后，西德、中国等各个国家陆续出版了许多与训练理论有关的著作，对著作的内在逻辑，科学性、系统性的要求逐步提升。

我国在1983年开始建立运动训练学理论体系。最近几年，运动训练学理论研究受到我国竞技水平快速提升的影响，取得了重大的突破。与运动训练基本理论相关的研究性专著越来越多，研究成果不断更新并开始体现出中国特色。现阶段，我国重点关注运动员选才理论的研究、项群训练理论的发展、博弈理论与制胜规律等相关内容。

当代运动训练理论研究可以分为两大流派。其中一种流派重视理论研究的严谨性、理论体系的完整性，另外一种流派则更加重视理论研究的实用价值，注重单个训练项目的深入研究与具体训练方法的可行性。

二、运动训练学理论体系

运动训练实践活动的快速发展促进了运动训练理论体系的构建，并引入与借鉴了多种学科知识，形成了较为完善的运动训练学理论体系（图1–3）。

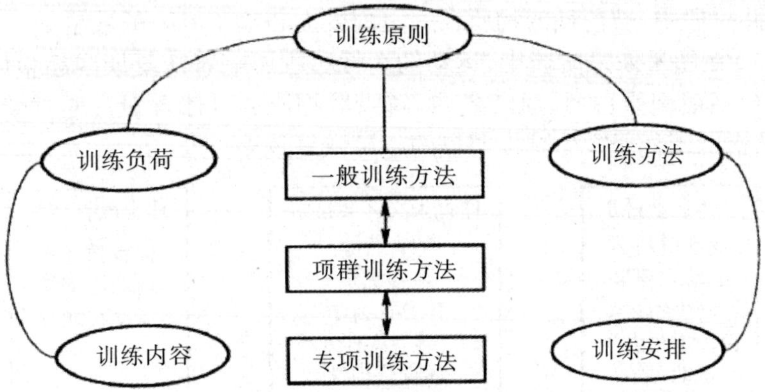

图 1–3　运动训练学理论体系[①]

可以从横向、纵向两个维度深刻理解与剖析运动训练学理论体系架构。

（1）在横向维度上，运动训练学理论体系包括五个方面的内容，即训练内容、训练负荷等。

（2）在纵向维度上，运动训练学理论体系被划分为三个基本层次，即一般训练学层次（对所有运动项目普遍适用的理论）、项群训练学层次（对部分运动项目适用的理论）、专项训练学层次（适用于一个运动专项的理论）。在运动训练学理论体系的这三个层次中，项群训练学尤为重要，地位尤为突出。

运动成绩不仅与运动训练有关，还受到多种因素的影响，例如，心理因素、环境因素等。运动训练学理论也引入了多种学科的知识，例如，人体运动科学知识、人文社会科学知识等，使自己的理论更加完善，充分体现出运动训练学的综合性、应用性特征（图 1–4）。

三、运动训练学的理论基石

（一）超量恢复理论

超量恢复理论关注运动过程中以及运动后人体能量物质的消耗与恢复过程，此理论得出了以下重要的研究成果。

（1）在中等强度的刺激下，运动刺激强度的增大会导肌糖原消耗量的增加。

（2）人体在运动后的恢复期中，存在一个特殊的时期——超量恢复阶

① 曹青军．运动训练理论与实践 [M]. 北京：北京理工大学出版社，2010.12.

段，在此阶段中，被消耗的物质在一定程度上超过了原来的数量。

（3）在超量恢复阶段中，运动的消耗过程影响着恢复期内超量恢复的数量，包括肌肉蛋白质、肌红蛋白、磷脂等物质的具体含量。通常情况下，越多的运动消耗会产生越发明显的超量恢复效果。

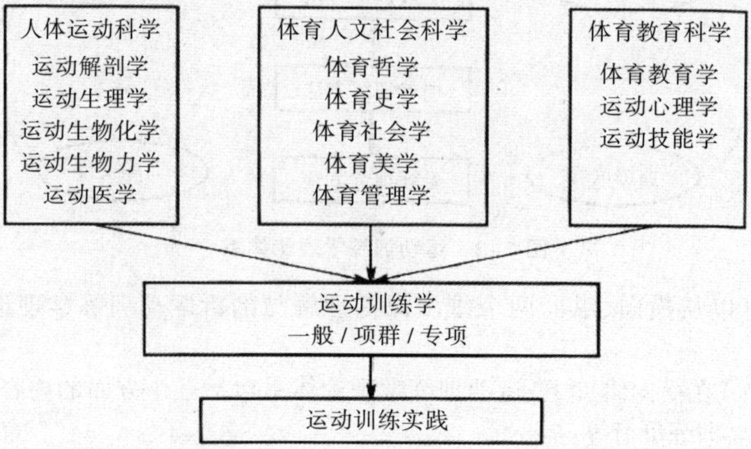

图 1-4　运动训练学的学科特征①

超量恢复理论让人们意识到人体在运动过程中体内不同物质的消耗速率、恢复速率存在较大差异，与此同时，不同项目对能源物质的要求也不相同。因此，在运动训练过程中需要合理把控训练强度、训练时间，选择休息时间。超量恢复理论成为教练员、运动员选择科学的训练间歇时间的重要依据。

超量恢复理论认为，在运动训练后恢复期的某段时间（即超量恢复阶段），人体物质能量的储备会超过运动前的储备，因此，在此阶段开展新一轮的训练，会收获更加明显的效果，快速提升机体的工作能力，使人体的机能水平不断提高。若两次训练间隔的时间太长或太短，都难以使训练达到最佳效果。

（二）适应理论

20 世纪 50 年代，加拿大内分泌学家、心理学家塞尔耶首次提出了“应激”“适应”等概念。“应激”指由压力或刺激引起的不适感，这种不适感可以是身体上的，也可以是精神上的；“适应”指生物的形态或生理功能对所处的环境相适合的情况。有机体对环境中的各种刺激（例如，感染、中毒、

---

① 曹青军．运动训练理论与实践[M]．北京：北京理工大学出版社，2010.

疲劳、失血等各种因素）会发生不同的反应，其反应有特异型，也有一定的共性。塞尔耶将这种具有一定共性的非特异性反应称为“应激”或“压力”，将引发应激反应的刺激源称之为“应激源”。

随后，在20世纪70年代，塞尔耶又创造性地提出了“局部适应”的概念，有机体的一些器官或功能能够在一定的条件下发生局部适应。局部适应理论的提出使得优先发展某器官的机能成为可能。

1980年，人们首次将适应理论运用于体育训练之中，将应激反应看作适应形成的必要条件，从而改善特定系统的适应能力。在运动训练这一领域中，适应理论将训练负荷看作“应激源”，强调只有有效的刺激（训练负荷），才能产生应有的训练效果，有机体的能力会在负荷刺激的影响下产生波动。在中枢神经系统的调节下，有机体面对负荷刺激会表现出一个适应的过程，不断协调有机体的不同器官和系统，培养出一定的协作机能，产生良好的训练效果。但如果外界刺激超过有机体神经系统所能承受的范围，则会对有机体带来较为严重的负面影响。

应激与适应都是一种生命机能变化的常见现象，在竞技运动中，适应通常指有机体对运动训练的适应，教练员必须合理选择与设计运动训练负荷，促进有机体的发展。有机体在接受训练负荷产生运动疲劳后，维持训练负荷，在训练水平不断提升的过程中有机体的能力得到提升，从而达到新的平衡状态。

适应理论与超量恢复理论之间存在一定的差异性，适应理论具有以下显著特点。

（1）适应理论以应激理论为基础，强调有机体机能的提高与中枢神经系统之间的密切关系，以及有机体对整个外部环境的适应。

（2）人体对外界环境刺激的适应能力有显著的个体化特征，与个体遗传因素、人体生理极限等因素密切相关。

（3）适应不仅涉及有机体整体能力的适应，而且涉及局部系统的适应。不同适应类型达到适应状态所需要的时间不同。

四、运动训练学的理论思想

（一）一元训练理论

我国学者在2003年提出了“一元训练”的理论思想，该理论认为“技术”和“体能”二者具有相同的本质，在现实训练中不能分离。动作技术与体能的发展是同步进行的，动作技术中不能缺乏体能内容，体能的发展也离不开动作技术形式的变化。

一元训练理论的主要观点如下。

（1）生命体以一种有序的状态存在，在运动训练中，人体处于一种相对复杂的信息网络之中，在与环境接触的过程中，不断改变条件因素，使其向有序方向发展，从而提升个人的整体运动能力与运动成绩。在运动训练中，人体的有序状态分为两大层次：基本生命运动层次、运动能力运动层次。有效的训练可以实现两种层次之间的良性循环。

（2）运动训练需要激发有机体的内部矛盾，使有机体向特定方向、朝特定目标发展。

（3）在训练方法中，专项训练是关键性的训练手段。

（4）运动员的运动成绩、运动能力呈波浪式变化，运动训练应遵循这种“体力波”变化的规律。

（二）二元训练理论

受哲学思想的影响，我国的训练理论注重条理性、思维性。现阶段，我国主要的运动训练理论思想为二元训练理论。二元训练理论源自苏联的运动分期理论，这种理论建立在“体能”“技能”的基础上。

受牛顿时空哲学的影响，二元训练理论强调“先一般训练，后专项训练”的固定模式。一般训练不强调专项竞赛的效能，通常指非专项的身体训练手段、运动技术。

“体能”（身体素质）与“技能”（动作技术）是运动能力的两大元素，所有的运动项目都需要包含这两大元素（图 1-5）。此理论体系通过对概念的逐级分解，形成了一个较为庞大的结构。传统体育运动训练理论在构建训练周期、安排训练内容方面，需要将“体能”“技能”两大主题巧妙连接起来，科学、规范地安排整个训练过程，保证运动员运动成绩的提升。

（三）互补理论

一元训练理论与二元训练理论之间一直存在纷争。我国在两种不同的理论思想的指导下，均培养出了许多奥运会冠军、顶级运动员。相比来说，二元训练理论似乎更有优势，训练方法更有针对性。

然而，任何一种理论都存在一定的缺陷，需要在实践过程中不断检验理论的正确性，使理论不断完善和发展，不断向前进化。

在这种背景下，我国许多学者提出了“互补理论”，旨在从不同的侧面理解事物的本质。

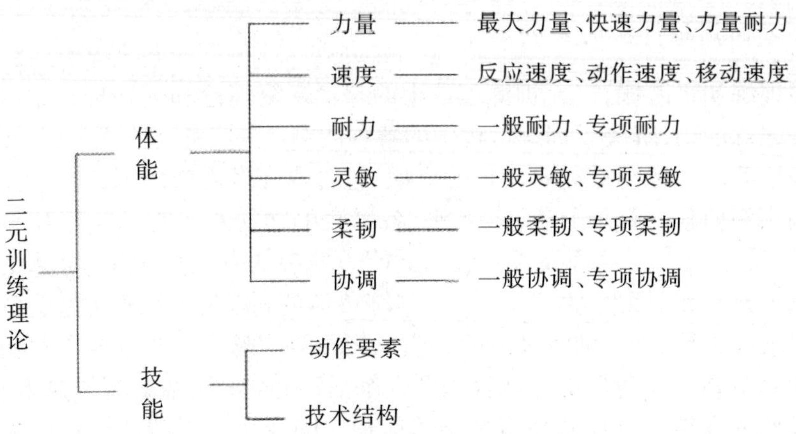

图 1-5　二元训练理论组成结构图[①]

1. 学术互补

在我国运动训练界，二元训练理论长期占据着主导地位，导致一些体育工作者缺乏辩证思维，缺乏现实思考，盲目遵循二元训练理论中的原则安排日常训练活动。一元训练理论的提出有利于平衡与杜绝这种现象，意义重大。

二元训练理论不断吸收一元训练理论的精华，实现了自我更新与完善，一些过时的指导思想和理念因不适应时代的发展、高层次的训练实践被先进的理论所取代，实现了学术上的互补。与此同时，不断补充了现代训练思想和方法，形成了更加客观、实用的训练体系。

2. 训练思路互补

一元训练理论强调整体思维，将人看作一个完整的系统，采用整体思维、全局观点考察运动项目，提倡进行全面的专项训练，快速提升运动成绩，充分发挥运动员的主动性、创造性。

二元训练理论则强调先分解后综合，从分解的角度实施整个训练计划。训练被划分为体能训练、技术训练、战术训练等多个具体的训练项目，极大地丰富了训练方法，为运动员的全面发展打下了良好的基础。

互补理论充分吸收了两种训练理念的优点，实现了训练思路的互补。

① 曹青军．运动训练理论与实践 [M]. 北京：北京理工大学出版社，2010.12.

3. 不同训练阶段的互补

在训练初级阶段，二元训练理论中的超量恢复理论和周期理论很好地指导着训练活动，解决了训练过程中的各种问题。

但培养一个运动员需要较长的周期，包含着许多复杂的因素。在运动训练的高级阶段，运动员的竞技水平、各器官的功能水平都达到了比较高的程度，接近个人的生理极限。运动员能力发展的空间变少了，机体损伤的问题日渐突出，因此，对训练手段、训练负荷的科学性、合理性提出了更高的要求。于是，二元训练理论的一些思想不能够解决一些普遍存在的现象、问题，不利于运动员更好地投入到训练活动之中；比赛赛制快速发展，经常采取的周期训练模式也有些不适应现实的变化。周期训练理论忽视了运动员之间的个体差异（包括年龄、性别、生理基础等），不利于高水平运动员的进一步提高。

在周期训练理论的影响下，我国在高水平运动员的培养方面缺乏正确的训练思路。在整个训练过程中低强度与一般训练占据了较长的训练时间，机体得不到良好的机能储备，与此同时，没有充分重视与利用有效的专项训练手段，导致机体的专项能力下降，许多优秀运动员的成绩难以得到进一步提高，无法达到世界一流水平。

相反，一元训练理论十分重视专项训练的作用，为二元训练理论提供了思路与启发，原有的“周期训练理论”逐渐演变为“单元训练理论”，推动了运动实践不断向前发展。

在实践的基础上，多种思想和理论的融合形成了优势互补效应，让运动训练学生生不息，不断充满生命力，不断向前、向好发展。

第四节　教育学理论

广义上来说，各种影响人身心发展的社会实践活动都可以被称为教育活动。从这一角度来看，运动训练也属于一种教育活动。教练员在开展运动训练时，只有以正确的教育学理念、原则、思想作为理论基础，才能保证运动训练的质量，达到育人的效果。

一、体育教育本质

与其他事物现象不同，教育的根本特性是培养人、塑造人。教育者、受教育者、教育措施共同构成了教育活动的基本要素。教育是经过专门组织与设计，遵循一定的教育学规律、人体发展规律，根据社会现实需要，开展的有目的活动。教育的最终目的是使受教育者获得实现社会发展所必备的知识技能、智力、体力、思想道德等。

体育教育是教育的重要组成部分，受到教育的制约与影响，是体育与教育结合的产物。体育也有广义、狭义之分，是一个层次分明的概念体系，其上位概念涉及文化，下位概念包括竞技运动、身体锻炼、身体娱乐（图 1-6）。

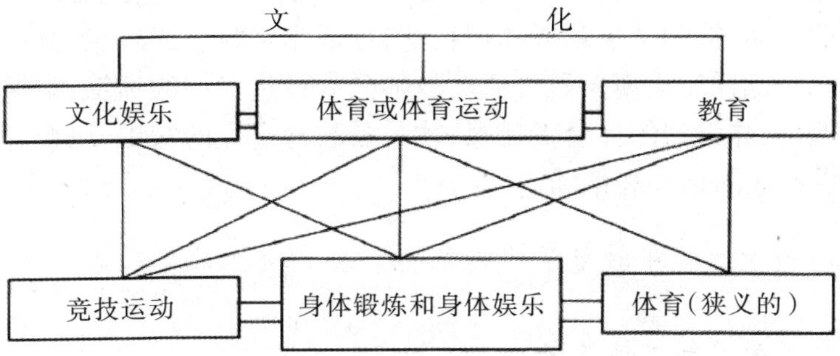

图 1-6　体育概念体系及其与文化、教育、娱乐的关系 [①]

一直以来，“体育教育”“身体教育”“狭义体育”等众多概念之间的界定较为模糊，但这些概念的内涵是一致的。体育教育主要包括以下几个方面的含义：一是全面发展教育的组成部分，重点指各级各类学校教育的组成部分；二是一个有目的、有组织、有计划的教育过程；三是其主要功能是促进学生身体的全面发展，增强体质，传授锻炼身体的知识、技术、技能，培养道德和意志品质。[②]

二、体育教育主体

在各种教学活动中，人是最积极主动的因素，其中，教师的“教”与学

① 张松奎．体育教育学[M]．徐州：中国矿业大学出版社，2013.

② 同上．

生的“学”构成了一个统一的体系，只有深刻认识师生在教学活动中的具体地位和作用，树立正确的师生观，才能保证教学活动的顺利开展。

（一）师生在教育活动中的不同地位

1. 学生是学习的主体，是教学的对象

人具有可教性，学生在教育活动中是作为教育的对象而存在的。然而，学生并不是被动接受教育影响，而是以个人兴趣为动机，以个体知识经验为基础，积极主动地进行学习，进行自我完善的个体。从这一角度来看，学生是学习的主体，在教育过程中不断进行自我知识建构。

2. 教师是教育活动的组织者、引导者

教师扮演着教书育人的角色，教师需要按照社会的要求，设计、组织、实施教学活动，帮助学生掌握知识技能，形成学生自己的思想观念、价值标准，发展个人潜能，实现自我价值。教师只有经过专门的训练，掌握基本的教学原理，培养强烈的社会责任感，才具备教育学生的知识、思想、能力，为学生提供专业的指导和帮助。

（二）教学过程中教与学的关系

1. 教与学是相互依存的

社会向前发展需要个体掌握前人积累起来的知识成果，因此，就离不开已知者对未知者的引导与帮助。教师通过“教”来传授知识，学生通过“学”来增长自身知识，创造新的知识。这种教、学关系主要体现在师生对教材的处理上，教师在充分理解教材内容的基础上，对教材进行一定程度的加工，使之符合学生的能力与水平，并通过组织各种活动帮助学生理解教材内容。学生需要积极投入教师创设的情境中，主动消化教材内容，将新习得的知识纳入自己原有的经验体系之中，不断提升自身能力。因此，教学关系可以看作一种以知识为中介的相互依存的关系，教与学两种活动共同存在于教育过程中。

与此同时，教与学能够相互作用、相互影响，教师的“教”影响学生的“学”，学生的“学”影响教师的“教”。因此，教师需要注意自己的言谈举止、价值取向、思想态度，潜移默化地为学生带来积极影响，同时采用合适的教学手段与方法，激发学生对学习的兴趣。

2. 教学关系的实质是主导与主动的关系

学生作为受教育者，知识经验较为匮乏，智力发育、身体发育尚不成熟，教育者需要具有较强的耐心对其进行指导，并且学生很少能够主观、自发地拥有学习动机，掌握学习方法，提升自身知识水平与个人能力，学生各项能力的提升或多或少都受到教师的影响。学生的学习之路是曲折还是顺利，在很大程度上取决于教育者的指引，教育者就像是向导，指引着学生学习的方向，在教学过程中发挥着主导作用。人是环境和教育共同作用的产物，教师的教不是影响学生学习活动的全部，但教师的教像一个聚光灯，将学生的学习要求与整个教学活动集中在一起，发挥积极的作用。在教学活动中，若忽视教师的主导作用，学生的学习效果将大打折扣。历史经验证明，儿童中心主义教育注定是失败的。因此，需要时刻强调教师的主导作用。

学生学习的主动性与教学结果直接相关，教师“教”的主导最终必须转化为学生“学”的主动才能产生实际的效果。教师中心主义片面强调教师的支配作用，不考虑学生的学，仅仅将学生看作被动的客体，学生缺乏学习的主动性，就无法将教师提出的教育目标内化为自己的学习目标，使得教师采取的任何教育措施都收效甚微。因此，需要明确教师的“教”是为学生的“学”服务的，教育的重心应该始终放在学生的身上。

三、现代体育教育思想

随着社会的不断进步，教育思想观念发生了很大的变化，可以说，教育观念的创新带动了教学活动的发展，使教学活动不断向科学化、先进化方向迈进。毫无疑问，现代体育教育、运动训练的发展也需要一个先进的、符合现代教学要求的思想观念作为引导，推动我国体育教学的不断发展。

（一）“健康第一”指导思想

学校、家长、社会各界人士需要明确运动锻炼对人体身心健康发展的重要性，树立“健康第一”的指导思想，肯定体育教学工作的重要性，加强对体育教学工作的管理。合理的体育教学是以身体练习为主要手段，合理选择运动负荷，力求培养和提高学生的自尊、自信、意志及团队意识、合作精神、竞争能力、创新意识、人际交往等方面的能力，使其更好地适应社会。[①]"健康第一"教育理念的树立为教学工作指明了方向,有助于学生更多地参与到体育运动中,享受运动乐趣,增强自身体质,健全自身人格,锻炼坚强意志。

(二)"终身体育"教育思想

"终身体育"教育思想强调个体在整个生命全程都要进行身体锻炼、接受体育教育,以取得生存、学习、工作的物质条件。终身体育教育思想的提出希望体育成为人们日常生活中不可或缺的一部分,因此,体育教师需要为学生提供正确的体育观、方法论,帮助学生在不同时期、不同生活领域中积极参与体育活动。终身体育这一思想观念将思想与行为充分结合,促进人们逐步形成强烈的体育意识,成为现代先进的体育教育思想。

学校体育、社区体育、家庭体育三者需要紧密结合在一起,为个人提供大量的体育活动机会,使实现终身体育这一目标成为可能。学校开展体育教育,需要大力普及终身体育的理念,最终实现人类自身和整个社会的和谐发展。

(三)"以学生为中心"教育思想

传统教学观念中,教师是教学过程的主体,学生听从教师的安排、被动接受教师传授的知识。到了现代,学生逐渐成为学习活动的主体,教师成为引导者,鼓励学生发挥自身能动性,主动投入到学习之中。我国实施课程改革后,体育教育强调以学生发展为中心,重视培养学生的自主学习能力、合作学习能力、探究学习能力,运用多种方法激发学生参与体育锻炼的兴趣,帮助学生在体育活动中获得积极的情感体验,确立学生的主体地位,促进学生的全面发展。

(四)纪律性教育思想

在竞技运动越发受重视的情况下,纪律性教育思想应运而生。竞技运动具有规则性、竞争性、挑战性等显著特点,是各种身体竞技活动项目的统称。纪律性教育思想提倡师生在开展体育训练、参与竞技比赛的过程中遵循一定的规则,依照规则约束自身的不当行为,提高遵纪守法的意识。与此同时,纪律性教育理念具有鲜明的价值导向,有助于营造一个公平、公正、和谐、相互尊重的环境,有助于促进现代竞技运动的发展。

---

① 曹垚.现代体育教学思想的革新与发展[M].长春:吉林人民出版社,2020.

四、体育教学

（一）体育教学的概念及内涵

教学作为一种由教育工作者实施的有组织、有计划的动态行为，可以从宏观、微观两方面入手，加深对教学的认识。

（1）从宏观角度分析，教学是教学工作者以帮助受教者获得一种或多种文化为主要目的的活动。

（2）从微观角度分析，教学是教师作为引导者向学生传授知识或技能、学生作为受众或主体进行学习的“教”与“学”的双边活动。

综上所述，教学是一种具有明确的教学目标、需要教师和学生共同参与的教育活动。

体育教学是教学活动在体育学科中的具体化，与其他学科相比，体育教学具有其独特性。

（1）教学活动实施的场所多在户外。

（2）师生需要有一定的运动负荷、心理负荷承受能力。

（3）教学侧重于通过开展一系列的身体活动发展学生的运动智力，提升学生的运动技能，提升思维能力。

（4）教学关注学生之间的交往与合作，关注学生的自我体验。

综上所述，体育教学是针对运动技术、体育健康基本知识开展的教学，学生将教师传授的运动知识转化成为自身的运动技能，就达到了体育教学的最终目的。

（二）体育教学的原则

开展体育教学运动训练活动必须了解体育教学基本原则，在遵循教学原则的基础上提升教学的质量。

1. 负荷适量原则

负荷适量原则强调学生在生长发育的不同阶段，生理机能具有特定的极限值，若运动负荷量超过了学生的生理、心理负荷极限，则有害学生的身心健康发展，相反，若运动负荷量不足，则没有充分发展学生的体能，开发学生的潜力。因此，体育教师需要根据学生的现实状况，合理安排运动负荷、训练强度，科学制订练习时间、休息时间，提升教学的效果。训练间歇时间的具体安排在运动训练、教学中十分重要，训练间歇有助于学生消除疲劳、提高学习效率,有助于教师调整自己的教学节奏。综上所述,负荷、休息是体育教学非常重要的两个方面。

体育教师需要做到以下几点以贯彻负荷适量教学原则。

(1)认真学习体育生理学、心理学理论知识,并做到学以致用,在教学实践中充分利用科学知识、基本理论指导教学活动。

(2)制订体育教学计划时,全面考虑不同年龄段学生的特点和个体差异,合理安排每节课的运动负荷量、间歇时间,使运动与休息合理交替进行。

(3)根据适应性规律、体能发展的客观规律,逐渐加大运动负荷。与此同时,合理把握运动负荷在不同时期的节奏,促进学生体能的发展。

2. 精讲多练原则

"精讲"指体育教师在了解学生基本情况、吃透教材的情况下,在较短的时间内将教材的主要内容、动作技术要领用精简的语言讲清楚,获得学生的理解。"多练"指学生将大量的时间花费在练习技术动作、参与身体运动之中。精讲多练原则既重视教师的讲解,又充分考虑到学生练习的需要,旨在调动师生双方的积极性。此教育原则强调"精讲"是为了实现学生的"多练",给学生的"多练"提供必要的指导,保证"多练"的效果。因此,体育教师需要深刻把握"精讲"的要领,避免强迫式的、没有重点的讲解,需要做到准确把握教学重点、难点,使得课堂上讲解的内容更容易被学生接受,从而全面提升自身教学水平、教学实力。

3. 身心发展原则

在体育教学中,身心发展是统一的、不可分割的,体育教师、教练员需要将学生的身体发展、心理品质发展、社会适应能力发展相结合,全面提升学生的素质。身体活动、体育锻炼在影响学生体质健康的同时,对学生的心理状况也产生了较大的影响,不仅能够提升学生的思维能力、记忆能力、情绪调节能力,还能够帮助学生增强集体意识、合作意识。人是集生物性、社会性于一体的统一体,只有做到身心协调,人体才能正常运行。

贯彻身心发展的教学原则可以从以下几方面入手。

(1)结合青少年生长发育的具体特点,制订具体的体育教学工作计划,合理选择体育教材,注重不同教材之间的衔接。

(2)遵循体能发展的客观规律,科学设计运动负荷量,保证对人体健康产生良好的效果。

(3)体育教师要重视体育教学的育人功能,不放过任何一个教育机会,不管是运动技术的传授，还是竞赛活动的指导，这些项目本身就蕴含了体育道德规范、体育精神内涵。教师应该充分发挥体育学科的育人优势，培养出合格的社会主义接班人。

（4）体育教师需要了解学生的心理特点、关注学生的心理健康，激发学生的运动积极性，不断学习先进的教法手段、教学方法，让学生喜欢上体育活动，喜欢上体育课。

（5）体育教师在对学生进行评价时，需要选择多项指标全面考察学生的身心健康发展状况。例如，身体健康指标、运动技能指标、学习态度指标、社会适应能力指标等，真正落实体育教学身心全面发展、和谐发展的理念。

第二章　运动员科学训练的原理、机制与保障

随着现代竞技体育运动的快速发展，运动员的训练也从传统的方式逐步被更为科学、现代、有效的理论和方法所取代。传统的训练理论大多是以生物属性为模式，强调人体生理机制，而现代运动训练则是以全面的模式，比如有先进的理论作为指导，有现代化的技术作为支持，有经过不断验证的管理机制作为保障等，对运动员发展竞技能力提供了有力依据。本章将重点对先进的训练理念、科学的训练计划、运动训练的原则和方法、对运动训练的科学管理以及运动训练的全方位保障几个方面进行阐述。

第一节　先进的运动训练理念

一、竞技规律是前提

对于体育运动而言，其发展趋势一般都会受运动竞技规律的影响。体育竞技规律的整体方向和目的，是促进运动不断地向前发展。先进的运动训练要符合体育运动发展的要求，其最基本、最重要的几个规律如下。

（一）集体性

集体性规律是针对集体性运动项目而言的，集体类运动项目的特点是既要充分发挥运动员的个人能力，又要求个人能力体现在集体的配合中。也就是说，个人的成就需要嵌套在集体成绩中来体现。集体体育运动项目的核心竞技规律就体现为集体性，运动团队的整体目的和任务、个人协作

精神都可以在运动训练与比赛过程中体现出来。运动员既要发挥个人特色为运动队带来突破，同时又能在训练和比赛中将自己完全融入集体，以集体目标为最高目标充分发挥个人的重要作用，只有这样，才能让个人与集体发挥最佳战斗力，表现出“1+1>2”的效果，从而提高整体比赛能力。此外，教练员要把调动运动员的积极性和主观能动性作为重要的工作内容，在制订战术和战略部署时，既要考虑到运动员个人能力的充分发挥，又要以整个运动队的利益为核心，要综合权衡，不可失之偏颇。总之，集体体育运动项目的运动训练，要遵循集体性原则进行运动训练。

（二）攻守平衡

攻守平衡几乎是所有竞技体育项目都要重点训练的内容。进攻与防守是一对统一的矛盾关系，是集体性竞技体育运动的主要特点之一。进攻一方与防守一方始终处于动态的变化中，因此，进攻与防守既对立又统一。在竞技体育运动比赛中，要想保持优势或者取得比赛的胜利，就要平衡进攻与防守的力量。在比赛中能取得胜利不仅是进攻能力的体现，也是较强的防守能力的体现，防守能力可以说是运动员或运动队的总体实力的体现。因此，在运动训练中要平衡进攻与防守的意识，是科学训练的基础。

（三）综合能力与个性发展

该规律适合集体竞技体育运动项目的训练。它要求运动员个体和全队都应该具备全面的实力和技术，同时又要注意发展运动员具备个人特长，在全面发展的基础上发展优势技术。现代竞技体育运动训练的基本特征之一，就是把运动员培养成既具有全面技术又具有鲜明的个人特长、在整体技术扎实的基础上又具备一技之长的运动人才。

在竞技体育比赛中，运动队的整体实力在一定程度上是通过运动队中的具有全面能力与特长能力的运动员的质量和比例来体现的。因此，运动员在训练的过程中要将发展全面能力与特长能力的关系有机地协调好，教练员在制订训练计划时也应该注意平衡好每个运动员的个人特长与全面发展之间的关系。技术全面和特长鲜明是辩证统一的关系，需要在教练和运动员的共同努力下得以实现。

二、系统控制理念

系统控制理念是指在运动训练中要具有系统观,从全局和微观入手,在整体把握全局的同时,协调系统中各个要素的关系,让全队的每个运动员的个人特长都得到最大的发挥,并且在他们之间的交互中产出更强的实力,运动队作为一个整体,通过系统的控制作用使整体获得了比原来个人能力相叠加更强的实力。因此,运动训练中要擅长对系统控制理论进行有效运用,以系统控制基本理论为依据,在训练实践中循序渐进地、有序地纳入训练方法与内容,让训练系统的控制作用全面发挥,从而提高运动员的技战术能力、集体协作能力以及竞赛能力,在训练和比赛中获得更好的表现,得到更出色的成绩。需要指出的是,当运动员的技能不断的发展和提高,随之而来的是其对抗性与竞争性也越来越强,所以高水平运动员或运动队的对决是非常精彩的,比赛结果往往难以预估。集体性项目的竞争力是以运动员的个人水平为基础,以团队的整体作战能力为决胜的关键因素。

(一)个人训练系统

1.身体素质训练

运动员的技战术训练是以运动员的身体素质为基础的,运动员在进行身体素质训练时,是有目的、有组织、有系统地进行的。运动员要在运动训练过程中按照有目的、有组织、有系统地方式进行,对各种有效的训练方法加以综合利用,从而得到最佳的训练效果。

2.心理素质训练

所谓的系统训练,其实包含了心理素质训练与身体素质训练,并且二者难分伯仲、同样重要。心理训练的目的是通过有效的训练手段和系统的训练方法,对运动员的心理素质进行循序渐进地建设和提高。它包括运动员训练与比赛的情绪管理、比赛前如何做心理准备和心理建设、比赛过程中如何做心理调节以及比赛结束后是否需要进行心理疏导等。运动员的心理素质训练系统同样是一套有机的整体,它需要在科学的、先进的、有效的心理素质训练中有序地进行,随着训练的进行,运动员的心理素质水平逐步得到提高,这对于提高技战术水平也是非常有利的因素。

3. 技术训练

运动技能训练是运动员训练的重中之重,是运动员竞技能力的根本因素。运动员在比赛中发动进攻或者防守都需要非常扎实的技术能力的支持。比赛中最基本的手段就是运动技术,可以说比赛的核心就是运动员之间技术的较量。当然,运动员的技术水平实际上是综合能力的体现,它集合了运动员的身体素质、心理素质、智商情商、运动技能、反应能力与应变能力等。总之,它反映的是运动员的综合竞技能力。

(二)运动队整体训练系统

1. 战术训练

在集体项目中,队员之间通过默契配合、灵活运用战术,在集体的共同努力下最终取得胜利。战术训练就是最大限度地发挥运动员的个人特长技术,将比赛的主动权控制在手,赢得比赛胜利是战术运用的主要目的。

2. 实战能力

再多的训练都是为比赛做准备,运动员的技能最终需要在比赛中进行检验,实战能力是以运动员平时的训练为基础,加上参赛经验的结合,二者构成了运动员的实战能力。在激烈的比赛中,运动员不仅能够克服紧张的气氛带来的不利影响,并且还能合理自如地运用自己的技战术能力表现出良好的运动能力和心理能力,就是所谓的实战能力。实战能力是战术意识与战术指导思想的集合。

3. 团队协作意识

在集体性运动项目中,团队协作意识至关重要。运动员需要有系统观念,并且以团队目标为自己的最高目标。当运动员有了很好的团队协作意识与能力之后,那么与教练员和其他运动员之间形成一个和谐的作战团队,从而提高了团队的竞争力与战斗能力。在集体性体育比赛中,合作是团队发展的根本,也是提高群体竞争能力的前提,是与外部竞争并获胜的重要条件。

三、教育性训练理念

现代先进的教育理念重视运动员的综合素质发展与提高。具体是指运动训练不仅要重视运动员对相关训练技能的掌握，同时也要发展和培养运动员文化素质水平，技能训练与教育协调发展、相互促进。教育性训练理念是更加深入、全面地对运动训练理念进行阐述，它又分为以下两个方面。

（一）重视运动员的文化素养

优秀的运动员意味着具有超强的综合能力，在各方面都具有较高的水平。运动员的文化水平在很大程度上决定着其综合素质水平，具体到运动技能方面，只有具备了较高的文化水平才能有效地学习和理解运动技能、理论，因此，对运动的文化教育不容忽视。同时，教练员的综合文化水平也是影响运动员发展的重要因素，如果教练员文化素质较低，那么对训练只能做到较低水平的提高，而这影响着运动员的竞技运动能力的发展。以往，由于对运动员文化素质的培养重视程度不够，使训练中存在许多不科学的现象，使得运动训练很难达到预期的目标，从而影响了运动队的整体水平表现。

（二）重视运动员智力训练

运动员运动技能的发展在很大程度上与其自身的智力水平息息相关。如果运动员的文化素质教育水平不够，智力发展没有得到很好的训练，那么也会制约着运动技能的提高和发展。现代体育运动的较量，往往就是运动员或者运动队整体的体能、技能、战术水平以及心智能力等几大因素的较量。在某些条件下，心智能力要较体能、技能更加重要，一般而言，具有较高运动智能的运动员，其运动技能也能够有大幅度地提高，这与其能够更加准确地认识运动训练理论和方法密不可分。

四、实践性训练理念

运动员的特殊性在于其具有双重性，他们一方面是技术的主体，而同时又是技术的客体。因此，实践性训练理念的理论基础是多方面的，为了能够更加全面、深入地了解技术性训练理念，将其理论基础分为两个方面。这两个方面同时也是对运动员的基本要求，具体内容如下。

（一）求真是训练的基础要素

所谓求真，就是在运动训练的过程中，以运动的本质特点和规律为主要依据，对训练力争做到结合实际，符合事物的客观规律。具体来说，运动员的技术应用应符合运动规律和项目的本质特征及规律。

（二）实战是训练的最终目的

训练要从实际出发，它包括客观环境、运动条件都要以实战为依据，实战是运动训练的最终目的。现代运动训练要求一切都要从实际出发，符合实战的要求为准则，除此以外的脱离实际都要调整或者摒弃。从实际出发和结合实战是训练最有效的方法。运动员在日常训练中，心里要时刻有个声音提醒自己，这个训练的目的是要达成什么效果，实现什么技术，从而在比赛中能获得怎样的优势等。也就是说，训练要有明确的实战目的来指导，通过不断地练习和完善达到在比赛中熟练的表现。要取得理想的比赛成绩，一定要积极进行训练，并且训练尽可能与比赛要求相一致，以完成甚至超越比赛的负荷进行训练，才能在比赛中自如应对、充分发挥。

五、人文操作性训练理念

人文操作性理念强调的是运动员的尊严与独立性，以及关注运动员的思想与道德发展，关注运动员的生存状况与前途命运。人文操作性训练理念的理论基础主要可以分为以下三个方面。

（1）人的行为受到人的感知或信念体系的指导。从人文主义、感知经验主义的角度上来说，人的行为主要来自感知或信念体系的指导。

（2）运动训练必须符合客观规律是现代运动训练的基本要求。违背客观发展规律的任何行为和方法都是经不住时间考验的。若想取得理想的训练效果，在进行运动训练时务必要符合科学规律，否则很可能欲速则不达。违背科学规律的训练只会带来技能的后退和更多运动损伤的可能。因此，在训练中要坚持执行科学与人文的有机结合与统一，这是身心健康与全面发展的条件之一。

六、国际化理念

当前，随着竞技体育运动项目的蓬勃发展，国际化趋势愈发明显。主要原因是一些高水平运动员在参加国际比赛的过程中，逐步具有国际化视野，而且愿意将国际上一些科学的训练理念、创新性的训练方法与手段带回国，促使自己国家在该项目的运动竞技水平方面得到整体提高。同时，各国的教练员之间也在不断加强学习与研讨的机会，积极运用其他国家的训练理念和方法弥补和提高现有的不足。这样，各个国家之间在相互交流与学习中，不断地吸取来自世界各地的成功经验和训练方法，从而促进世界竞技体育运动整体向前发展。在逐渐国际化的过程中，教练员也意识到必须不断地提高自身的专业素养和教学与训练水平，才能适应新时代体育运动发展的节奏。

七、与时俱进

随着现代科学技术的进步，运动训练从理论到实践也在与时俱进地发展。传统的训练模式已经不断地被取代，各个国家都在积极借助新的科学理论，运用新的训练模式，挑战更新、更先进的方法。随着竞技体育运动的发展和科学技术的不断进步，运动训练正在向着多样化、系统化、科学化的方向发展，训练方法日益多样化得益于运动员和教练员在运动训练方面积累了丰富的经验，并且，他们总结了多种多样的训练方法和训练模式。新的训练方法与传统的训练方法相结合，使得训练更加科学、有效。也只有这样，才能进一步推动运动训练的科学化发展。

第二节　科学的运动训练计划

一、训练计划的基本内容

训练计划的基本内容包括运动员的起始诊断、确定训练指标、划分训练阶段、提出各训练阶段的主要任务、安排比赛序列、规划训练负荷的动态变化趋势、选择训练方法以及手段、确定训练负荷、制订恢复措施，规划检查评定训练效果的内容、时间及标准等。

二、训练计划的基本分类

训练计划可分为多年训练计划（例如以奥林匹克运动会为期限，少年儿童的运动计划可制订 6 ～ 8 年的计划）、全年训练计划、阶段训练计划、周训练计划、课训练计划。

三、训练计划的基本结构

一个完整的运动训练过程,应该包括运动员起始状态的诊断、训练目标的建立、训练计划的制订、训练活动的实施、训练过程的检查评定以及训练目标的实现6个基本环节。在运动训练的过程中,还可以根据训练的实际发展效果做出调节和修正,使运动训练过程更加具有实际意义,直至通过检查评定得到令人满意的结果,最终实现训练目标。

四、训练计划的制订依据

(一)起始状态诊断

"诊断"源于医学概念,作为获取信息的重要手段之一,被体育与运动训练所引入。在竞技体育训练中,诊断的"对象"可以是一名竞技选手,也可以是一支训练队,可以是一个国家的竞技发展水平,也可以是一个项目的发展现状。

1. 科学的诊断是依据

先进的科学训练是从确立一个正确的出发点开始的,运动员当前的竞技水平、身体素质水平、决定其竞技能力的各个因素的发展水平以及运动员的发育状况、文化教育水平、心理状态等一系列问题,都对运动训练过程产生着重要影响。对这些因素的科学分析和准确判断是有效地制订运动计划的基本依据。只有在科学诊断的基础上,才有可能制订出切实可行的训练计划。

2. 及时评价训练效果

在一个大的运动训练过程中,分为许多不同的阶段,每个阶段的检查评定也可以看作较小的运动训练过程开始时的状态诊断;多年训练过程和其中的年度训练过程,阶段训练过程和其中的周训练过程,都处于这样一种关系中。

3. 可以实施有效控制

通过运动训练诊断,可以测定现实状态与目标状态的差距,为运动训练过程实施有效的控制提供可靠依据,并据此调整训练指标、修订训练计划,以实现运动训练过程最佳化,最终完成实现目标的任务。

(二)运动诊断的主要内容

1. 运动成绩

运动成绩是运动员参加比赛的结果。在世界体育竞技舞台上,依然在遵循“胜者王侯败者贼”的规则。运动成绩是对运动员及其对手的竞技能力在比赛中发挥状况的综合评定,包括运动员表现出来的竞技水平、竞赛的胜负和名次。不同项目的比赛有不同的衡量标准。从比赛结果的评价方法分类:田径、自行车、游泳、速度滑冰、举重以及射击、射箭等项目,这些项目是通过对时间、距离、重量、环数的准确测定来评价其竞技水平的高低;体操、艺术体操、跳水等项目,由裁判根据统一的标准,对所完成的动作给予评分来确定竞技水平的高低。

2. 竞技能力

竞技能力是运动员参加训练和比赛所必须具备的素质,是运动员竞技能力的综合体现。组成运动员竞技能力的因素有形态、机能、素质、技术、战术、心理及智力。不同的运动项目,在进行运动诊断时必须要考虑到不同专项竞技能力的结构特点。不同项群运动员竞技能力的各决定因素的作用也各有不同。因此,进行科学诊断要注意首先要把握主导因素,并作为其竞技能力总体诊断的主要依据。

(三)训练状态的诊断

在训练过程中,对不同时间跨度的训练诊断有不同的要求。比如多年和年度训练的训练诊断,具有更为宏观、全面和概括的特点,而对周计划、课计划中对运动员的训练诊断更侧重短时间内产生的明显变化,比如心理状态、体能和技能。

(四)训练目标的建立

“训练目标”是指为了掌握训练全过程的发展进程而专门设计的理想模式。它可以有效地激发运动员和教练员的进取精神和责任感。目标会激发人的无穷动力和耐力,目标是实现理想的阶梯,它使缥缈的理想变为具体的可以触摸到的实物。如果没有目标,很容易迷失方向。训练目标是一个多层次的有序系统,一个完整的训练目标由运动成绩指标、竞技能力指标和阶段序列指标构成。

五、训练计划的制订

（一）多年训练计划

多年训练计划更多地强调战略规划和布局，主要用于安排较长时间的系统训练，一般两年以上的训练设想和安排属于多年训练计划，也有时间跨度长达十几年的训练计划。计划的内容也是提纲挈领，无需设计细节，多采用文字或表格形式表达。

制订多年训练计划，教练员要有战略头脑，要从总体上宏观地规划运动员多年训练过程，其是对于接下来的年度训练计划、阶段训练计划的指导方向，因此不需要做到详尽具体。确定多年训练计划要建立在充分地分析主客观因素的基础上，要了解和掌握专项训练规律及发展趋势，要充分了解运动员的各方面情况。在此之后，确定训练指标，进行阶段划分。由于各个运动项目对运动员开始参加训练的年龄、进入专项训练的年龄、保持最佳竞技水平的年龄都有自然的生理规律，因此在制订全过程多年训练计划时，对专项年龄特征有所了解，将有助于提高计划的科学性。

（二）年度训练计划

年度训练计划是指在运动训练实践中以年度训练作为组织系统运动训练过程的基本单位。在制订年度计划中，对年度训练的阶段划分非常重要。年度训练计划一般分为单周期、双周期和多周期等类型。全年训练按一个完整的大周期组织实施，称为年周期安排。单周期安排适用于季节性质的项目，需要长达 4 ~ 6 个月的时间才能做好充分准备或者取得显著训练效应，如马拉松等，以及每年只有一次重大比赛的项目；双周期是指把全年训练按两个完整的大周期组织实施，它包括两个准备期、两个竞赛期和一至两个过渡期；将年度训练计划分为三个以上训练周期的安排称为多周期。

周期的划分是将全年训练计划分为更小的训练阶段，使整个计划更便于管理和实施，并保证将最佳竞技状态控制在当年重大比赛之际。这种划分可以保证训练的合理组织实施，使教练员能够系统地执行自己的训练计划。

在一个周期的安排中一般划分为准备阶段、比赛阶段、过渡阶段。各个阶段的时间长短，依据运动员的个人具体情况和项目特点要求而定。

（三）周训练计划

周训练计划是组织训练活动极为重要的基本单位，是实施性的具体训练计划。周计划的内容一般要列出每日训练的主要任务和内容、负荷总量与强度比重。一般应将技术、战术训练与身体素质训练交替进行，使之相互调节。根据项目特点的不同，比如技术性强、技术动作多的项目可根据训练课的主要内容安排。对身体机能要求较高的周期性项目，可根据训练负荷来安排。

（四）课训练计划

训练课是运动训练最基本的组织形式。不论是周训练计划，还是年度训练计划，都必须通过一次次训练课的组织实施来完成。运动训练课质量的好坏，直接影响运动训练的效果。课计划最详细，直接按照周计划排列的每次课的主要内容和负荷，并根据上一次课的实际情况而定。训练课的类型可分为综合训练课和单一训练课。综合训练课是指在一次训练中综合地发展多项竞技能力，单一训练课是指在一节课只是集中发展某一种能力或完成某一项训练任务。单一的训练课在准备期的训练中安排得较少，但各个项目的训练中，有时都会组织一些发展本项主导因素的单一训练课。如中长跑运动员的耐力课、乒乓球运动员的基本技术课等。单一训练课可分为发展素质训练课、学习改进技术的训练课、熟练和完善战术配合的训练课、检查评定的训练课以及比赛的训练课等。

通常而言，一堂训练课由准备部分、基本部分、结束部分三个部分组成。准备部分的任务是使机体逐步进入工作状态，在心理和生理两方面做好承受负荷的准备，为即将到来的激烈运动创造良好的内环境。基本部分是整个训练课的核心，训练课的任务主要通过基本部分来实现。结束部分也叫整理活动，主要任务是通过结束部分的活动内容，使运动员的机体从剧烈的运动状态逐步恢复到平静状态，但是结束部分不是可有可无的，通过整理活动加速排除体内剧烈负荷所产生的代谢产物，对于运动疲劳和恢复具有重要意义。通过整理活动，可以补偿运动时所欠的氧债，使运动员的心理过程从应激状态中退出。整理活动可以从根本上解除训练课所造成的心理、生理上的紧张状态，结束部分经常采用的手段有轻松跑、游戏、放松体操、踢球等。

第三节　运动训练的原则与方法

一、运动训练的基本原则

(一)竞技需要原则

1. 竞技需要原则的含义

竞技需要原则是指从实战出发,以比赛需要为训练标准对运动员的竞技能力及运动成绩进行训练和提高,通过科学安排训练计划、训练内容以及方法手段、负荷等因素,高效地完成训练目标。这一原则大大地提高了训练效率,明确了训练目标,提高了训练的针对性和实战性,是现代竞技运动训练的主要指导原则。

2. 竞技需要原则的依据

(1)训练目标的竞技需要

目标是行为的方向,也是行为的终点。人们的一切行为都服务于某个目标的实现,如果没有目标,行动是散乱的、无序的,最终也是徒劳的。运动训练的目标不同,那么训练方法、训练强度和训练标准也各不相同,比如,训练目标可能是增强体质或者康复训练,或者是参加比赛,那么针对这三种不同的目的,训练的方法也大相径庭。运动员的训练目的自然是参加比赛并获得优异的成绩,实现预期的比赛结果。因此,运动员的训练内容、方法和手段的选择都是围绕着比赛的需要而组织实施的。

(2)专项竞技的特异性

不同的运动项目对运动员的竞技能力有不同的要求。构成运动员竞技能力的因素有很多,包括体能、技能、战术能力、心理能力等,在不同的运动项目结构中,这些因素的构成比例和产生的作用又各不相同。因此,在进行专项竞技项目的训练时,首先要全面、深入地认识本项目的竞技能力要求和特点,了解自身所具备的能力水平哪些方面有优势,哪些方面需要尽快提高,只有这样,才能做到准确地选择与专项竞技需要相符合的训练,从而对训练内容、训练手段及训练负荷有非常明确科学的认识,可以提高训练的有效地和针对性,争取在最短的时间内达到所要达到的能力水平。假如忽略专项竞技的需要,盲目地进行全面训练,往往会事倍功半,花费巨大的精力却收效甚微,会打击运动员的自信心和积极性。

(3)现代训练的专项化发展趋向

现代竞技运动越发激烈和充满对抗性,这一方面提高了竞技体育发展水平,同时也令现代的竞技赛事更加精彩。但对于运动员来讲,则意味着加强专项训练和提高专项能力。现代竞技体育有一个很明显的趋势是,运动训练的内容、方法、手段及负荷都体现出鲜明的专项化趋向。即便是少年儿童的早期基础训练,也有明确的以未来专项竞技的需要为导向,早早地为高水平竞技训练和参赛做准备。

(二)动机激励原则

1. 动机激励原则的含义

动机激励原则是指通过有效激发运动员的主动性,提高其自觉进行艰苦训练的动机和行为的训练原则。这一原则通过各种方式和途径,试图启发运动员的训练积极性和主动性,提高其内驱力,从而能够独立、自主、创造性进行刻苦训练,并能够在训练过程中进行自我调控、自我疏导,做积极归因,从而能完成长期的、艰苦的训练,并表现得非常高效和充满动力。

2. 动机激励原则的依据

(1)成功动机是重要的原动力

渴望成功是绝大多数人的内在愿望,希望实现自我价值,获得社会的认可,完成自我实现。对于运动员而言,渴望奖牌与成功是不断推动其进行训练的强大动力,是美好的愿望和成功的愿景激励和鼓舞着日复一日进行的艰苦训练,并能不断克服各种挫败、伤病带来的困扰和障碍。运动员之所以能自觉克服重重困难,就是因为具有强烈的成功动机。和普通的社会工作相比,职业运动员需要付出巨大的努力,而结果又充满不确定性。在这种情况下,只有强烈的成功动机才能激励着运动员自觉地献身于训练与比赛中。

(2)通过持续激励保持斗志

运动员多年坚持系统的刻苦训练往往承受着巨大的心理负荷与生理负荷。这其中包括不断困扰运动员的伤病、竞技水平发展的瓶颈期、人际关系的竞争压力、未来的不确定感等,都对运动员的心理和生理产生极大的挑战,会使运动员感到挫败与退缩,甚至失去信心直至放弃。因此,在训练过程中需要不断地激励运动员保持良好的动机,及时肯定自己的努力成果,对自己、对未来保持信心。对于运动员来说,感受到阶段性成就是莫大的鼓舞，是继续前行的巨大动力。因此，教练需要持续地激励运动员，给他们正向引导和积极反馈，帮助运动员保持斗志和雄心，只有这样才能够将年复一年的艰苦又单调的训练高质量地完成，并一步步走向竞技生涯的巅峰。

（三）有效控制原则

1. 有效控制原则的含义

有效控制原则是指对运动训练活动实施有效控制的训练原则。训练中应对每个阶段和每个训练实施都有准确地把握和控制，对训练目标、实施、效果和评价都有清楚的认识和理解，并且对下一个阶段的训练内容、量度及实施给予及时和必要的调节，使整个训练活动处于有效控制之中，保障运动训练活动以预先设计的方式健康运行，保证训练目标的实现。

2. 有效控制原则的依据

（1）尽量地控制影响训练的因素

运动训练这一社会化的活动由多种因素所构成，多种因素又都处于不停的变化之中。那么无论对于教练员还是运动员，都会产生直接或者间接的影响，而这又直接反应在训练效果或者比赛成绩的变化上。每一时刻运动员竞技能力的即时表现都是此前训练的结果，又是下一步训练的出发点。并且，每一个当下状态又受着训练因素、运动员的情绪和社会交往等心理因素的影响，以及训练条件、场地、气候等环境因素的影响。另外，还有不可抗的偶发因素，如意外伤病，也都会对运动员竞技能力的状态产生不同程度的影响。所有这些复杂因素的变化，都必然导致运动员竞技能力发生变化。因此，只有对不断变化的训练过程实施有效的控制，才能使实现预定的训练目标成为可能。

（2）现代控制论的理论基础

“控制”即是对系统有目的、有方向的调节、指挥和掌握。要想取得工作的成功，必须对行为、行为对象及其变化施以有效的控制，才能保证朝着预定的方向运行，才有可能实现预期的目标，这其中最重要的理论依据就是控制论。科学家们提供的研究方法使体育科学工作者和教练员们掌握了更为有效的工具，从而实现对训练过程、训练对象及竞技能力发展等不同系统实施着程度不同的控制。大量的训练实践证明，这种控制对提高运动训练的实效产生了重要的作用。

（四）系统训练原则

1. 系统训练原则的含义

系统训练原则是指持续地、循序渐进地组织运动训练过程的训练原则。这一原则的确立与运动训练过程的连续性和阶段性的基本特性密切相关。它一方面指出长时间、持续地进行训练是运动获得发展和提高运动技能的唯一途径，同时也强调，这一训练过程必须循序渐进地，而非突变式地增加训练负荷，方能取得理想的训练效果。

2. 系统训练原则的依据

（1）人体生物适应的长期性

人体是一个非常复杂、精确、神秘又高效的系统，体育运动训练需要遵循人体的系统特征而进行。系统的、持续的变化和提高是事物发展的一般规律，运动训练要想取得理想的效果就需要依据客观规律的要求来进行。人体对训练负荷的生物适应是通过有机体大到各个系统、各个器官，小到每一条肌肉乃至每个细胞的逐步适应和变化，从而一点点地实现提高的。运动员的竞技能力的提高由多种能力、多种因素共同促成，而这些改变也是通过系统的方式进行的。人体这些机能的适应性改造都需要一定的时间才能完成，并不是短期的突发行为就可以奏效的。提高运动员竞技能力的训练，必须通过人体内部的适应性改造才能实现。适合人体生物适应规律的训练，能够使运动员在生物学方面发生有益的变化，因此有些运动员的培养需要几年甚至十几年的时间，它需要较长的时间才能完成，而不是一朝一夕所能实现的。因此，从人体生物适应的角度来看，运动员应持续地承受负荷，进行系统的训练。

（2）训练效应在持续中加强

无论是运动员的体能还是技能、战术能力还是运动智能或运动员的心理能力的变化，都具有不稳定的特点，其效应都是在持续训练中逐步得到加强的。因此，如果训练的系统性和连续性遭到破坏，那么前期经过训练已经获得的训练效应，会因为间断或者停顿而消退甚至完全丧失。这是因为，在训练中获得的技能的提高，对应的是运动员神经系统的相关中枢神经建立起暂时性的联系，但这种神经联系还不够牢固，甚至非常脆弱，因此，需要继续地、经常地、反复强化，暂时联系才能变为稳固联系，那么体现在技能上就是能够稳定的发挥水平，而不会轻易消退。这一点对于运动员而言非常重要，必须在训练效应产生并保持一定时间的基础上重复给予负荷，让训练效应得到强化和累积，实现运动技能的稳定发挥。总而言之，要想获得理想的训练效应，稳定的竞技能力，必须要保持训练过程的连续性、系统地和不间断性。

（3）人体生物适应的阶段性

根据人体科学和人体医学及生物学的相关理论，人体的生物适应过程是分阶段进行的。比如，机体对一次训练负荷的反应，分为工作、疲劳、恢复、超量恢复和训练效应消失等几个阶段。运动员的训练需要遵循和利用这些阶段特征来进行，才可以获得更好的效果。在更长的时间跨度里可能是几个月甚至一年的时间，运动员机体能力表现为竞技状态的形成、保持和消失三个阶段。

（五）周期安排原则

1. 周期安排原则的含义

周期安排原则是指周期性地组织运动训练的原则。运动员的机体具有一定的生物节奏，用比较通俗的话理解就是有时状态好或者状态不好，具有一定的生物节奏。运动员竞技状态的形成与发展都同样具有周期性和节奏规律。在训练的过程中，要遵循这样的原则进行组织安排，如果忽视机体状态的规律性，并不能带来训练效果的提高，相反还会影响正常的训练进程。因此，应该按一定的动态节奏安排训练内容和负荷量度。

2. 周期安排原则的依据

（1）周期性是事物发展的普遍规律

事物的发展规律遵循着循序渐进、周而复始的特点，呈周期性的进行。这种周期性的运动在不停歇地发展变化中，每个往复、每个循环都不会完全相同。每一个新的运动周期都有新的发展和变化，产生新的突破或者进展，它近似一种螺旋式地上升。运动训练的周期性就是遵循事物发展的这一规律而进行，它是由事物发展的普遍规律决定的。

（2）周期性是人体能力变化的特征

人体竞技能力的提高也具有周期性的特点。持续地训练是为了获得稳定的运动技能，但是技能的增长也是以周期性的形式发生的。比如在一次负荷下，机体开始工作、产生疲劳，负荷解除，超量恢复，再次给予负荷，然后开始工作、疲劳………就是在这样的周期循环中，运动员的能力得到稳定提高。如果增加新的负荷，那么则开始一个新的负荷周期。在这样的过程中，机体能力不断提高，运动竞技状态不断地得到发展，直至进入运动员的巅峰期。但是人体不可能始终保持高峰状态,在经过高度竞技状态之后,需要休息和恢复,以消除生理和心理的疲劳。通过积极恢复,心理疲劳和生理疲劳都消除之后,再进行竞技能力发展,促进竞技状态的再次形成,开始新的训练周期。

（六）适宜负荷原则

1. 适宜负荷原则的含义

适宜负荷原则是指训练要在尊重运动员的现有能力和人体机能情况下安排训练,以及提高运动员竞技能力的目标任务和给予负荷都应该以适宜为原则。适宜意味着训练目标不能脱离实际,训练负荷不能过大或者过小,负荷过小无法引起机体必要的应激反应,过度负荷又会出现劣变反应。

2. 适宜负荷原则的依据

（1）机体的生物适应现象

机体的应激以及适应变化会保持在一个适度的范围内。在这一范围内,负荷的量度越大,对机体的刺激越深,所引起的应激越强烈,机体相应变化也就越明显,自然竞技能力的提高也更明显。

（2）过度负荷带来劣变现象

运动负荷的量度并非越大越好,因为机体的生物适应现象只发生在适宜负荷的条件下,如果负荷超过了机体的范围,机体便会产生劣变现象。过度负荷有时表现在生理方面,有时也表现在心理方面。过度负荷的直接结果,就是使机体出现不适应的症候,包括慢性体重下降、非受伤引起的关节及肌肉疼痛、慢性肠功能紊乱、扁桃体及腹股沟淋巴结肿大、鼻塞和发冷,出现皮疹和肤色改变、肌肉紧张、疲惫不堪、失眠不安等。这时候应该让运动员充分的休息,采取一些措施做积极恢复,否则很可能会对运动员的机体造成严重破坏,比如健康状况和体能的明显下降,使运动创伤增加,甚至造成灾难性的后果,而过早地结束了运动生涯。因此,在训练实践中要注意采用适宜负荷,避免运动员机体的劣变现象发生。

（七）区别对待原则

1. 区别对待原则的含义

区别对待原则是指训练过程中对不同的运动员、不同专项或不同的训练状态、不同训练任务,都应该有区别的对待,在制订训练目标、选择训练内容、安排训练负荷的时候都应该有所区别。每个运动员的生理状况、身体形态、发育特点、技术现状、战术能力以及素质、智力水平都各不相同，要想使训练工作取得理想的效果，就必须认真处理好运动训练过程中，组织的集群性与个体性之间的关系，考虑到运动员的个人特点，即使是同一名运动员在不同的训练阶段也应该采取区别对待原则。

2. 区别对待原则的依据

（1）运动专项竞技需要的多样性

不同专项运动员的竞技能力受不同因素的影响。比如，短跑运动员竞技能力的主导因素是速度素质，中长跑运动员的主导因素则是耐力；跳水运动员的技术水平起着决定性的作用。因此，不同项目的专项训练其目的和内容均不相同，应实施区别对待。

（2）运动员个人特点的多样性

每一位运动员都是独立的个体，他们具有独特的个性。运动员的个人特点包括性别、生物年龄、训练年龄、竞技水平、生理和心理特点、身体状况、情绪等，这些方面都对训练的安排有不同的要求。

（八）直观教练原则

1. 直观教练原则的含义

直观教练原则是指运用多种直观手段，通过运动员的视觉器官激发形象思维并建立正确的动作印象，从而培养运动员的观察能力和思维能力，进而提高运动员竞技水平的训练原则。

2. 直观教练原则的依据

（1）认识过程的普遍规律

人的认识的形成都要经历从直观到抽象、从感性到理性的过程。运动员在学习和掌握新动作时也应遵循同样的规律，直观性原则符合人体学习新技能的普遍规律，所以应该重视其在运动员的训练过程中发挥的重要作用。

（2）动作技能形成原理

在动作技能形成的全过程中，尤其是初级阶段，视觉器官在直观训练和学习中发挥着重要的作用，人体通过视觉器官获得的信息丰富而且生动，这对促成动作技能的记忆和形成非常有帮助。

（九）适时恢复原则

1. 适时恢复原则的含义

适时恢复原则是指及时消除运动员在训练中所产生的疲劳，并积极利用超量恢复提高机体能力的训练原则。

2. 适时恢复原则的依据

运动员在训练后，其机体能力和能量储备由于负荷而暂时下降和减少，随着负荷的消失又恢复到负荷前的水平，这一过程称为恢复。运动训练中的恢复，并不满足于回到先前水平的恢复，而是追求超量恢复，因为超量恢复才是提高机体运动能力的关键环节。

二、运动训练的基本方法

运动训练方法是指在运动训练活动中，为提高竞技运动水平、完成训练任务所采取的途径和办法的总称。运动训练方法是教练员和运动员共同完成训练任务的方法，是对训练过程中各种具体训练方式和办法的概括，是对各种具体训练方法的集中表述。运动训练基本方法主要包括分解、完整、重复、间歇持续、变换、循环、比赛和高原训练法。

（一）分解训练法

1. 分解训练法的释义

分解训练法是指将完整的技术动作或战术配合过程合理地分成若干个环节或部分，然后再分别进行训练的方法。

2. 分解训练法的分类

（1）单纯分解训练法

应用单纯分解训练法，需首先把训练内容分成若干部分，通过分别学习、掌握各个部分或环节的内容后，再进行整体性的学习，这种方法在技战术的学习与训练中被广泛采用。分解训练法对练习的顺序并没有特别的要求，就是说对分解后的若干部分的学习，没有刻意要求按照一定的顺序进行，可以打乱原有的顺序，可根据主客观的情况进行训练和学习，只要最后能够把每个部分串起来进行完整的训练就可以。比如分解进行排球快球掩护下的平拉开战术的训练，可将整个战术分解成接发球、快球掩护、传平拉开球和扣球四部分。不论采用何种训练进程，应先使运动员分别掌握这四部分的技术，再完整地进行快球掩护下的平拉开战术的训练。单纯分解训练法的应用特点分解后的各个部分可以独立训练。练习的顺序不必特别要求，以便教练员安排训练。

（2）递进分解训练法

递进分解训练法是指把训练内容分成若干部分，每一部分的训练都按照递进的顺序进行，比如先训练第一部分，只有在掌握之后才可以训练第二部分，然后将前两部分合成起来再训练，再掌握之后才开始训练第三部分，以此类推，逐步逐级地进行下去，如此递进式地训练，直至完整地掌握技术或战术。该方法对练习内容各个环节的练习顺序没有特别刻意的要求，但是对相邻环节的衔接部分则非常重视，有专门的要求，必须将相邻的衔接部分掌握稳定才能进行下一步的训练。

（3）顺进分解训练法

顾名思义，顺进分解训练法是按照原有的顺序把训练内容进行分解成若干部分，从第一部分开始训练，掌握后再训练第一部分和第二部分，以此类推，顺进直至完整地掌握技术或战术。

（4）逆进分解训练法

与顺进分解训练法刚好相反，逆进分解训练方法是最先训练分解后的最后一部分，逐次增加训练内容到最前一部分，直至掌握完整的技术或战术。

（二）完整训练法

完整训练法是指完整地进行训练的方法，无论是技术动作还是战术配合，不会进行分解，而是按照原有的结构一气呵成地完成全部训练。优点是有利于运动员完整地掌握技术动作或战术配合。完整训练法可用于单一动作的训练，也可用于多元动作的训练，可用于个人成套动作的训练，也可用于集体配合动作的训练。用于集体配合战术的训练时，应以一次配合的最终战术效果为训练质量的评价标准，更密切地结合实践要求，灵活地组织完整的战术训练。

（三）重复训练法

重复训练法是指多次重复同一练习，完成之后进行足够的休息，然后再进行训练，它的特点是后一次完全重复前一次的训练内容，没有增减。

通过对同一动作或同组动作的多次重复来强化条件反射，有利于运动员牢固掌握技术动作，通过相对稳定的负荷强度的多次刺激，使机体尽快产生适应性。重复训练法的主要因素有单次练习的负荷量、负荷强度及每两次练习之间的休息时间。休息方式通常采用肌肉按摩，力量素质练习中常常用到重复训练法。

(四)持续训练法

持续训练法是指负荷强度较低但负荷时间较长、无间断连续进行训练的练习方法。特别适合训练一般耐力素质，对于负荷强度不高但是过程比较细腻、讲究微妙的技巧变化的技术动作也非常适用。练习时平均心率保持在 130 ~ 170 次 / 分钟之间，可使机体运动机能在长时间的竞技运动训练刺激下产生稳定的适应，可提高有氧代谢系统供能能力以及该供能状态下有氧运动的强度，可为进一步提高无氧代谢能力及无氧工作强度奠定坚实的基础。

(五)间歇训练法

与持续训练法相对的是间歇训练法，间歇训练法是指对练习过程组间的间歇时间做出严格规定，使机体处于不完全恢复的状态下反复训练，以期得到理想的训练效果。实践证明，不同类型的间歇训练，可使糖酵解代谢供能能力、磷酸盐与糖酵解混合代谢的供能能力、糖酵解与有氧代谢混合供能能力、有氧代谢供能能力得到提高。严格的间歇训练可明显增强人体的心肺功能。通过严格控制间歇时间，可以提高运动员在激烈对抗的比赛环境下稳定发挥技术动作的能力。总之，间歇训练法是适用多种项目、达到多种训练目的的非常有效的训练方法。

(六)变换训练法

变换训练法是指通过调节运动负荷、训练内容、训练形式等训练因素，通过实施变换达到提高运动员训练积极性、趣味性、适应性及应变能力的目的。实际比赛中的情况是瞬息万变的，充满了不确定性，因此。变换训练法正是根据比赛中的复杂性、激烈性以及技术的变异性、战术的变化性等特点进行有针对性的训练。通过变换训练，可使机体产生与项目相匹配的适应性变化，运动员的各种运动素质、运动技战术都得到系统地训练和发展，而且这种能力具有很强适应性，从而提高应对比赛中各种复杂情况下的运动能力和应变能力。

（七）循环训练法

循环训练法是将若干练习手段设置为相应的若干个练习点，按照既定的顺序和路线，要求运动员依次完成每个点的训练。循环训练法的优势之一是可以有效激发运动员的训练情绪。通过不断给出新的刺激来保持运动员的训练热情，同时，也是累积负荷“痕迹”、交替刺激不同体位的最佳训练方式。循环训练法的另一个优势是，具有很强的灵活性。这是因为，循环训练法的结构因素由每个站点的练习内容、运动负荷、安排顺序、每两点站之间的间歇、每遍循环之间的间歇、练习的站数与循环练习的组数组成。因此，可以随时根据具体情况因人制宜地加以调整，可以防止局部负担过重，延缓疲劳的产生，并有利于全面的身体训练。

（八）比赛训练法

比赛训练法是指在近似、模拟比赛条件下，按照比赛的规则和方式进行训练的方法。利用人性中的竞争意识和表现意识，比赛训练法可以提高训练质量，从而提高竞技能力。运用比赛训练法可有助于运动员全面提高专项比赛所需要的体、技、战、心、智各种竞技能力。

（九）高原训练法

高原训练法是指利用高原地带进行阶段系统训练。它的核心是利用高原地带空气内氧含量较低的自然条件发展运动员的有氧耐力、无氧耐力和力量耐力。高原训练法最初是长跑教练员提出来的一种机能适应性方法。该方法的目的是通过高原训练促使长跑运动员产生与高原比赛环境相适应的生理反应，以便在相对缺氧的高原环境中比赛也能正常发挥水平。此后，人们发现高原训练法还具有低海拔平原地带常用基本训练方法难以企及的其他功能。比如能够明显地刺激血液中红细胞数目的增生，能够明显增强机体在缺氧状态下的工作能力，还可以改善骨骼肌肌红蛋白的浓度和质量，提高运动员的肌肉工作耐力或力量耐力，从而很好地发展机体抵御疲劳的工作能力。高原训练法的基本结构既具有训练过程的结构因素，又具有训练方法的结构因素。现在比较普遍的一种共识认为，高原训练法是由海拔高度、训练过程、进出时机、训练手段、负荷性质、恢复手段、组织方式等基本因素组成，而其中任一因素的变化都会引起不同的高原训练效果。

第四节　运动训练的科学管理

一、运动训练科学管理的基本原理

（一）系统原理

系统原理认为，系统中的各要素并非是孤立和静止的，他们是根据整体目标按照一定的结构动态地进行组合而成为一个整体。系统中的每一个要素的改变都会使系统发生改变，系统的整体改变也会给各个要素带来改变，一个要素的改变也会促进或者制约其他要素的发展和改变。因此，他们之间的关系是相互依存、相互影响和相互制约的。为了实现现代科学管理的优化目标，必须运用系统原理对管理对象进行细致的系统分析，这就是现代管理的系统原理。系统的整体效应观点认为，系统的整体功能之和可以大于各要素的孤立状态之和。因为各个要素在系统内的合理排列组合之后，构成新的有机体，具有了各要素在孤立状态中所不可能具备的新的功能、新的特性、新的行为。也就是说在系统的作用下，原有功能被加强或者放大，得到生长，产生了“1+1>2”的效果。系统的规模越大，结构越复杂，这种放大的功能可能越大。而功能放大的具体效果，取决于科学的管理。系统原理具有目的性、整体性和层次性的特点。比如，运动队的能力要大于所有运动员个人能力的总和，因为他们在系统管理下进行有机的配合协调，而使运动队发展出原来个人所不能实现的能力，这就是系统管理发挥作用的表现。

（二）人本原理

人本原理就是在管理中以人为根本，一切管理活动均以调动人的积极性、做好人的工作为根本规律的概括。在管理系统中，管理的最终目的就是为不断地满足人们的物质需要和精神需要从而实现人的全面发展。人既是管理的主体，也是管理的客体，而且是管理客体中最主要的因素，各项管理措施和管理手段的运用，首先是作用于人，再通过人来发挥其能动作用去协调与其他管理要素的关系。人本原理的应用体现在由其引申出来的主要管理原则的运用。

1. 行为原则

行为是人们思想、感情、动机、思维能力等因素的综合反映。意识是人们的内在行为,动作是人们的外在行为。人的行为是受动机所支配的,而动机又是由人的需要决定的。行为原则就是了解运动员的需要与动机,根据其行为规律来进行管理。行为原则主要是结合运动员的需要激发其动机,提高其心理适应性以及扩大其心理容量,以更好地适应训练和比赛,并且能不断克服困难和阻力,从而提高竞技能力并最终赢得比赛。

2. 能级对应原则

"能级"是现代物理学中的一个概念。在现代管理中,机构和个人都可以引入能量的概念,比如高能级办高能级的事,低能级办低能级的事,做到能级对应,这就是能级对应原则。在训练的科学管理过程中,也要有机地运用能级对应原则,在对运动员的性格、体能、心理等因素的整体考虑之下,选择相适应的能级的方法和手段进行训练,效果更加理想。

(三)动态原理

动态原理是指在管理活动中,要根据管理对象的变化不断进行相应的调节以实现整体目标的规律的概括。由于人、时间、信息等管理对象是处于动态的变化中、发展中的,因此相应的计划、组织、控制、协调等各个环节也必须随着管理对象的变化而变化,动态地适应管理对象的变化,这样才能保证管理目标的实现。比如随着训练的进行,运动员的能力在不断发展和提高,那么相应的训练计划也应该随着实际情况的变化而做一定的动态调整,目的就是更好地实现既定的目标。

(四)效益原理

管理的根本目的是使效益最大化。效益原理的实质就是任何管理都要以取得效益为目标。管理的各个环节、各项工作,都要紧紧围绕提高整体效益这个中心而服务,科学、有效地使用有限的人力、财力、物力、智力和时间信息等资源,以创造最大的效益和价值。在运动训练过程中,效益原理贯穿和指导着训练管理的全部过程。比如,运动训练管理的目的是提高优秀运动员的利用率,使其价值得到最大限度发挥。希望用尽可能少的经费和物质消耗,在尽可能短的时间里培养出更多的优秀运动员,创造更多、更优异的比赛成绩。

（五）竞争原理

优胜劣汰、适者生存是自然规律，也是事物发展的一般规律。体育的本质就是竞争，争取更高、更快、更强的运动表现是每个运动员的共同目标。有竞争就有压力，有竞争就激发更强的求生欲和进取心。实践证明，竞争可以激发人的工作热情，激发出更强的进取精神，竞争也会使人的潜能得到进一步的发觉。竞争是一股强大的推动力，使人不断地克服困难实现目标，力争在群体中得到出色表现。竞争甚至还可以促进团队的内部团结，增强团队凝聚力，竞争使集体充满生机和活力。竞争原理就是指个人与个人之间，团体与团体之间、国家与国家之间，为了各自的目标和利益，相互竞争，以求取胜的理论。在运动训练的管理工作中，竞争原理也被积极地采用，通过竞争原理对训练工作进行有效的指导、管理和规范。

二、运动训练科学管理的基本方法

（一）行政方法

运动训练管理的行政方法是指依靠各级运动训练管理机构和领导者的权力，运用行政手段，按照行政系统规范进行管理活动的方法。行政方法是上级发布命令，下级服从上级，特点是上下级之间的关系非常清晰。它要求运用行政方法必须做到上级下达的指令一定要符合本部门的实际，这需要上级领导者具有较好的领导素质，有较高的理论政策水平以及较强的组织管理能力。否则，很容易会因为个人水平的不足而降低管理的质量，影响目标的实现。

（二）法律方法

运用法律方法管理运动训练工作，是运动训练管理实行“法治”的重要内容之一。运动训练管理的法律方法是指，在运动训练管理过程中，有机地采用法律、法令、条例、决议和章程等各种形式的法规进行管理。它使运动管理具有更高的强制性、普遍性、规范性和阶段性等几大特征。也使运动训练管理具有很强的复制性，对于高效的训练管理方法可以做到更快、更准确的普及和推广。

（三）经济方法

运动训练管理的经济方法是指运用经济手段，调节不同经济主体利益之间的关系,以实现管理目标。这里所说的经济手段具体是指价格、税收、工资、奖金、罚款、经济合同等,它们是经济方法中最广泛、最基本的一些常用手段,它们对运动训练管理发挥着重要的作用。不同的经济手段在不同的领域中发挥不同的作用。在社会主义市场经济中,经济方法可以有效地提高运动训练管理的效能,克服体育管理中过去那种单纯依靠行政管理的做法,调动和激发运动员、教练员的积极性、创造性和主动性,使运动训练这一特殊的社会劳动价值得到充分的尊重和体现,从而不断增强管理活力。

第五节　运动训练的全方位保障

为了取得最佳的训练效果,提高运动员的运动成绩,需要组织一个强有力的保障系统工程。可以说,现代竞技体育训练在很大程度上已经超出了竞技本身,运动员在训练场或者赛场上比拼的已经远不止是运动技能,其背后的后勤保障系统,包括营养保障、医务保障、心理保障、思想保障、信息保障等也是决战胜负的重要因素。因此,现代先进的运动训练应该加强对训练的全方位保障系统的建设。

一、运动训练的营养保障

若想获得优秀的训练效果,尽快达成训练目标,那么营养保障是重要且必要的环节。“三分练,七分吃”,这句话对运动员也同样有效,如果没有科学、及时的营养补充,训练计划再完美、针对性再强,恐怕也不会得到与训练相应的回报。人体所有训练水平的提高和运动能力的发展都源于肌肉,如果没有充分营养的供给,肌肉是不可能凭空就变得发达和强壮的,训练水平和运动能力也不会凭空就获得提升的。因此,良好的营养保障是提高训练水平和运动能力的基础,从某种角度来说,营养决定和影响着运动员的训练效果。

因此,建立健全的营养保障系统,应该包括请营养学专家为运动员提供营养和饮食的计划安排,并开设营养课进行营养知识普及教育。同时也开展运动员饮食成分、对各个运动项目的特殊营养需要、特殊补品的研制。

营养系统相比训练方法、训练理论可能要更为复杂,因为营养涵盖的范围非常广,人体的生物代谢过程更为复杂,在这样的前提下,需要大力投入科研进行深入的研究,从而为科学的运动训练提供有力保障做好准备工作。

二、运动训练的心理保障

现代竞技体育项目都是综合能力的竞争,只强调运动技能或者生理方面的改进显然是不够的。运动员要想取得理想的训练成绩,必须重视心理问题。心理学原理以及其在训练和比赛准备方面的实践,已经成为现代体育运动的一个重要组成部分。在运动训练中,要充分运用和发挥心理学的作用,对运动员的心理建设、情绪管理、动机维护等方面进行有效干预,不仅可以保证训练的顺利进行,而且还可以明显提高训练水平和训练效果。有科学研究证实,在高竞技水平的运动员身上,心理变量比生理变量具有更强的影响因素。

三、运动训练的医务保障

竞技体育训练往往意味着运动强度大、负荷高以及对抗激烈等特征,因此在对运动训练的医务保障方面应该做好充分的准备。医务保障主要分为硬件建设和软件建设两方面。硬件建设包括医务室及其医疗设备的配备要齐全,医疗物资要齐全。软件建设包括储备业务精良的专家医务团队、高效的管理团队等。并且还要做到针对专项运动特点、运动损伤高发问题进行专门的设计和应对。比如,篮球比赛和训练具有较高的损伤风险,导致篮球运动损伤的因素有很多,其中主要的有季节因素、疲劳、专业技术动作、损伤史等几个方面。运动员运动量较大,容易造成运动疲劳,但又必须马上投入第二天的训练。为了保证运动员能够尽快进入状态,完成训练目标和备战任务,需要采取科学的运动恢复手段,配备按摩专家等。另外,比如篮球运动员身材高大,而体操运动员往往身材瘦小,那么在一些医疗物资的准备方面也要充分地考虑到这些细节,做到让运动员在训练中无后顾之忧,即便出现运动损伤也会得到及时和对症的诊治与处理。

四、运动训练的信息保障

建立和完善信息化的管理系统，以及对运动过程的数据采集与分析系统，是现代竞技体育的发展趋势。完善的信息管理系统可以将重要的信息转化到运动训练当中。对体育研究前沿相关信息的收集、储备和提供，可以让全国任何地区与世界其他国家和地区对最新的体育相关信息同步共享。对教练员、运动员的训练和备战准备具有重要意义。对运动过程的数据跟踪及分析，可以及时反馈运动员的训练状态，以及身体各个指标的健康情况，可以对身体的细微变化有直观的认识，对接下来的训练内容和训练方法具有准确的指导意义。体育信息系统的职能主要是提供快速准确的运动员技术和技能分析，对训练进行实时跟踪并以大数据的方式给出翔实准确的反馈，这是现代体育运动训练的极大优势。完善的信息收集和分析可以让运动训练的针对性、有效性再次得到大幅度的发展和进步。

第三章　运动员竞技能力构成与发展研究

运动训练的最终目的是运用科学理论，有效训练方法和先进仪器设备，深入挖掘运动员的竞技潜能，最大限度地培养与提高运动员的综合竞技能力，使运动员在比赛中达到最佳竞技状态，发挥最佳竞技能力，从而获得比赛的胜利。因此，提升运动员的竞技能力是运动训练中最重要的内容和任务。本章着重对运动员竞技能力的构成与发展进行研究，首先阐释运动员竞技能力的概念，分析其构成要素；其次分析运动员竞技能力的结构特征；最终从多角度深入探讨运动员竞技能力的发展趋向与策略。

第一节　运动员竞技能力概念及构成要素

一、运动员竞技能力的概念与内涵

竞技能力是竞技运动本质的具体体现，是竞技运动制胜规律的基本构件，是运动专项特征的核心内容。运动员竞技能力是指运动员在训练中的承受能力和在比赛中的表现能力(运动成绩)。运动员竞技能力是运动员体能、技术能力、战术能力、心理能力、运动智能和思想道德作风的有机综合，其中体能是一种综合素质，包括运动素质和人体机能水平；技术能力是指按一定技术要求掌握、完成和表现技术动作的能力；战术能力是指运动员学习和运用战术的本领；心理能力是指运动员对训练和比赛的心理适应状态；智能是运动智力和能力的综合体；思想道德作风是由运动员的世界观、人生观、价值观、生活作风、训练和比赛作风所构成的综合体。[①]

① 郑伟．论竞技能力[M]．北京：中国科学技术出版社，2005.

竞技能力的内涵体现在以下三个方面。

(1)竞技能力是训练和比赛所具备的能力。

(2)竞技能力是由若干能力要素构件组成的结构体系。

(3)竞技能力具有鲜明的专项运动特征。

二、运动员竞技能力的构成要素

(一)运动员竞技能力的主要构成因素

田麦久教授系统地研究了竞技能力的构成,指出运动员的竞技能力由体能、技能和心理能力构成,如图3-1所示。图中说明了竞技能力构成因素在竞技运动中的表现形式以及影响各要素发挥的基础条件。

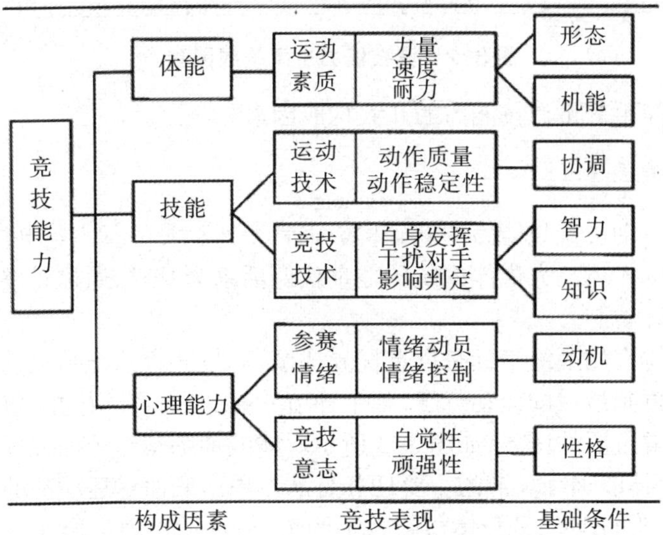

图3-1 竞技能力的构成[①]

有关学者在田麦久教授研究成果的基础上对竞技能力的结构进行了补充,指出竞技能力的构成除了包含体能、技能和心理能力等要素外,还包括运动智力,由此形成了新的竞技能力结构体系,如图3-2所示。

① 杨桦,李宗浩,池建.运动训练学导论[M].北京:北京体育大学出版社,2007.

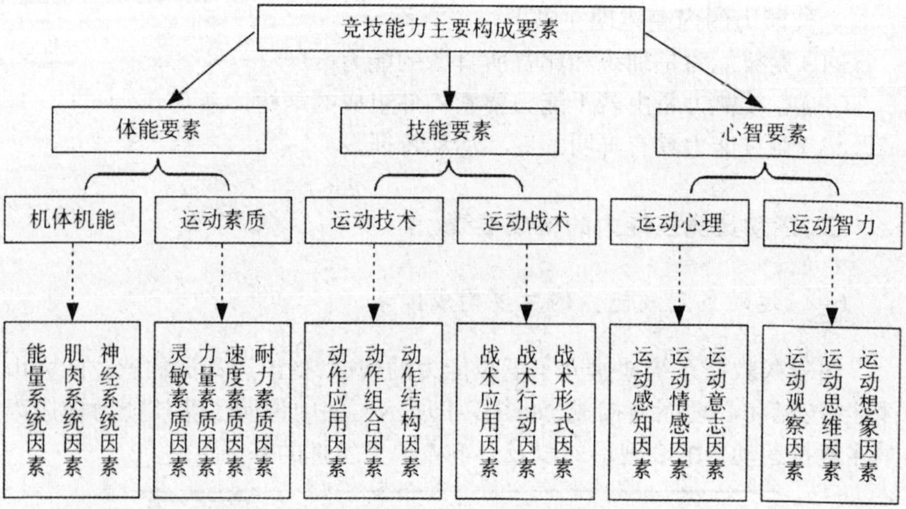

图 3-2　竞技能力主要构成因素①

下面简单分析竞技能力的几大构成因素。

1. 体能要素

作为运动员竞技能力的基础构成因素及运动员的基本运动能力，体能具体是指以人体三大供能系统的能量代谢活动为基础，通过骨骼肌系统表现出来的运动能力。

竞技体育的最终目标是创造优异成绩，竞技体育系统中从运动选材到运动训练再到最后的运动竞赛，各个环节紧密交融、环环相扣，每个环节都要完成非常重要的任务，如图 3-3 所示。体能训练是运动训练环节的重要组成部分，体能训练环节的主要任务是从专项出发而对运动员的运动素质进行培养，促进运动员身体机能状况的改善，帮助运动员形成与专项需求相符的身体形态，提升运动员的综合体能水平，为运动员参与技战术训练、熟练掌握各项技战术而奠定基础，并使运动员的体能达到最佳状态，使其在比赛中充分发挥已具备的各项素质，取得优异的成绩。

竞技体育运动员的体能水平主要表现在各项运动素质上，如力量、速度、柔韧、耐力等基本运动素质以及灵敏等综合运动素质，这些也构成了运动素质的主要训练内容(图 3-4)。运动员的体能不仅包括运动素质，还包括身体形态、运动机能，它们是运动素质训练与发展的重要基础条件。身体形态受遗传因素的影响很大，运动机能可通过后天训练而不断改善。因

① 胡亦海．竞技运动训练理论与方法[M]．北京：人民体育出版社，2014.

此在体能训练中不仅要重视运动素质训练，还要注重运动机能训练，训练内容如图 3–5 所示。

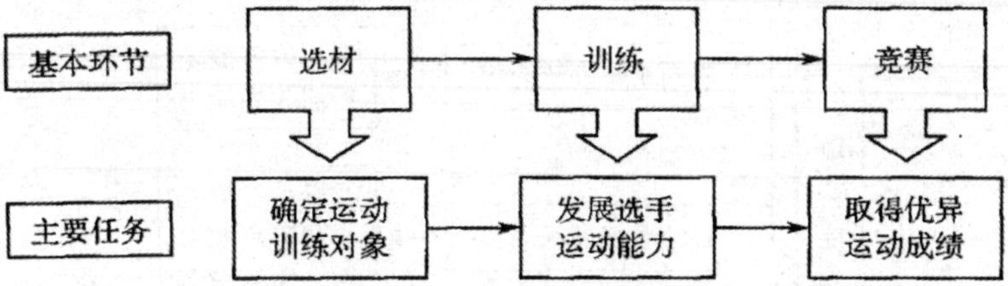

图 3–3　竞技体育的基本环节及主要任务①

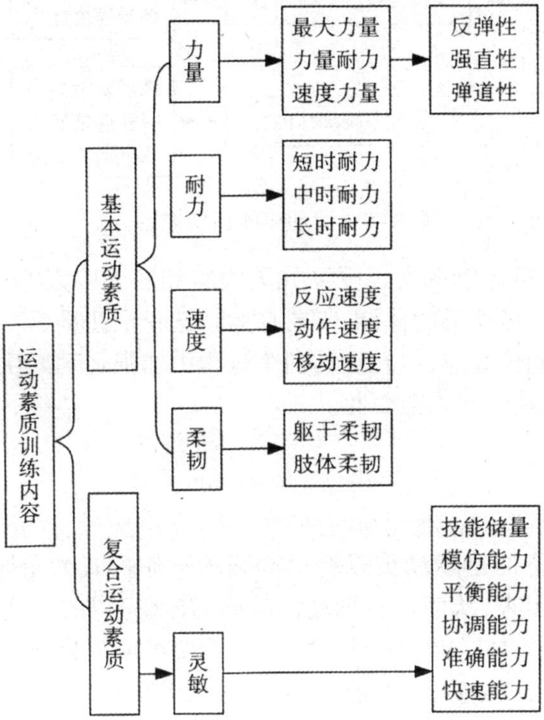

图 3–4　运动素质训练内容②

① 郑伟．论竞技能力 [M]. 北京：中国科学技术出版社，2005.
② 胡亦海．竞技运动训练理论与方法 [M]. 北京：人民体育出版社，2014.

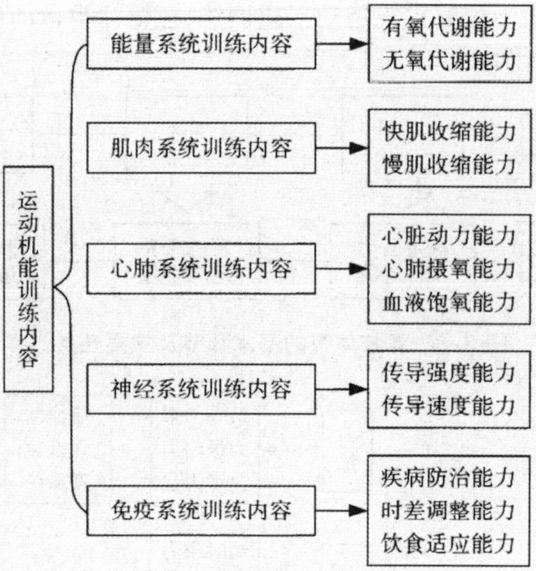

图 3-5　运动机能训练内容[①]

总之,运动员体能的发展受到先天因素和后天因素的共同影响,为了全面培养与提升运动员的体能,需要在运动选材中注重后备人才在身体形态方面的先天遗传效应,并在运动训练过程中加强运动素质和运动机能训练,注重训练的顺序性和全面性。

2. 技能要素

(1)运动技术

运动技术指的是运动员以科学准确的动作模式为参照,将机体全部能力充分发挥出来,从而将各种动作准确、有效完成的方法。在运动员竞技能力的发展中,技术能力作为其中一个重要组成部分而对竞技能力的发展水平起到决定性影响。运动员只有运动技术水平高,才能将运动素质充分发挥出来,进而将高超的运动技术展示出来,最终取得理想的运动成绩。随着现代科技的迅猛发展和文明社会的飞速进步,世界竞技体育中不断涌现出大量的新技术,运动技术的推陈出新以技术为动力,以科学为基础,而在科学技术高速发展的今天,运动技术的未来发展空间是不可想象的。

运动员的运动技术是根据理想的动作模式而展现的,理想动作模式是由诸多专家经过科学设计和反复验证而构建的,它是非常科学的模式,与人体运动规律、运动生物力学原理都是非常符合的,所以运动技术水平高

① 胡亦海.竞技运动训练理论与方法[M].北京：人民体育出版社，2014.

的运动员往往能够将自身最大潜能充分发挥出来，并将之转化为可观的运动成绩。

依托科学与技术而设计的技术动作模式自然会随着科技的发展而不断发展，科学与技术的发展促进了技术动作模式的创新，旧的技术模式常常会被新的技术模式所取代，技术模式的发展又直接推动了运动项目的发展，有的运动项目的发展史主要反映在运动技术的新旧交替中。另外，竞技体育中的硬件设施与条件也在不断完善，这就要求相应地改变技术模式中不适应新条件的内容，这也是运动技术不断改革与创新的一个客观因素，没有哪个项目的技术模式是永远不变的。

运动员竞技能力中的运动技术主要是指专项技术，运动员的技术能力也多指专项技术能力，即在训练和比赛中对专项技术加以运用的能力。专项技术是一个运动项目的核心，体育运动项目大多是从专项技术出发而对其进行划分的，因此在运动技术训练中，要加强专项技术的训练，树立专项技术训练理念，突出专项技术的重要地位，体现专项技术的各个细节，并通过加强体能训练、一般技术能力训练来提升运动员的专项技术能力。

有学者用“技能”一词来表述运动员的技术能力，而非运动技术。在传统运动训练的相关理论与资料中，“技能”一词很少被运用于关于竞技能力构成的研究与讨论中，而“运动技术”一词则被广泛应用。随着运动训练理论的丰富和训练经验的积累，一些专家指出应该用“技能”来表述运动员的技术能力，并将其作为竞技能力的构成因素之一。之所以出现这种观念，主要是因为如果用“运动技术”来表述技术能力，那么只能将技术动作的科学性、合理性体现出来，而技术的专项性和实效性则难以呈现。如果运动员很好地掌握了基本技术，但在比赛中却无法充分运用基本技术，这就说明该运动员还需要继续加强训练来提高自己的技术运用能力。如果用“技能”替换“运动技术”来表述与强调运动员的技术能力，那么不仅意味着运动员要将运动技术熟练掌握好，还要在实战中充分而灵活地运用与发挥各项技术，要有良好的技术运用能力。可见，技能既强调技术动作的专项性，也强调实效性，同时也对不同运动员的个性技术特征予以关注。从这个分析中可以发现，专家大多是从专项技术在实践（训练、比赛）中的展示这一视角来认识“技能”的，在技能展示中运动员的技术水平、体能水平、心智能水平都能得到体现。

（2）运动战术

运动战术是运动员竞技能力的重要组成部分之一，也是竞技能力训练的重要内容之一。运动战术的概念可以从广义和狭义两个方面来解释。从广义的角度看，战术是指为战胜对手而在比赛前制订并在比赛中灵活运用的比赛谋略和方法。从狭义角度看，战术是根据比赛双方的状况，合理分配力量，以己之长攻彼之短，为战胜对手而采取的各种合理有效的计谋、方法和行为。①

竞技能力发展到一定阶段就产生了战术能力。原始竞技体育倡导为荣誉而战，古代战争则为权利而战，战术的起源与形成与原始竞技及古代战争都有渊源。现代科学与智慧是现代战术形成与发展的基础与动力，所以现代竞技体育的较量某种程度上也是智慧与科学的较量，这在竞技体育比赛中得到充分的体现。运动战术对比赛结果的影响越来越重要。

在体育比赛中，运动员竞技能力的发挥水平在很大程度上受到其战术能力的影响。战术的重要性在对抗类项目尤其是集体对抗类项目中能充分体现出来，在武术格斗类项目和个人隔网对抗项目中，战术的重要性也有不同程度的体现。在其他非对抗项目特别是个人项目中，战术的作用较弱一些。

在集体对抗项目中，合理安排战术不但能够使各个队员将自身的特长能力充分发挥出来，还能凝聚集体的力量，增强集体的团结作战能力，培养集体主义精神。在竞技体育比赛尤其是双方实力相近的比赛中，两支队伍都积极争取主动，一方面尽力将自身特长与优势发挥出来，用自己的特长去攻克对方的缺点，另一方面避免自身弱点被对方优点攻克，这都是需要合理的战术配合与集体行动才能达到的意图，如果团队缺乏协作能力和集体作战的意识，个人表现欲强，那么很难通过集体的协同配合去战胜对方。战术准确、合理，也有助于节约体能消耗，减少没有意义的身体活动，保存体力将力气用到有价值的地方，最终取得优异的成绩。

战术能力的强弱反映在其战术观念的先进性、个人战术意识及集体配合意识的强弱、战术理论知识的多少、所掌握战术行动的质量和数量、运用战术的针对性和有效性等方面。战术能力的发挥需要其他竞技子能力的密切配合才能充分展示，如体能、技术、心智能等，而运动员战术能力的发展与提升又对这些竞技能力要素的改善有积极的影响。可见，运动战术与其他竞技能力要素有密切的关系，尤其是与运动技术密不可分，在运动训练中要将联系紧密的能力结合起来进行综合训练，从而提升训练效率与效果。

① 李赞．非同步性 竞技子能力发展的基本特征[M]．北京：北京体育大学出版社，2016.

3. 心智要素

（1）运动心理

运动心理能力是运动员竞技能力的重要组成部分，指的是运动员与训练竞赛有关的个性心理特征以及根据训练竞赛的需要而把握和调整心理过程的能力。[①] 从运动心理能力的概念来看，运动心理包括心理过程特征和个性心理特征两方面的内容，如图 3–6 所示。

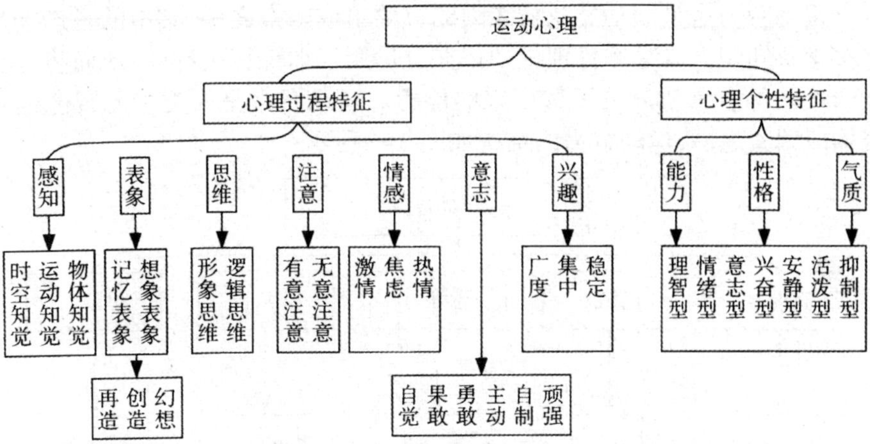

图 3–6　运动心理结构[②]

竞技运动员在训练和比赛中会表现出相应的心理特征，相关心理因素都会从中呈现出来，从这个角度来命名运动心理能力更专业和恰当。在运动员竞技能力系统中，运动心理能力既是基础因素，也是重要的动力因素，心理能力对运动员而言极其重要。体能好、技能突出的运动员如果没有好的运动心理能力，也很难取得理想的比赛成绩。有些运动员因为缺乏良好的比赛动机，参赛兴趣低下，意志力薄弱，或者一到比赛中就紧张、焦虑，所以在比赛中的表现总是无法令人满意，比赛成绩也一言难尽。可见，运动心理能力的强弱对比赛成绩的影响极为重要，其重要性不亚于体能、技能因素。运动心理能力差必然会影响体能和技能的发挥，影响综合竞技能力的发挥。

人类精神潜能具有无法预测与想象的巨大威力，随着现代科技在竞技体育中的全面深入渗透，人类在深度开发与充分运用精神潜能方面已经

① 杨桦，李宗浩，池建．运动训练学导论[M]．北京：北京体育大学出版社，2007．

② 胡亦海．竞技运动训练理论与方法[M]．北京：人民体育出版社，2014．

取得了良好的成果。要提升运动员的综合竞技能力,就必须深入开发运动员的心理能力和精神潜能,加强心理训练,使运动员将自己的优势心理能力充分运用到比赛中,从而为综合竞技能力的有效发挥提供良好的精神保障。现代竞技比赛的竞争越来越激烈,运动员心理训练和精神潜能开发也越来越受关注与重视,在运动员竞技能力提升的相关研究中,心理能力训练与提升已成为重要课题之一。

(2)运动智力

运动智力也是运动员竞技能力的重要组成因素之一,其指的是运动员将多学科知识尤其是体育理论知识充分运用于训练和比赛中,从而将自身已形成的综合素质充分发挥出来的能力。运动智力是人类多元智能的重要构成因素之一,运动智力的结构如图 3-7 所示。

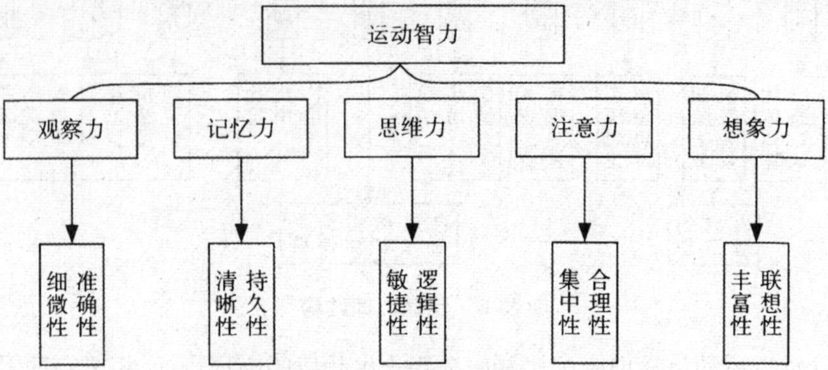

图 3-7　运动智能结构[①]

运动员在运动训练和比赛中发挥聪明才智正是其运动智能的表现,从运动员在训练比赛中表现自身智能的角度来命名运动智能是科学合理的。运动智能是建立在一般智能的基础上形成的,它与一般智能相比具有突出的专项性。运动员的智能与其从事的运动专项密切相关,是在专项训练或比赛的特定情境下表现出来的智力与能力。培养运动员的运动智能,关键是要加强专项理论教育和专项技能训练。运动员在训练、比赛的各个阶段都要善于反思、总结、积累,时刻注意提升自己的运动智能。

现代科技的发展及其在竞技体育中的深入渗透进一步丰富了竞技体育的内涵,提升了竞技体育的科学化水平,促进了竞技体育的先进化发展。现代竞技体育的发展理念不断更新,发展理论也越来越完善,竞技体育的舞台上出现了很多丰富多彩的新元素,知识体育与竞技体育不断融合,提

① 胡亦海.竞技运动训练理论与方法[M].北京:人民体育出版社,2014.

升了竞技体育运动员的文化水平。现代竞技体育充满激烈竞争，如果运动员缺乏良好的知识素养，就难以在竞技体育新发展中占据一席之地，难以成为自己所从事项目的佼佼者。所以，竞技体育运动员既要发展体能、技能，也要发展智能，只有全面训练，全方位培养，才能整体提升运动员的竞技能力。

总之，体能、技能和心智要素及其所属构成因子是竞技能力的主体骨架和基础元素。其中，体能要素犹如工程建设的刚体材料，体能训练的质量将直接影响着整个工程的基础质量和主体高度；技能要素犹如工程建设的结构体系，技能训练的质量将直接决定着整个工程的主体构造和功能作用；心智要素则是工程建设中的一种隐性因素，犹如工程建设必须使用的黏合溶剂。心智要素的科学训练和应用，不仅可以促使体能、技能的训练质量得以提高，而且可以促使体能、技能的训练内容融为一体，同时可以有效提高整体工程建设的工艺质量。由此可见，竞技能力的发展与提高不能孤立地推进，需要加强各要素的融合。[①]

（二）运动员竞技能力构成要素的特征

表 3–1 反映的是竞技能力的结构要素。但不是全部要素，因为竞技能力的内部要素具有多样性、类别性和专项性等特点，所以要将竞技能力的构成因子全部展现出来是很难的。出于分析方便，表 3–1 的四级层次因素基本可以作为分析与研究竞技能力构成因素特征的基点。每一个层次的竞技能力因素都是由下位层次的若干因素组成的。竞技能力基本结构的因素逐级体现专项特征。竞技能力基本结构的第四级层次因素既是显现专项竞技能力的主干因素，也是细化专项竞技能力的基础要素。

表 3–1　运动员竞技能力的层次要素[②]

一级	二级	三级	四级
体能	机体机能	神经系统	灵活性
			稳定性
			高强性
		肌肉系统	速度性
			协调性
			精细性

① 郑伟．论竞技能力[M]．北京：中国科学技术出版社，2005.

② 胡亦海．竞技运动训练理论与方法[M]．北京：人民体育出版社，2014.

续表

一级	二级	三级	四级
		能量系统	无氧性
			有氧性
			混合性
	运动素质	力量素质	最大性
			爆发性
			持久性
		速度素质	反应性
			速度性
			持久性
		耐力素质	短时性
			中时性
			长时性
		灵敏素质	协调性
			应变性
			及时性
技能	运动技术	动作结构	稳定性
			多样性
			微调性
		动作组合	衔接性
			变异性
			节奏性
		动作运用	准确性
			应变性
			难美性
	运动战术	战术形式	多样性
			针对性
			转换性

续表

一级	二级	三级	四级
		战术行动	默契性
			应变性
			预见性
		战术应用	熟练性
			针对性
			诡奇性
		运动感知	清晰性
			准确性
			敏锐性
心智	运动心理	运动感知	清晰性
			准确性
			敏锐性
		运动情感	激情性
			稳定性
			表现性
		运动意志	坚定性
			果断性
			自制性
	运动智力	运动思维	敏捷性
			想象性
			逻辑性
		运动观察	细微性
			准确性
			广泛性
		运动想象	清晰性
			丰富性
			联想性
		运动注意	集中性
			分配性
			转移性

下面具体分析运动员竞技能力构成因素的主要特征。

1. 多样性

运动员的竞技能力由丰富多样的因素所构成,不能将竞技能力的总体专项特征用某一竞技能力的专项特征替代,或者说某一竞技能力的专项特征不能完全说明竞技体育的总体专项特征,否则就是以偏概全。竞技能力的内部组成要素既多元,又复杂,尤其体现在第四级层次要素中,在运动训练过程及相关科研活动中,不能用某一层级的竞技能力因素概括其上一级的竞技能力因素,避免出现以管窥天的片面现象。深入研究与探索竞技能力内部的具体组成因素,有利于对竞技能力特征的揭示,也有利于进一步发展竞技体育,但要注意避免研究的片面性,防止以偏概全。

因为运动员竞技能力内部结构要素具有多样性,因此在培养运动员竞技能力时要从系统性和多元化的角度出发进行全方位培养,促进运动员专项竞技能力整体水平的提高。我们不否认竞技能力系统中多样化的组成因素在重要性上是有区别的,各因素的重要性与运动专项有关,但不管某个因素多么重要,都不能只发展这一个因素,必须树立全面发展与综合提高的训练理念,在此基础上对重要组成因素的训练给予更多的关注与重视。

2. 专项性

竞技体育中,不同项目的运动特征是由该项目的专项竞技能力构成因素所决定的。专项竞技能力要素的特征蕴藏了不同项目的专项特征。不同竞技能力要素对专项运动的影响程度是由各要素的专项特征所决定的。也就是说,竞技能力内部的各专项要素所发挥的重大影响作用对专项运动特征有决定性影响,所以不管从宏观视角分析,还是微观视角探讨,都要加强对专项竞技能力因素的训练,尤其是主要因素的训练。

正因为竞技能力组成因素具有专项性,因此要从专项化和个性化视角出发而对运动员的专项竞技能力各要素进行系统化培养,不管从事何种项目的运动员,都必须从运动专项的需要出发提升自己的专项竞技能力,进而提升自己的专项成绩。

3. 类别性

运动员的参赛能力是其竞技能力的综合体现,要了解运动员的竞技能力,就去看运动员在赛场上的表现。竞技能力的构成因素是有类别之分的,不同类别的构成因素在性质、功能、特点等方面是有区别的,而且不同类别的因素之间存在密切的关联。此外，不同类别竞技能力因素的发展都离不开科学原理的指导。例如，在体能训练中，要全面发展体能各要素，就要以运动生物力学等学科作为理论参考；在技能训练中，要发展运动技战术的各个因素，就要以运动训练学等学科作为理论参考；在心智能训练中，要有效发展运动心理和运动智能因素，就要以运动心理学、教育学等学科为理论参考。在不同类型竞技能力因素的发展中参考相关学科理论与科学原理，依靠多元学科理论的支撑去进行运动训练，能够有效提高运动训练的水平，最终提高运动员的竞技能力。

鉴于竞技能力组成因素的类别性特征，在竞技能力培养与发展中要从逻辑性视角出发而有序安排各类要素的训练，使各类竞技能力组成因素均衡发展，进而促进运动员竞技能力的全面提升。

第二节　运动员竞技能力结构特征

竞技能力基本结构具有鲜明的系统性、层次性和关联性特征。竞技运动员的竞赛表现是其竞技能力的综合体现，在运动训练中应详细解析竞技能力的内部结构及其要素，目的是更为细致地分解训练内容和落实训练任务。图 3–2 反映的是以三级层次要素为主的竞技能力基本结构。其中，一级层次要素主要反映体能、技能和心智能力的类别范畴；二级层次要素中的机体机能、运动素质、运动技术、运动战术、运动心理和运动智力则是竞技能力基本结构的主体支柱；三级层次要素则是二级层次要素的构成因子。毋庸置疑，如果将竞技能力的结构层次继续地细化，竞技能力的专项特点就会越来越明显。本节具体分析运动员竞技能力结构的基本特征。

一、系统性

竞技能力基本结构的系统性特点是竞技能力结构的首要特征。竞技能力系统划分的目的，是为了充分认识竞技能力基本结构内部的各个要素及其关联方式，旨在通过系统训练而提高各项竞技能力要素。在竞技能力形成过程中，应该根据不同训练时期的训练任务、训练重点、竞技能力发展特点，具有系统性和针对性地逐步提高各项竞技能力的水平，全面而逐步提高综合竞技水平。运动员专项竞技能力的提高往往出现非衡性的现象。运动员不同时期竞技能力的某一方面或某一要素,或许发展超前或许严重滞后。由于竞技能力提高过程中可能存在某些因素发展不足,或者出现严重差异的现象,所以更应该系统地提高竞技能力,在运动训练中将此作为训练指导思想。

二、层次性

竞技能力层次划分的目的是充分认识竞技能力基本结构内部的各个层次及其构成要素,系统地分层、分类地发展各项竞技能力要素。充分认识竞技能力层次性的目的是系统地提高竞技能力各个层次要素的水平。在专项运动竞技能力形成与发展过程中,应该根据不同训练时期的训练任务、训练重点、竞技能力发展特点,分层、分类地提高竞技能力各个要素的水平,有逻辑地逐步提升整个竞技状态水平。竞技能力的发展可能出现断层性的现象。也就是说,不同时期竞技能力的某一方面或某一要素,或许过度被重视,或许严重被疏忽。面对竞技能力发展过程中某些因素可能出现的不足,更应该有序地发展竞技能力各要素。

三、关联性

从某种意义上讲,结构是由要素及其关联组成,要素的不同关联方式决定了不同的结构,不同的结构则决定着不同的功能。竞技能力的关联性主要表现为各项竞技能力要素相互联系。其中,某些竞技能力要素之间具有特殊的紧密联系,如排球扣球的击球动作因子与手臂挥动的爆发力素质因子具有紧密关联性。认识这种关联性的意义是确保竞技能力各个因素和谐发展。在竞技能力发展中,必须从竞技能力各个层次因素的关联角度出发,系统、有效地促进竞技能力的发展。面对竞技能力发展中主次因素在特定条件下发生转化的客观现象,更应该有机地发展竞技能力。

第三节　运动员竞技能力的发展

一、运动员竞技能力的发展史

从宏观上来看，运动员竞技能力的发展历程反映了人类文明的进步史。竞技能力的内涵经历了由简单到复杂、由单一到多元、由浅层到深入的不断充实与发展的过程，从这个动态变化的过程中可以透视人类文明发展的历史痕迹，大体趋向为"物质→精神→科学""具体→抽象→'具体'（科学化、定量化）""原始→现代→未来"。

从微观上来看，古代竞技运动中，运动员竞技能力的内容比较简单，在竞技"比赛"或以体力为主的较量中，人们获胜主要靠的是先天的体力和能力。最早期的竞技是从人与自然的较量中体现出来的，它是以生存为目的的。后来出现的原始竞技运动是从人与人或部落与部落的较量中体现出来的，它是以争夺荣誉和权力为目的的。在最早期的竞技和原始竞技运动中，人类的体能是较量的重要"武器"。后来出现科学发明后，人们以金属为原料进行兵器的制作，用于战争和竞技。随着人类文明的不断进步，兵器越来越丰富、先进，人们的操作技术越来越娴熟，在战争与竞技中人们主要依靠体能和技术（兵器）去展开较量，体能与技能日渐结合，竞技能力的内容也从单一的体能要素拓展为体能与技能两大要素。人类文明的进步和社会文化生活的丰富推动了像篮球、足球这样集体类竞技项目的出现与流行，这些集体对抗竞技项目的对抗和竞争十分激烈，除了对人的体能、技术有要求外，对集体战术打法和配合的要求也很高，因此运动员竞技能力中又新增了战术能力这个重要因素。

现代竞技体育随着现代科技、社会经济、多元文化的发展而快速发展，竞技体育充满激烈的竞争，竞技比赛成绩越来越惊人，一些项目的世界纪录不断被刷新。随着一些科学而先进的训练理念、训练理论不断渗透与融入竞技体育中，以及运动员试图突破比赛成绩的需求越来越强烈，人们开始以先进理论为依托，以科学方法为工具，展开对人类精神领域的潜能的深入探索与开发，从而推动了运动心理能力和运动智力的发展，运动员竞技能力的内容在体能、技术能力、战术能力的基础上又增加了新的成员，即运动心理与运动智力。至此，竞技能力的结构趋于完善，内涵愈发丰富，运动员竞技能力的发展越来越全面。

在运动员竞技能力的内容不断充实与完善的过程中，有一个核心理论贯穿其中，即“物质变精神，精神变物质”的辩证唯物主义观点。正因为有这个核心理论的指导，竞技能力的发展才能实现质的飞跃，才能一步步充实与完善。竞技能力内涵的丰富也离不开体育社会学理论的指导，在核心理论与这一理论的共同作用下，竞技能力的构成因素将人类的三大属性（物质属性、精神属性、社会属性）的基本特征全面涵盖并充分反映出来，人类所有运动动力及综合潜能的开发领域在竞技能力中得到完整的体现，这就进一步明确了运动训练的目标。总之，从竞技能力的发展历史中，我们可以管窥人类文明进步的历史和表现。

二、运动员竞技能力发展的科学理论

（一）竞技能力非衡结构补偿理论

竞技能力的构成因素相互之间存在着密切的关系，而且各构成因素的发展存在明显的均衡性特点。但从运动员个体方面来看，个体竞技能力构成因素的发展则具有非均衡性，这主要从个体竞技能力构成因素的相互关系中体现出来。从竞技能力功能实现的视角来看，要实现竞技能力一般模型的功能，需要竞技能力构成因素均衡发展，而要实现竞技能力个体模型的功能，则要求个体竞技能力构成要素相互补偿。[①] 竞技能力非衡结构补偿理论就是依此而提出来的，能够更具体地说明与体现运动员个体竞技能力非衡结构及相互补偿的是“双子模型”理论。

1. 群体竞技能力结构的均衡特征

群体竞技能力也就是综合竞技能力，构成群体竞技能力的因素也就是子竞技能力，即个体竞技能力。只有子竞技能力不断发展与提高，群体竞技能力才能提高与均衡发展。例如，一个篮球队的综合竞技能力是整个队伍的整体作战能力，整体作战能力是由每个运动员的竞技能力也就是子竞技能力组成的，只有每个运动员的竞技能力都得到提高，全体队员的竞技能力均衡发展，才能整体提高团队作战能力。

① 刘大庆，周爱国，刘刚（等）.运动员竞技能力的结构特点与基础训练方法[M].北京：北京体育大学出版社，2006.

2. 个体竞技能力的非衡结构及补偿特征

（1）个体竞技能力的非衡结构

运动员个体竞技能力构成因素的发展具有非均衡性，个体竞技能力的非衡结构是不断变化的，受到外界条件和环境的影响与干扰，这说明了运动员竞技能力非衡结构的不稳定。如果可以消除外界干扰因素，那么就可以恢复原来的非衡结构系统状态，使非衡结构在某个稳定状态中保持较长时间，反映了个体竞技能力非衡结构的相对稳定性和动态变化性。

（2）个体竞技能力非衡结构的补偿性

个体竞技能力构成要素的发展是不均衡的，有的能力要素发展水平高，有的能力要素发展水平低，而它们之间是可以代偿弥补的，发展好的素质可以弥补弱势素质的不足，这充分体现了个体竞技能力非衡结构的补偿性特征。

个体竞技能力构成要素相互之间可以采用多种途径实现代偿弥补。进一步发展竞技能力结构中的优势因素或重点改善竞技能力结构中的弱势因素都可以促进整体竞技能力的提升。如果运动员竞技能力结构中某个能力要素发展严重滞后，那么竞技能力的整体功能就会受到严重的影响，整体功能的发挥就会受到限制。所以，强调弱势能力因素的发展在运动训练中是极为重要的。只有弥补了落后素质发展的不足，才能实现竞技能力构成因素的全面与协调发展，才能整体提升运动员的竞技能力水平，使运动员保持良好的竞技状态，在比赛中充分发挥综合竞技能力。在重点发展落后能力因素的同时，也要加强对优势能力的训练，使优势能力的功能得到更加充分的发挥，从而使落后因素给竞技能力带来的负面影响从优势能力这里得到弥补，使运动员的竞技能力水平不至于因为某个因素的制约而一落千丈。

（3）竞技能力非衡结构补偿现象的普遍性

每个运动员的竞技能力结构都具有非衡性，也具有补偿性，这在运动训练中是普遍存在的现象。运动实践表明，不同运动员的竞技能力结构各有特点，不同个体的竞技能力结构有差异，虽然竞技能力的结构要素相同，但构成要素的发展水平和非衡程度不同。竞技能力结构有差异的运动员在比赛中都能取得理想的成绩，这说明不同的竞技能力结构都能使运动员取得一定的成绩，关键在于竞技能力结构中的优势能力因素要能够弥补弱势能力因素，只有发挥代偿弥补效应，才能实现提高运动成绩的目标。总之，竞技能力非衡结构的补偿现象普遍存在于每个运动员身上，因此他们才能在比赛中取得好成绩。

3. 竞技能力非衡结构的补偿方式

（1）非衡补偿与平衡补偿

竞技能力结构中有的构成因素发展良好，属于优势能力因素，增强这类能力可促进竞技能力整体功能的提升，这就是竞技能力结构的非衡补偿。例如，跳高运动员助跑起跳技术好，重点发展该技术来提升整体竞技能力便属于非衡补偿。

运动员竞技能力结构中发展落后的能力因素影响竞技能力总体功能的提升，而通过提高薄弱能力可促进竞技能力总体水平的提升，这就是平衡补偿。例如，乒乓球运动员心理素质差，重点培养其心理素质则属于平衡补偿。

（2）内源性补偿与外源性补偿

有的竞技体育项目对运动员的先天遗传指标有较高的要求，如跳高运动对运动员的身高指标尤其是腿长指标的要求较高，发挥这些指标的先天优势去弥补后天发展不足的弱势能力，这就是内源性补偿。

运动员竞技能力构成因素中有的因素经过后天训练成为优势因素，而有的因素受先天遗传的影响很大，即使经过后天训练也难以有效改善，而用经过后天训练得到提升的优势能力去弥补这些提升较难的弱势能力，就属于外源性补偿。这种补偿方式在竞技能力非衡结构补偿中比较常见，而且补偿效应较为明显，有助于充分提高与发挥运动员的潜在优势能力。

（3）放大补偿与辐射补偿

有的运动员其竞技能力结构中某些因素具有绝对的优势，处于超常发展状态，这就大大提高了其整体竞技能力，但该优势因素对其他因素的影响并不明显，这就是放大补偿。

运动员竞技能力结构中优势因素的充分发挥及其积极作用的充分发挥促进了各个构成因素之间的密切联系，对其他因素的发展起到了积极的带动作用，从而促进了各构成因素的协同发展，这种补偿现象被称为辐射补偿。

（二）"人体结构等强"理论

1. 认识"人体结构等强"理论

"人体结构等强"是指人体各器官、系统功能水平所处的一种相对均衡和稳定的状态。人的生存和健康水平，是靠人体各器官、系统的功能水平保持一种相对"等强"状态和均衡发展状态而实现的。但这种"等强"状态，不是机械结构式的“等强”，而是一种有活力的、不断动态变化的相对“等强”。人体各器官、系统之间的关系就像竞技能力结构中各子因素之间的关系一样是相互依赖、相互支持、相互促进、相辅相成、有机联系在一起的。任何一个器官或系统的衰退或发展，都会影响其他器官、系统的功能水平，甚至会直接影响人体总体健康水平的状态。因此，各器官、系统功能水平的“等强”状态是维持生活和健康的基本条件，而各器官、系统功能水平相对均衡的发展则是提高人体健康水平的保证。

2. “人体结构等强”理论和竞技能力结构

“人体结构等强”理论与竞技能力结构理论具有很强的共性，体现在基本结构形式、基本发展规律和基本原理等方面。下面具体分析二者的共性。

（1）人的总体健康水平的保持是建立在各器官、系统相对“等强”状态的基础上，其健康水平的提高则是建立在各器官、系统相对非均衡发展的动态过程中；同样，运动员的总体竞技能力水平的提高是表现在各子因素之间的相对稳定和相对均衡状态中，而总体竞技能力水平的发展则表现在各子因素非均衡性的动态变化过程中。据此，两者都是在动态中发展、稳定中提高的，所以二者的结构特征极为相似。

（2）人体竞技能力结构中各子因素和人体结构各器官、系统之间的相对均衡状态和相对发展状态，都具有非均衡性、非等量化、非定量化发展的特点。虽然每个子因素和每个器官系统在形态、性质和功能作用上不尽相同，但其作用目标是一致的，都是为了提高人体总体竞技能力水平和总体健康水平。

（3）人体各器官系统之间，竞技能力各子因素之间都具有相互补偿的作用，无论在发展的动态过程中，还是在提高的相对稳定状态中，都具有“强势因素”对“弱势因素”的补偿功能。这种补偿功能具有两种效应：一是正补偿效应，是指通过强势因素对弱势因素的补偿，弱势因素越来越强，总体竞技能力水平越来越高；二是负补偿效应，是指由于弱势因素太弱，在补偿过程中反而减弱了强势因素和总体竞技能力水平。据此可知，对一般弱势因素的内部补偿应尽量体现在相对稳定状态的比赛阶段中，而为了防止出现负补偿效应，应在动态发展的训练阶段中采用相应的外部补偿方式（训练方法和手段）来解决那些太弱的“弱势因素”的发展问题。

（4）无论人体各器官系统的相对“等强状态”和动态发展状态，还是运动员竞技能力各子因素间的相对均衡状态和非均衡发展状态，以及各子因素、各器官、系统之间的相互补偿效应，都受到两种方式的控制和调节：一是靠人体中枢神经系统和植物性神经系统所进行的先天性内部自然调节；二是靠教练员和相关科研人员所进行的后天性外部人工调节。

"人体结构等强"理论只是从人体结构学和功能学的角度去解读和探索竞技能力结构理论的发展规律和原理，它最主要的优势是在研究过程中保持了人性化和动态化的特点。但该理论很难事无巨细、完全客观地解读竞技能力的所有规律和原理，该理论的相关研究还处于初步阶段，有待深入探索和继续完善，使其更好地发挥理论指导作用。

三、运动员竞技能力的均衡发展

竞技能力均衡发展是指在提高和发展运动员竞技能力总体水平的全过程中，竞技能力与竞技能力之间（集体项目），后天性竞技能力各可塑性因素之间要在不同训练阶段保持一种相对均衡的发展水平，以保证总体竞技能力水平的全面发展和提高。[①] 竞技能力均衡发展充分反映了竞技能力发展的基本原理和客观规律，运用均衡发展理论去指导运动训练，对保障训练的全面性以及提升运动员整体竞技能力具有重要意义。遵循竞技能力均衡发展原则进行运动训练，有助于提升训练的科学性，提升训练效果，促进运动员各项素质的全面发展与改善，使运动员的竞技状态达到理想水平。

竞技能力构成因素中，有的属于先天因素，遗传基因决定了先天因素的发展，所以这类竞技能力没有很强的可塑性，而竞技能力中占多数的后天因素有很强的可塑性，后天训练和社会环境对这类因素的影响很大，通过改善环境和加强训练，可以有效提升后天性竞技能力水平。所以在运动训练中要深度挖掘与充分开发运动员竞技能力结构中后天因素的巨大潜力，如在后天训练中努力提升运动员的身体素质、技战术水平、心智能力，培养运动员的思想道德与精神。不管是体能、技能还是心智能，都要通过系统训练来不断提高，这些后天性竞技能力之间关系密切，相互依赖、相辅相成，也存在代偿弥补机制，并在后天训练中不断变化，在动态发展中保持平衡。当某个能力因素快速发展时，就会在客观上要求其他能力因素也快速发展，追赶其步伐，这样原来的相对平衡状态就被打破了，这些能力因素会再次形成一种更高水平的相对平衡状态，而竞技能力的总体状态和整体水平也会有所提升。

对于集体对抗类的竞技运动项目来说，要提升整个运动队的团体作战

---

① 杨桦，李宗浩，池建．运动训练学导论[M]．北京：北京体育大学出版社，2007.

能力和总体竞技水平,就要先提高每个队员的个体竞技能力,并使队员之间的个体竞技能力的发展水平达到相对的平衡状态,同时在不断训练中打破原来的平衡,进入更高水平的平衡状态,逐步提升总体竞技能力。大球运动是典型的集体对抗类竞技体育项目,以篮球运动为例,如果某个篮球队中有个别队员的竞技能力明显比较弱,那么整个队伍的整体作战能力尤其是战术行动能力和行动质量就会受到严重制约,其他队员竞技能力的发挥自然也会受到影响,最终影响到比赛成绩。所以,一个运动队中,每个成员的个体竞技能力是强是弱,对整个队伍的综合竞技状态及其他队员竞技能力的发挥都会产生重要影响。因此在集体类项目的运动训练中,必须注重每个成员之间竞技能力的均衡发展,同时也要加强个体竞技能力的代偿性发展,最终提升整个队伍的整体比赛能力。

下面分析运动员竞技能力均衡发展的建议与策略。

(一)对竞技能力各个构成因素的发展水平进行合理控制

运动训练以提升运动员的竞技能力和运动成绩为目标,运动训练工程非常复杂,要使竞技能力各要素在动态发展中达到相对均衡状态,就要先将影响竞技能力各要素均衡发展的主要因素找出来,对这些因素发展中存在的问题重点进行解决。竞技能力结构因素的发展水平在不同时期和阶段都应达到暂时的相对均衡状态,这就需要用一些可量化的指标来衡量不同因素的发展状态是否相对均衡,至于均衡发展的程度如何,或各因素的发展水平存在什么样的差异,这是很难量化的,既然不能进行定量研究,那么就需要进行定性分析,这离不开教练员在运动训练中的认真观察,也离不开科研工作者的科学检测与客观评定,经过多方努力才能最终了解运动员竞技能力各要素的发展达到了何种程度的“相对均衡”状态或存在哪些“非均衡”差异。这个评价的过程既有主观的观察,也有客观的检测与诊断,最终获得的信息也只是一种大概,而不是十分精确的,但这对指导运动训练工作已经足够了。了解竞技能力构成因素的发展差异后,教练员要对运动训练计划进行合理安排,有针对性地发展各种能力因素,进一步提高优势因素的水平,并解决弱势因素的问题,从而总体提升运动员的竞技能力。

(二)对“弱势因素”的训练要特别重视

在运动训练中,教练员要注意观察运动员哪些方面的竞技能力发展滞后,将弱势能力因素找出来,然后有针对性地加强弱势能力的训练,及时弥补弱势能力的不足,否则等发展严重滞后时要弥补就很难了。加强弱势能力因素训练要注意下列几点。

（1）分析运动员某方面竞技能力发展水平低的原因。

（2）对运动训练计划进行调整，弱势能力因素训练所占的比重多一些。

（3）针对弱势能力因素所采取的训练手段与方法要有针对性、实效性，使弱势因素成为一般因素，然后发展成为优势因素，使竞技能力构成因素中优势因素所占的比例提升，这将有利于提升运动员的整体竞技能力。

（三）将竞技能力各因素间的互补效应充分利用起来

（1）将内源性补偿的作用充分发挥出来，把好运动选材关，提高运动诊断的准确性，促进运动员竞技能力中先天性能力因素的发展。

（2）将外源性补偿的作用充分发挥出来，提高运动训练的科学性、全面性，促进竞技能力各因素发展水平的提升，尤其要加强弱势能力因素的训练，凡是经过后天训练能够改善与提升的能力因素都要做好训练工作。

（3）在临近比赛时，要短期内提升弱势能力因素的发展水平是很难的，这时不要将过多的精力放在弱势能力的训练上，而应该充分巩固优势能力因素，通过优势因素与弱势因素之间的补偿效应来促进竞技能力的提升，从而使运动员在比赛中保持良好的竞技状态，取得理想成绩。

四、运动员竞技能力的非同步性发展

无论是从宏观上还是从微观上，事物发展的非同步性是普遍存在的，在竞技训练领域，从运动训练到竞技比赛，从机体生长发育到运动选材，从多年训练阶段的划分到大周期训练内容的安排，从训练方法的运用到负荷量度的控制，从训练过程的适应到运动后机体的恢复等，都存在着大量的非同步现象。例如，运动素质发展的敏感期阶段，相关运动素质发展的速度呈现出明显的非同步性特征。训练中可利用运动素质发展的敏感阶段，及时发展能适应专项需要的素质或能直接为专项服务的素质；再如，不同肌肉群反应速度的提高也是非同步的。提高最快的是手指和前臂的屈肌，最慢的是躯干、大腿、小腿的屈肌。

竞技能力是运动训练理论中的一个核心概念。运动训练和竞赛的内容都围绕着运动员竞技能力的挖掘、发展和表现而展开，如何提高运动员的竞技能力并最大限度地发挥竞技能力，这是运动训练理论的核心问题。运动员各竞技子能力都得到同步性均衡化发展是运动员和教练员共同的期望，但现实表明：运动员的竞技能力结构大多是非衡结构，但也不是所有的运动员都是如此。在人们不断追求理想竞技能力结构模型的过程中，从理论上来看,在特定阶段会出现各竞技子能力同步发展的情况。同时,从运动员竞技能力发展的角度来看,人们通过制订训练计划和安排训练内容来调控整个训练过程的目的就是希望运动员各竞技子能力能达到最佳的同步化发展,表现出最佳竞技状态。然而,理论上的美好设想和训练中的实际偏差告诉我们:在特定阶段或时期可能会出现同步化发展;非同步性发展中蕴含着同步性发展的趋势,同步性发展中包含着非同步化发展的成分;因此,非同步性发展是绝对的、客观的,而同步性发展是相对的、有条件的。

运动员竞技能力非同步性发展理论在运动训练中具有重要指导意义,而运动训练是一个复杂的工程,由训练工程规划、训练工程实施和训练工程监控三项子工程组成,各个部分又包含具体的工作环节,如图 3-8 所示。下面主要分析竞技能力非同步性发展理论在运动训练工程中主要环节的运用和指导。

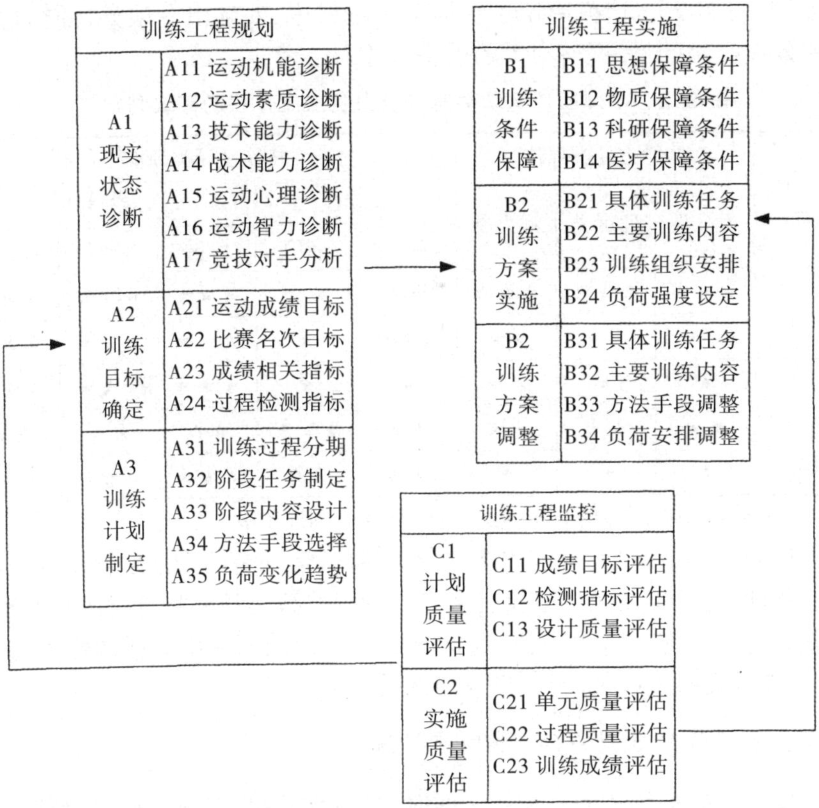

图 3-8　运动训练工程[①]

---

① 胡亦海.竞技运动训练理论与方法[M].北京:人民体育出版社,2014.

（一）运动选材："非同步性选择"

图 3-8 显示，运动选材（现实状态诊断）是运动训练工程的初始阶段，是根据运动项目的特点和要求，以科学的方法进行测试和预测，挑选具有良好运动天赋及竞争潜力的儿童少年或后备力量参加运动训练的考察、测试和选拔过程。运动选材是运动训练过程中具有决定性作用的首要环节，是培养优秀运动员创造优异成绩的重要一步。因此，在竞技领域有"选材成功就意味着训练成功的一半"的观点。不同儿童少年自然发育中的非同步性导致其某些特质满足了不同专项运动训练的特殊需要。因此，可以说运动训练就始于运动员非同步发育这个基础。

1. 不同项群选材中的"非同步性选择"

在不同的项群中，体能、技能、心理能力、运动智能的重要性具有明显的差别（表 3-2）。这就决定了在运动员选材中，要选出专项竞技能力主导因素发展突出的、发展潜力大的后备人才。

表 3-2　不同项群运动员竞技能力各决定作用的等级判别 ①

决定因素	体能主导类项群			技能主导类项群				
				表现性		对抗性		
	力量类	速度类	耐力类	难美	准确	隔网	同场	格斗
体能	★★★	★★★	★★★	★★	★★	★★★	★★★	★★★
技术	★★	★★	★★	★★★	★★★	★★★	★★★	★★★
战术	★	★	★★	★	★	★★★	★★★	★★★
心理	★★	★★	★★	★★	★★★	★★	★★	★★
智力	★	★	★	★★	★★	★★★	★★★	★★★

注：★★★决定性作用；★★重要作用；★基础性作用

正如表 3-2 所示，对于体能主导类项群，运动员的身体发育条件、身体机能条件、运动素质条件以及三者发展的潜力成为该项群选材的首要考虑因素。对于技能表现类项群，选材时要强调运动员突出的协调能力、灵活性、感知觉灵敏度以及聪明、果敢等素质。

2. 不同阶段选材中的"非同步性选择"

运动员的竞技才能是在一定的时间过程中逐步表现出来的，因此运动

① 李赞．非同步性 竞技子能力发展的基本特征[M]．北京：北京体育大学出版社，2016.

选材也不是一次完成的。运动选材工作主要分两个阶段进行，即在基础训练阶段开始之前进行初选，在专项提高阶段开始之前进行中选（表 3-3）。

表 3-3 竞技能力构成因素在个别项目不同阶段选材指标体系中权重的变化[①]

类别	赛艇		射击		帆板	
	初选	中选	初选	中选	初选	中选
身体形态	0.45	0.20	0.20.	0.08.	0.25	0.15
身体机能	0.15	0.20	0.07	0.05	0.15	0.10
运动素质	0.35	0.30	0.10	0.06.	0.22	0.26
技术	0.05	0.20	0.10	0.18	0.20	0.20
战术	0	0.05	0	0.06	0	0.05
心理	0.05	0.05	0.50	0.54	0.08	0.24
智力	0	0	0.03	0.03	0.10	0

由表 3-3 可以看出，在不同项目选材的不同阶段，对竞技子能力的要求或选择具有明显的非同步性。

（二）训练目标："非同步性制订"

运动选材是运动训练的首要环节，完成运动选材后，就正式进入运动训练阶段，在这个阶段首先要设计正确合理的训练目标。从训练目标的准确度或清晰度来看，训练目标有明确化目标、模糊化目标两种类型，明确提出训练目标各层次的具体要求和期望，这就是明确化目标，如果对训练目标各层次的要求不明确、不具体，只有大致的标准，那么就是模糊化目标。

运动训练目标是一个有机系统，其由多个层次的目标组成，在训练目标的设计中，不能只表明期望运动员获得什么样的名次，或用具体的量数来表明期望运动员达到什么样的成绩，这是最终的结果目标，正确的做法是将完整的目标状态描述出来。田麦久将训练目标划分为 3 个指标层次，分别是训练负荷指标、竞技能力指标以及运动成绩指标。负荷指标明确又细致，对运动强度、运动量的要求都是明确的，要求依据目标的变化而调整负荷节奏；竞技能力指标比较明确，对这一层次的训练目标进行设计，可以将总体特征模型、单（多）因素特征模型作为参照；运动成绩指标非常直接和精确，直接提出运动员经过训练要争取在比赛中取得什么样的名次。

① 李赞.非同步性 竞技子能力发展的基本特征[M].北京：北京体育大学出版社，2016.

训练目标的设计具有非同步性，对与训练目标相关的各项指标的设计要随着实际情况的变化而不断调整。

田麦久提出的训练目标的3个指标层次是密切联系的，对它们的非同步性设计贯穿于整个训练进程中。负荷指标的达成情况直接影响竞技能力指标的设计，运动成绩指标对竞技能力指标设计起到导向作用。运动员竞技能力指标的实现及运动成绩指标的达成都是建立在负荷指标的实现这一基础上的。在运动训练的整个过程中都要合理安排训练负荷，始终根据训练进程的变化而设计相应的负荷指标。在运动训练过程中，设计竞技能力指标主要出现在某几个阶段中，经过一段时期的训练后，要进行一些测试或组织模拟比赛，从而了解运动员经过训练后竞技能力状态如何，这时就会设计运动成绩指标。

总之，运动员在不同训练阶段要实现的训练目标也不同，不同运动员在同一训练阶段的训练目标也可能不同。训练目标的设计要考虑诸多因素，如比赛性质、比赛任务、运动员实际水平等，而且在目标设计中既要有长远目标，也要有短期目标。关于运动员“运动成绩指标”这一层次目标的设计更应该体现非同步性。有时训练目标只是要求运动员在比赛中正常发挥就可以了，对比赛名次不必顾虑太多；有时则主要强调取得好的比赛名次，而成绩不那么重要，因为只有名次靠前才能进入下一阶段的比赛；而在比赛的最后特别是在决赛中，既要取得好名次，也要在成绩上有所突破，争取创造新的世界纪录。

（三）训练内容：“非同步性安排”

不同的训练内容是根据不同的训练目标和任务而安排的。构成总目标和任务的若干子目标和子任务，又需要在不同训练阶段进行针对性安排来与之相对应，而每个阶段都有特定的训练内容，体现出训练内容安排的非同步性。

1. 宏观训练内容的安排

宏观的训练内容安排主要是指一般训练和专项训练内容的安排，尤其是指运动员多年训练过程中一般训练内容和专项训练内容的安排。运动员全程性多年训练计划中要明确规定不同阶段的训练任务、训练内容及顺序以及负荷特点（表3-4），在特定的训练阶段应以发展某种能力为主，发展其他能力为辅，这从宏观上为运动员竞技能力各要素的非同步发展做了铺垫。

表 3-4　全程性多年训练的阶段划分及内容安排[①]

训练阶段	训练任务	重点训练内容及顺序		负荷特点
		体能主导类	技能主导类	
基础训练阶段	发展一般运动能力	1. 协调能力、基本运动能力 2. 多项基本技术 3. 一般心理品质 4. 基本运动素质	循序渐进 留有余地	
专项提高阶段	提高专项竞技能力	1. 专项运动素质 2. 专项技、战术 3. 专项心理品质 4. 训练理论知识	1. 专项技、战术 2. 专项运动素质 3. 专项心理品质 4. 训练理论知识	逐年增加 逼近极限 在高水平 区间起伏
最佳竞技阶段	创造专项优异成绩	同“专项提高阶段”	同“专项提高阶段”	同“专项提高阶段”
竞技保持阶段	努力保持专项竞技水平	1. 心理稳定性 2. 专项运动素质 3. 专项技、战术 4. 训练理论知识	1. 心理稳定性 2. 专项技、战术 3. 专项运动素质 4. 训练理论知识	保持强度 明显减量

2. 中观训练内容的安排

中观训练内容的安排是相对于宏观层面一般训练内容和专项训练内容而言的，主要是指从发展运动员的体能、技能、心理能力以及运动智能等不同竞技子能力。运动员竞技子能力的发展具有非同步性特征，对竞技子能力训练内容的非同步性安排是要符合这种非同步性发展特征。

3. 微观训练内容的安排

微观训练内容相对于宏观训练内容和中观训练内容而言更具体。微观训练内容的非同步性安排是中观训练内容和宏观训练非同步性安排的具体体现。不同的项目由于专项要求不同，所以在训练内容的安排上先后顺序和侧重点都有区别，这体现出微观训练内容安排的非同步性。

（四）训练绩效：“非同步性评价”

对运动员训练及比赛状态的诊断与评价是有效控制训练与参赛过程的重要环节。在运动员训练竞赛的不同阶段，诊断与评价的内容、要求、标

① 李赞．非同步性 竞技子能力发展的基本特征[M]．北京：北京体育大学出版社，2016.

准都有所不同,具有明显的非同步性特征。

1. 目的评价、过程评价和结果评价的非同步性

运动员在训练过程中参加测试或比赛都有很强的目的性。因此,评价运动员的训练状态时,首先关注其练习或参赛的目的,其次客观评价其练习或比赛的过程,最后对结果进行评价。从训练或参赛的目的、过程及结果三个方面进行非同步性评价,有助于运动员更加明确参赛目的、把握参赛过程的细节及反思比赛结果。

2. 鼓励评价和批评评价的非同步性

运动员在训练竞赛中的表现既有值得肯定的一面,同时也存在需要改进的地方。教练员应根据运动员的个性特点进行非同步性评价。对自信的运动员,要多指出其问题;对自信不足的运动员,要多鼓励,并赞扬其值得肯定的方面,以提升自信心。

五、提高运动员竞技能力水平的建议

(一)全面发展竞技能力要素,实现竞技能力最优化

竞技能力的构成因素是复杂多样的,但层次鲜明,具有有序性,这就构成了竞技能力结构的主要特征。对竞技能力的结构要素进行研究时,要从系统和整体的角度出发将竞技能力看作一个有机的整体,对竞技能力的内在规律从整体上予以把握,在不同运动项目竞技能力的培养与发展中要从竞技能力体系的各个组成要素着手,秉着统筹兼顾的原则促进各要素协调发展,促进竞技能力体系的整体优化。当子能力与竞技能力这个有机整体在某些方面产生矛盾时,要树立大局观和整体观,秉着局部服从整体的原则去解决矛盾和冲突。

竞技能力这个有机整体与其各个组成因素之间都有密切的关系,一定要将这个关系处理好,对各个组成要素的性质、特征、功能进行分析与研究,将提升运动员的竞技能力水平看作一个庞大且复杂的系统工程,力求该工程中各层次要素的科学发展及相互之间的合理配置。教练员要准确评估竞技能力系统中各结构因素所处的地位和发挥的作用,从而有序安排各因素的训练,克服训练的盲目性,为科学训练提供有效指导。

（二）依据动态调节的观点，实现竞技能力发展的动态平衡

运动员的竞技能力是不断变化的，具有鲜明的动态性，不可能存在静态的、完全不变的竞技能力，哪怕竞技能力水平退化也是一种变化。竞技能力的变化体现在其结构因素的变化上，不同结构因素在变化发展中保持一种相对的稳定状态和平衡状态。竞技能力系统强大的生命力主要源于不断地变化与发展，因此在对运动员的竞技能力进行培养的过程中，要从动态的、变化发展的视角出发对运动员竞技能力要素进行研究，对竞技能力要素发展变化的内在规律有准确的认识，对各个组成要素的过去状态、现状及未来开发潜能都要做到"心里有数"，尤其要对运动员当下的竞技状态有清晰的认识，并从运动员竞技能力当下相对发展变化的状态出发进行有针对性的训练。

运动员竞技能力提高的过程也是不断进行动态调节的过程，在训练过程中既要注意宏观把握与调控，也要注意微观分析与深入研究。竞技能力的动态调节理念与一般的思维方式不同，在动态调节理念下进行运动训练，可以克服训练的盲目性、教条化、机械化，打破僵化的训练模式，使教练员和运动员都辩证地思考训练中的问题，并运用科学有效的策略去解决问题，从而有效提升运动员的总体竞技水平。

（三）围绕竞赛构建提高运动员竞技能力水平的良性循环系统

随着时代的进步与科技的发展，竞技体育运动尤其是体育竞赛表现出鲜明的全面性、复杂性特征，要在竞技比赛中获得优异的成绩越来越难，因此需要围绕竞赛设计有助于提升训练效率和比赛能力的综合策略，构建良性循环系统，这个系统中既要涉及运动训练的主要环节，也要包含与竞赛密切相关的动态过程，尽可能将与运动训练与竞赛有关的物质和精神支持、教学训练引导、医务监督、信息保障、安全保障等内容都纳入其中。在总体规划的基础上，还要针对个体项目、集体项目或技能主导类项目和体能主导类项目的不同特征而设计更具体的训练或比赛策略，促进运动员专项运动水平和专项成绩的提升。在运动竞赛的不同阶段，要采取不同的策略来调动运动员的能动性，使运动员的竞技能力在关键时刻能够得到充分的发挥。例如，在赛前对影响比赛成绩的主客观因素进行分析，采取最佳策略来调动运动员的参赛热情与积极性，使运动员保持最佳竞技状态。在比赛中，激发运动员的高昂斗志，使运动员将自身已具备的竞技能力充分

发挥出来,并尽可能发挥自己的潜能,将之转变为实力,以提升比赛成绩;在比赛结束后及时采取措施帮助运动员消除疲劳,恢复比赛前状态。总之,不管在比赛前、比赛中还是比赛后,都要注意对运动员竞技能力的调控。

第四章　运动员竞技能力之体能训练

在竞技体育中,运动员的竞技能力主要是由体能、心理、智能、技术、战术等几个部分组成,正是在这几项竞技能力的共同作用下,运动员才能在比赛中展示出高超的技艺,取得理想的比赛成绩。在运动员的各项竞技能力中,体能是基础,运动员一切运动技能的展示都是建立在一定的体能素质基础之上的,由此可见体能训练的重要性。本章就重点对运动员的力量素质、速度素质、耐力素质、柔韧素质和灵敏素质训练展开细致地研究与分析,以帮助运动员有效地提升自身的体能素质。

第一节　力量素质训练

一、力量素质基本理论

(一)力量素质的概念

力量素质是指人体肌肉在工作时克服阻力的能力。其中,肌肉工作时克服的阻力包括外部阻力和内部阻力两种,外部阻力是指物体的重量(如举重运动员需要举起的哑铃的重量)、摩擦力、空气阻力等;内部阻力是指肌肉的黏滞性、肌肉之间的对抗性等,这主要源于人体运动器官的结构,如骨骼、关节囊、筋膜等组织的阻力。力量素质是人体体能素质的重要内容,是其他各项素质的重要基础,因此在训练中一定要给予高度重视。

（二）力量素质的分类

1. 最大力量

最大力量指人体或人体某部位的肌肉在工作过程中克服最大内外阻力的能力，或肌肉群中数量最多的肌纤维在工作时发挥的最大能力。一般来说，最大力量具有以下几个方面的特点。

（1）不同人的最大力量都是不同的，不仅受到个体遗传、年龄、性别、训练水平等多种因素的影响，还受到个体肌肉收缩的内协调力、关节角度、骨杠杆的机械效率等因素的影响。

（2）一般来说，有两种具体的方式可以实现最大力量的增长：一是改变参与工作的肌肉纤维的内部结构、机能，二是增加参与工作的肌肉纤维的数量。

（3）最大力量可用测力计、拉力器等工具进行测定，考察运动员机体所能承受的最大重量。

2. 相对力量

相对力量指人体单位体重表现出来的最大力量值，反映最大力量与体重之间的关系。一些运动项目，例如，体操、举重、摔跤等，十分关注相对力量的大小。如举重项目，主要考察的就是运动员相对力量的大小，因此，在具体的运动训练中，运动员不仅需要提升最大力量，还需要合理地控制自身的体重。

3. 速度力量

速度力量指人体在短时间内爆发出的肌肉力量，或人体在特定负荷下表现出来的最大动作速度，包括起动力、爆发力和制动力。起动力指在 0.15 秒的时间内最快发挥肌肉力量的能力；爆发力指在 0.15 秒的时间内以最大加速度克服阻力的能力；制动力指以较高加速度向相反方向运动的能力。速度力量有如下具体特点。

（1）人体肌肉的收缩速度、最大力量水平决定了速度力量的大小。速度力量的大小与速度、力量两个因素相关。

（2）不同运动项目对速度力量的要求不同。短跑运动员需要具备较强的爆发力；网球运动员需要具备较强的下肢制动力。

4. 力量耐力

力量耐力指人体在克服外部阻力的过程中，能够长时间使肌肉保持紧张状态，不降低工作效率的能力。根据力量耐力的不同表现形式进行划分，力量耐力可分为两种：动力性力量耐力、静力性力量耐力。动力性力量耐力又可进一步细分为两种类型：最大力量耐力、快速力量耐力。

一般来说，力量耐力主要有以下几个方面的特点。

（1）神经兴奋和抑制过程的强度、灵活性、延续性，肌肉供能的顺畅性决定了力量耐力的大小。

（2）不同运动项目的力量耐力其表现形式不同。如田径、游泳、体操等运动项目均需要较强的动力性力量耐力。射击、射箭、摔跤等运动项目则需要运动员有较强的静力性力量耐力。

二、力量素质训练方法

（一）上臂力量训练

（1）拉力器臂屈伸。双脚自然分开站立在拉力器前1米处，面向拉力器。双脚间距与肩同宽，两脚尖略向外，呈八字形。抬头，直背，目视前方。反手握住拉力器手柄，反复屈臂，连续快速提拉手柄。

（2）杠铃臂屈伸。背部挺直，双脚、双手分开，略宽于肩，两手反手握杠，屈臂举杠铃直至胸前，后恢复到初始姿势，反复练习。

（3）仰卧臂屈伸。仰卧在长凳上，双脚放于地面，间距略宽于肩，与此同时，伸直双臂，正手抓住杠铃后屈肘，以肩为圆心、手臂为半径，沿半圆形轨迹缓慢下降，使杠铃缓缓下落于头部后侧，并尽量向远处延伸，后缓慢恢复至初始姿势，反复练习。

（二）腿部肌群力量训练

（1）下蹲起立。身体站直，双脚分开站立，与肩同宽，双臂伸直放于体侧，两手各持一个杠铃片（或哑铃）。吸气用力，轻度挺胸收腹，缓慢下蹲直至大腿与地面保持平行，随后缓慢恢复至初始姿势，待动作完成后呼气，略微放松，不断进行练习。

（2）负重深蹲。双脚自然分开，略宽于肩，肩负杠铃站立。双手握住杠铃，两手之间的距离宽于肩膀。身体缓慢下蹲，直至臀部接近脚后跟，维持此动作3秒后缓慢恢复至初始姿势，动作完成后呼气，反复练习。

(3)仰卧小腿屈伸。仰卧在训练机的凳面上,双腿微微分开,与肩同宽,小腿发力向上踢出,待膝盖伸直后,缓缓下落,恢复至初始姿势,不断进行练习。

(4)拉力器直腿内收。单腿站立,侧站于拉力器前1.5米处,将拉力器系在一条腿的脚踝处,另一条腿支撑在地面上,另一侧的手抓住训练机的扶手,起到支撑身体的作用。与拉力器相连的腿伸直用力,不断内收,向支撑腿靠近。

(三)肩部肌群力量训练

(1)颈后推举。坐在长凳上,双脚自然放置在地面,比肩略宽,同时抬头、伸直背部、双臂伸直,两手正手握住杠铃,并缓慢将杠铃举至头顶,之后两前臂向后弯曲至颈后。随后,缓慢恢复至初始姿势,反复练习。

(2)站姿单臂侧拉。身体侧对训练机,站立于距离训练机1.5米处,双腿分开,距离比肩略宽,右手紧紧握住拉力器的手柄,缓慢用力下拉手柄至体侧,后缓慢上举右臂成侧举状态,再用力下拉至体侧,反复练习。

(3)体前屈杠铃片侧举。双脚分开站立,两脚之间的间距略宽于肩,两膝盖微微弯曲,同时弯腰,保持上身与地面平行,双手持杠铃片(或者哑铃)自然下垂,与地面成直角,双臂伸直。双臂用力将杠铃片(或者哑铃)平举至与地面平行,待动作完成后,呼气并缓慢恢复到双臂自然下垂的状态,反复练习。

(4)握杠铃片前举。双脚分开站立,两脚之间的间距略宽于肩,双臂伸直放于腹前,双手重叠握住杠铃片(或哑铃)放置在大腿的前部,掌心向内。之后将杠铃片(或哑铃)前举至与地面平行,再缓慢恢复至初始姿势,反复练习。

(四)腹部肌群力量训练

(1)斜板仰卧起坐。仰卧于斜板上,双脚紧紧钩住斜板上的套带(或固定物)上,双手抱头,腹部用力,缓慢上抬上体,直至身体与大腿垂直,随后还原至初始姿势,反复练习。

(2)跪立收腹下拉。双膝跪地,身体正直,抬头,双臂伸直,双手握住拉杆,举于头顶的正上方。腹部用力,保持双臂伸直,弯腰向下将拉杆拉动至所能到达的最低位置,动作进行时呼气。随后还原至初始姿势,反复练习。

(3)悬垂屈膝举腿。双臂悬垂于器械上,伸直,双手正握杠,与此同时,双腿并拢伸直。屈膝上举双腿,直到膝盖贴于胸部,后维持此动作2秒钟,再缓慢恢复至初始姿势,反复练习。

三、力量素质训练要点

（一）全面发展与重点发展相结合

运动员在参加运动训练或比赛的过程中，各种动作的完成需要身体不同部位、不同肌肉群的协同工作，这一工作内容可以说是非常复杂的。因此，在安排力量素质训练时，不仅需要使主要肌肉群（如四肢、腰、腹、背、臀部等部位的肌肉群）得到有效的训练，而且需要发展较为薄弱的小肌肉群的力量。但这并不意味着要做到面面俱到，各种类型的力量素质得到平均发展，而是应该将全面发展与重点发展相结合，在发展整体力量素质的基础上，突出力量训练的重点。

（二）一般力量训练与专项力量训练相结合

在进行力量训练时，运动员还应注意将一般力量训练与专项力量训练结合起来，这样才有可能取得理想的训练效果。力量可以说是其他体能素质的重要基础，因此力量素质的训练至关重要。作为不同专业的运动员，要认清运动项目的特点和体能需求，采取有针对性的力量训练方式进行训练。除此之外，还要将力量训练与专项力量训练结合起来，进一步提升力量训练的效果和质量。

（三）坚持力量训练的系统性、科学性、连续性

在具体的力量训练中，还应坚持训练的系统性、科学性和连续性，保证训练周期各项训练活动的顺利进行。与此同时，训练负荷的安排应呈现周期性、波浪式的变化特点。教练应综合考虑训练课的任务、训练周期、现阶段运动员的情况等多项因素，决定力量训练课的次数，设计科学的训练课程，保证取得理想的训练效果。

在一堂训练课中，教练可先安排针对最大力量、速度力量的练习，再安排针对力量耐力的练习。另外，应该做到使各肌肉群交替“工作”。例如，训练课开始时，依次开展下肢肌肉群、躯干肌肉群、上肢肌肉群、肩带肌肉群的综合练习，在确定针对不同肌肉群的练习顺序时，应先确保大量的肌肉群已经投入工作，再起动局部肌肉群投入工作，保证力量训练课程的系统性和科学性。力量训练的系统性、科学性和连续性非常重要，作为一名专业的运动员一定要坚持参加训练，努力提升自身的力量素质，从而为其他素质的提高奠定良好的基础。

第二节 速度素质训练

一、速度素质基本理论

(一)速度素质的概念

速度素质是指人体或某环节快速运动的能力，人体快速完成动作的能力、对外界信号刺激快速应答的能力以及快速位移的能力都属于速度素质的范畴。速度素质可以说是人的一种综合能力，在人体的各项运动素质中扮演着十分重要的角色。加强速度素质的训练对于各运动项目的专业运动员而言具有十分重要的意义。

(二)速度素质的分类

1. 动作速度

动作速度，是指人体或者人体的某一部分在单位时间内完成某种动作的次数或者人体或人体的某一部分完成某种动作所用的时间。根据表现形式对动作速度进行分类，可以将其分为三种，分别是单一动作速度、组合动作速度和动作速率。通过大量的研究与实践表明，很多因素都能对动作速度造成影响，其中影响最为显著的三个因素分别是神经系统的兴奋度和敏感度、人体各个器官系统的准备状态以及技术动作的熟练程度。

大量的研究表明，当人体神经系统的兴奋度和敏感度较低时，人的反应速度和动作速度也会随之减慢。除此之外，人体各个器官系统的状态也会对动作速度产生一定的影响。当人体器官系统处于充足的准备状态时，人的动作速度就会比较快；当人体器官系统没有进入运动准备状态，状态比较差的时候，人的动作速度就会减慢，这也是人们选择在运动之前进行一段时间热身的重要原因。

除此之外，技能的娴熟程度也是影响运动员动作速度的重要因素之一，通常情况下，运动员的动作越娴熟，动作速度就越快，反之动作速度会减慢。

2. 移动速度

移动速度，是指在单位时间内人体快速移动的能力，包括平均速度、加速度和最高速度三种形式。

相关研究表明,移动速度也会受到神经系统的兴奋度和敏感度的影响,并且神经系统敏感度越高,移动速度越快,反之移动速度则会减慢。除了神经系统的兴奋程度,移动速度还受到其他众多生物学因素的影响。

3. 反应速度

反应速度,是指人体对外界各种刺激信息的回应能力。当外界各项因素对人体施加一定的影响时,人会做出相应的反应。反应速度由刺激信息传递所需的时间决定,刺激信息的传递是在一瞬间完成的,这段短暂的时间被称为"反应时"。反应时和反应速度之间是反比例的关系,反应时越长,则反应速度越慢。

神经过程的感觉时间和思维判别时间是反应速度的基础,这也就意味着会有很多因素直接影响神经过程,进而间接影响反应速度。相关研究表明,遗传因素是影响反应速度的最主要因素,在运动员选材时尤其要注意这一点。

动作速度、移动速度、反应速度三者之间是相互联系、相互制约的关系,其中,反应速度是移动速度的前提条件,动作速度是移动速度的基础。在进行速度素质训练时,要搞清楚三者之间的关系,从而进行科学的训练。

二、速度素质训练手段

(一)反应速度训练

1. 完整练习

完整练习是指通过突然对运动员施加信号或者突然改变信号,要求运动员利用自己已掌握的完整单个动作或者组合动作及时做出反应,以锻炼运动员的反应能力。比如要求运动员在已经知道对手动作的情况下做出不同的应对反应;要求运动员根据听到的信号改变自己的运动方向;要求运动员进行蹲踞式起跑练习,等等。完整练习一般被用在运动员处于初级水平的阶段,通过该练习能取得不错的训练效果。

2. 分解练习

分解练习是指将完整的技术动作进行分解,使之处于较容易或者更为简单的条件,通过提高分解动作速度来提高简单反应速度。比如,跑步运动员利用蹲踞式低姿起跑这种起跑姿势跑步时,其反应速度要慢于利用站立式高姿起跑这种姿势时的反应速度。之所以会产生这种差别,是因为当采用蹲踞式低姿起跑方式时,运动员的手臂需要承担较大的体重,这就会导致运动员的手臂一时难以离开支撑点。为解决这一问题,运动员可以先做简单的分解练习,然后再逐步过渡到整体练习,这样能取得预期的训练效果。

3. 变换练习

变换练习是指通过不断改变训练形式来锻炼运动员的反应能力。变换练习的形式有很多,以下两种形式最为常用。一是为改变运动员接受刺激信号的形式,比如从利用听觉器官接收信号,转变为利用视觉或者触觉等来接受刺激信号等;二是为改变对刺激信号的应答方式,比如改变技术动作的种类或者改变技术动作的方向等。

变换练习这一形式能有效增加训练的趣味性,提高运动员训练的积极性,促使运动员长期处于一个积极的训练状态,对于取得理想的训练效果具有重要的意义和作用。

4. 运动感觉练习

运动感觉练习是一种通过训练运动员对微小时间的辨别能力进而提高运动员的反应速度的训练方式,它将身体训练和心理训练结合在一起。一般来说,运动感觉训练主要包括以下几个步骤。

第一个步骤:要求运动员在接收到刺激信号后立刻做出相应的反应,记录下运动员需要的反应时间。

第二个步骤:要求运动员对自己此次需要的反应时间进行预估,然后重复发出信号并做出反应的步骤,得出运动员的实际反应时间,与预估的反应时间进行对比。

第三个步骤:当运动员能够比较精确的判断时间差的时候,其反应速度也会随之加快,判断时间差的能力越强,就越能够自由地控制自己的反应速度。

大量的研究与实践表明,运动员的注意力集中水平在很大程度上影响其反应速度水平,因此在具体的运动训练中,运动员必须要保持高度集中的注意力,如此才能得出真实的反应速度,取得理想的训练效果。

（二）动作速度训练

1. 完善技术练习

运动员动作技术的熟练程度是影响其动作速度的重要因素，动作幅度的大小、动作的方向、动作伸展的距离、动作的角度和部位等，都会影响到动作速度。只有通过坚持不断地练习才能提升动作的熟练程度，才能提高技术水平。

大量的实践表明，技术练习还能有效地发展运动员的协调能力，而协调能力对于提高动作速度具有重要的帮助。运动员能够在技术练习中逐渐发生应激适应反应，不断提高肌群之间、肌肉和内脏之间的协调程度，进而减少动作阻力，提高动作速度。

2. 利用助力练习

助力练习，是指在动作速度的练习过程中，借助自然条件或者人为因素进行练习，发展运动员动作速度的练习方式。

其中，能够利用的自然助力条件包括水的流向或者风向等。比如游泳运动员顺着水流的方向游泳，就能够在水流的助力之下提高自己的游泳速度；而速滑运动员借助风力练习，也能提高自己的速滑速度。

一般来说，助力条件主要包括机械助力和人为助力两个方面。机械助力是指在速度训练中利用专门的机械设备为运动员助力，比如摩托车助力、自行车助力等；而人为助力是指在速度训练的过程中，由教练员等人直接或者间接地给运动员提供和运动方向一致的力，帮助运动员进行速度训练，比如各种速度的牵引跑、带跑等。

运动员在进行助力练习的过程中，需要注意提供的助力力度的大小。当开展的是针对提高动作速率进行的练习时，提供的助力力度应该更大；当进行的是单个动作速度练习时，应该提供较小的助力力度。除此之外，助力练习要遵循循序渐进的基本原则，逐步提高助力的力度，切忌盲目进行训练。

3. 利用后效作用练习

后效动作练习是指利用动作加速和器械重量的变化而获得的后效作用来提高动作速度的练习方法。比较典型的利用后效作用进行的练习包括：跑步运动员进行的下坡跑，能够获得加速的后效作用；铅球运动员选择高于标准铅球重量的铅球进行练习，能够获得重量减轻的后效作用。利用后效作用练习的原理是，神经中枢的兴奋并不会在运动员结束发生后效作用的动作之后就立刻结束，剩余的神经中枢兴奋依旧能够支配动作，高水平的兴奋有助于加快动作速度。

影响后效作用的因素众多，发生后效作用动作的负荷大小、后续动作的减轻状况、练习重复的次数、两种练习动作之间的交换次数和比例等，都会对后效作用造成影响。因此，在进行后效作用训练时，要注意把控这些影响因素，提高训练效率。

（三）移动速度训练

移动速度是一种人体综合运动能力，它和力量、柔韧、速度耐力、协调性、动作技术水平等都有着非常密切的联系。因此，进行移动速度训练需要从多方面入手，以其他素质的提升促进移动速度的发展。

1. 力量练习

力量练习是一种常用的发展移动速度能力的训练方法，因为力量水平和移动速度相互联系、相互影响，力量水平尤其是爆发力水平对于移动速度的发展具有非常重要的意义。因此想要提升移动速度，首先就要通过力量练习提高力量水平。运动员在进行力量练习时需要注意以下要点。

第一，以提高速度力量练习为练习的主要内容。

第二，超等长练习能有效地提高人体肌肉收缩时的快速力量，因此超等长练习非常重要，要将其作为训练的重点。

第三，要注重发展快肌纤维的功能，将训练强度设置为极限和次极限，但是注意控制练习的组数和次数，避免运动损伤。

第四，有意识地通过训练发展肌肉和韧带的坚韧性，尽可能地避免运动损伤。

第五，力量练习结束后应该设置一个 2 ~ 6 周的减量练习阶段，以便通过“延缓转化”将提高的力量能力转移到速度能力上去。

2. 重复练习

重复练习能够有效发展运动员的速度耐力，帮助提高运动员的移动速度。进行重复练习训练应该注意以下几点要求。

第一，练习强度。移动速度属于极限强度，因此在进行移动速度练习的时候，应该设置较大的练习强度，一般在 90% ~ 95%。但是练习要遵循循序渐进的原则，还要重视热身活动，在正式练习开始之前可以安排一些中等强度的练习作为适应。

第二，练习量。想要发展移动速度必须保持一定的练习量，但是练习量也不能过大。一般来说，当练习强度较大的时候，练习的时间应该保持在20秒以内。

次数和组数的确定应根据运动员高速度出现与保持的时间，以及克服疲劳和机体恢复能力来决定。一般而言，极限负荷时间短，一组6～7次，重复5～6组。非极限负荷时间长，重复次数与组数相应减少。

第三，间歇安排。间歇安排的依据应该是运动员的机体恢复状况，合理的间歇时间应该为：运动员的神经中枢兴奋程度恢复到符合运动的水平；运动员机体内各系统和各器官的功能恢复；运动员体内的能量恢复到能够供应下次练习的水平。

在具体的训练中，运动员还要根据练习的持续时间合理安排间歇时间，可以参考以下间歇时间的安排法：当每次练习持续的时间为5～10秒时，两次练习之间应该安排的间歇时间为1～2分钟，两组练习之间的间歇时间应该为2～5分钟；当每次练习持续的时间为10～15秒时，两次练习之间的间歇时间应该为3～5分钟，两组练习之间的间歇时间应该为5～8分钟。

第四，肌肉的放松能力。大量的研究与实践表明，人体在训练之后肌肉没有得到有效放松，就很难实现理想的训练效果，因此在进行运动训练的过程中还要锻炼肌肉的放松能力。可以采取以下手段：第一，针对肌肉能力展开专门的训练，增强肌肉收缩能力，减少肌肉疲劳；第二，运动训练后按摩肌肉，帮助肌肉得到有效的放松。

三、速度素质训练要点

（一）严格按照运动员的身心状态安排速度素质的训练

速度素质训练计划的制订必须要以运动员的实际情况为依据。

第一，在制订速度素质训练计划之前必须要对运动员的现实状况进行分析，了解运动员的真实训练水平和身体状态，以此为依据制订合理的训练内容和训练强度。

第二，在训练的过程中要对训练状况进行密切关注，及时发现并纠正运动员的不规范动作，对于没有起到理想训练效果或者适得其反的训练计划的内容进行分析和修改。

第三，要合理安排训练的进度，在结合运动员身体条件和训练状况的基础上，遵循循序渐进的原则，稳步推进训练计划。

第四，要保证合理的运动休息时间，速度练习组与组之间、阶段和阶段之间都要制订合理的休息时间，防止运动员出现运动疲劳或者运动损伤。

速度素质训练需要在人体适应性的基础上开展，这种适应性包含三个方面的内容，分别是神经系统适应性、内脏系统适应性、肌肉系统适应性。在速度素质训练的过程中要时刻关注这三方面的状态，以防出现不理想的训练效果。

（二）促进速度能力与其他能力协同发展

与其他体能素质一样，速度素质的发展并不是孤立的，其发展还受到其他运动素质发展的影响，其中对其影响最为明显的因素是快速力量和柔韧性。因此，想要促进速度素质的发展，除了速度素质本身之外，还要发展快速力量和柔韧性。只有坚持速度素质与其他素质共同发展，才能提高训练的效果，实现训练的目标。

第三节　耐力素质训练

一、耐力素质基本理论

（一）耐力素质的概念

耐力素质是指人体在长时间工作或运动中克服运动疲劳的能力。这一素质在一定程度上反映了人体健康水平或体质强弱，因此无论是作为普通人还是专业的运动员，都要重视自身的耐力素质训练。需要注意的是，人体各项体能素质并不是独立存在的，与其他体能素质之间存在着极为密切的联系。以耐力素质为例，耐力素质可以与力量、速度素质等相结合，形成力量耐力和速度耐力。绝大部分的运动项目都需要运动员具备良好的耐力素质，因此，加强耐力素质的训练非常重要。

（二）耐力素质的分类

1. 根据运动时间分类

（1）短时间耐力

短时间耐力是指持续时间在 45 秒至 2 分钟的运动项目所要求的耐力。

完成这类运动项目所需的能量大多是通过机体的无氧代谢过程来提供的，在这些运动过程中，短时间产生较高的氧债。这类运动的运动成绩受机体力量与速度耐力素质的影响较大。

（2）中等时间耐力

中等时间耐力是指持续为 2 分钟至 8 分钟的运动项目所需要的耐力，其强度高于长时间耐力项目。完成这类运动项目的负荷强度一般要比长时间的耐力项目的负荷强度要大。通常机体在运动过程中，由于供氧不能完全满足机体的需要，因此人体会出现氧债。造成这种情况主要是因为无氧系统与运动速度成正比的关系。

（3）长时间耐力

长时间耐力是指持续时间超过 8 分钟以上的运动项目所需要的耐力。整个运动过程中主要由有氧系统供能，心血管和呼吸系统高度动员。心率达到很高（每分钟 170 ~ 180 次以上），每分钟心输出量为 30 ~ 40 升，肺通气量达到每分钟 120 ~ 140 升。

2. 按活动的部位分类

（1）局部耐力。局部耐力主要指有机体的局部身体部位在长时间的身体活动中克服机体疲劳的能力。运动者的局部耐力取决于其一般耐力素质的发展水平。如运动员在长时间内反复进行上肢力量训练，上肢就容易出现肌肉酸胀的现象，长期进行下去就容易导致运动损伤。

（2）全身耐力。全身耐力主要是指机体的整个身体机能，在训练和比赛中克服疲劳的综合能力，它可以反映出运动机体的综合耐力水平。

3. 根据运动项目分类

（1）一般耐力。一般耐力是指有机体各器官系统机能克服疲劳的综合能力。不管运动项目的特点如何，拥有良好的一般耐力，是从事任何专项运动的基础。一般性耐力是一种多肌群、多系统（中枢神经系统、心肺系统）长时间工作的能力。一般耐力是专项耐力的重要基础。

（2）专项耐力。专项耐力是指有机体为了获取专项成绩，而最大限度动员机体能力，克服较长时间内进行专项负荷所产生的疲劳的能力。专项耐力会根据运动项目的不同而表现出不同的特点。通常专项耐力的训练，机体会承载较大的训练量和负荷强度，并且会随着不同训练阶段的变化，而使身体训练、技术训练的负荷总量有规律的增长。运动员的专项耐力训练非常重要，一定要给予高度重视。

4. 根据肌肉工作方式分类

根据人体肌肉的工作方式进行分类，耐力素质可以分为静力性耐力和动力性耐力两种。

（1）静力性耐力。静力性耐力主要是指有机体在较长时间的静力性肌肉工作中克服疲劳的能力。例如，举重运动员在静力预蹲、静力半蹲表现出来的耐力以及体操运动员在十字支撑、慢起手倒立中表现出来的耐力都属于静力性耐力。

（2）动力性耐力。动力性耐力主要是指有机体在动力性肌肉工作中克服疲劳的能力。在长跑、滑雪、游泳等运动项目中，运动员通常都表现出明显的动力性耐力素质。

二、耐力素质训练方法

（一）有氧耐力训练

1. 有氧耐力训练手段

（1）长距离训练

长距离训练是有氧耐力训练的主要方法之一，更是耐力性项目运动员常规化训练的主要内容。从事耐力性项目的专业运动员在比赛准备阶段往往会通过参与长距离训练来调整状态，提升比赛能力。长距离训练耗费的时间较多，运动员也要付出大量的体力和精力，因此每周安排的长距离训练不要超过 3 次，但至少要有一次长距离训练。长距离训练的强度和高水平比赛的强度相近，能够提升运动员的竞技能力，而且也能使运动员在长距离训练中获得更多的感悟和深刻的体会。运动员如果盲目参加训练，没有目的性，没有明确的方向，训练后也没有任何收获，那这样的训练无疑是无效的，而且也造成了时间和精力的浪费。按照比赛强度设计的长距离训练既能培养运动员坚持不懈的精神，又能锻炼运动员的速度耐力和节奏调控能力，最关键的是促进了运动员参赛能力的提升，使其在比赛中充分发挥良好的体能素质，取得理想的成绩。

在长距离跑训练中，为提高运动员的竞技能力，需要将训练难度逐步提升。提升的方式主要有两种：一是增加训练距离，一种是减少以有氧强度跑的路程，增加以比赛强度跑的路程。采用这两种增加难度的方式，能够提高运动员对比赛强度的适应能力，使运动员以良好的状态坚持跑完规定训练距离，提升竞技比赛能力。

（2）间歇训练

培养运动员的耐力素质尤其是耐力性项目运动员的专项能力，也可采用间歇训练法进行训练，这种训练方法的特点是训练强度大，持续时间和间歇时间适中，以无氧强度完成高强度训练，以较小强度完成间歇时段的训练。专业运动员在间歇训练中持续时间约为 45 ~ 90 分钟。间歇时间根据运动员的实际情况而定。

2. 有氧耐力训练方法

（1）沙地负重。走在沙滩上，肩负杠铃杆或背人做负重走，距离约 200 米。心率 130 ~ 160 次 / 分钟。

（2）双摇跳绳。原地正摇跳绳，跳一次摇两圈绳，连续跳 30 ~ 40 次。心率恢复到 120 次 / 分钟以下时继续练习。

（3）登山游戏。在山脚下听口令起动，按自选路线或规定路线登山，途中安排游戏，规定完成游戏后才可到达终点。

（4）循环练习。将 8 ~ 10 个练习组成一套循环练习，每组循环 5 分钟以上，3 ~ 5 组，间歇 5 ~ 10 分钟。强度 40% ~ 60%。每组训练结束后待心率恢复 120 次 / 分钟以下再进行下一组练习。

（5）水中快走或大步走。在浅水池中快速走或大步走 200 ~ 300 米，间歇 5 分钟后继续练习，强度 50% ~ 55%。

（6）竞走追逐。两人在跑道上前后间隔 10 米，听口令竞走，后者追赶前者，距离 400 ~ 600 米，强度 50% ~ 60%。每次结束放松慢跑 2 分钟再继续练习。

（二）无氧耐力训练

1. 无氧耐力训练手段

（1）缺氧训练。缺氧训练是提高无氧耐力水平的重要训练方法之一。缺氧训练可在特殊环境下进行，其中首选高原训练。此外，在平原也可进行高原模拟训练。只要训练方法得当，那么在特定平原环境下的模拟训练对运动员无氧耐力的提高效果无异于高原训练。

（2）最大乳酸训练。运动员在训练中机体血乳酸水平达到最高的训练方式就是最大乳酸训练，这是无氧耐力训练的主要方式之一，有助于提高机体糖酵解供能水平。

大量的实践证明，最大无氧代谢训练敏感的范围是血乳酸 12 ~ 20 毫摩尔 / 升。在最大乳酸训练中采用间歇训练的方式能够使血乳酸浓度增加，如先以极限强度跑1分钟，再轻松跑或休息4分钟，重复5次。采用该方法进行无氧耐力训练要对训练强度、间歇时间进行合理安排。为了增加血乳酸的浓度，可采取的方法为加大运动强度或密度，缩短间歇。极限强度运动的时间不少于30秒，建议1～2分钟，这样能够促进糖酵解系统供能能力的充分发挥与有效提升，逐步提高血乳酸值，进而提高无氧耐力。

(3)乳酸耐受能力训练。当机体乳酸值较高时仍能正常参与较高强度运动的能力即为乳酸耐受能力。在乳酸耐受能力训练中，血乳酸维持最佳浓度范围(血乳酸值12毫摩尔/升)，机体不断适应血乳酸的刺激，肌肉乳酸脱氢酶的活性逐步得到提升。这样，乳酸水平的提高就不会严重影响运动员完成持续时间较长、强度较大的运动，这对提升运动员的无氧耐力水平非常有帮助。

2. 无氧耐力训练方法

(1)反复跑。进行80米或100米或120米的反复跑练习。每组3～5次，重复4～6组。每组结束后心率恢复至120次/分钟时进行下一组练习。

(2)间歇行进间跑。进行30米或60米的行进间计时间歇跑，每组2～3次，重复3～4组。

(3)计时跑。长于专项距离的计时跑或短于专项距离的重复计时跑。重复次数根据跑距而定。

(4)变速跑。快跑与慢跑交替进行。要锻炼非乳酸性无氧耐力，方法为50米快、50米慢，或100米快、100米慢，或直道快、弯道慢，或弯道快、直道慢等。

(5)变速越野跑。在公路、草地等场地进行越野跑，途中加入若干次50～150米的加速跑或快跑。

(6)反复变向跑。听口令或向前后、左右变向跑。每次2分钟，重复3～5组，间歇3～5分钟，强度65%～70%。间歇后心率恢复到120次/分钟以下再继续练习。

(7)法特莱克跑。在场地、田野等场地变速跑完3 000～4 000米。

(8)分段变速游泳。变速游泳，每50米变速一次，游完250～300米为一组，共4～5组，间歇10分钟，强度65%～75%。

(9)水中变姿变速游。同上段落。用各种姿势混合游泳，每组每个姿势游50米，3～5组，间歇10分钟。强度65%～75%。

(10)水中短距离间歇游。50米、100米等不同距离组合的间歇游。间歇2～3分钟，强度60%～70%。

（11）水中追逐游。两人相距 3 ~ 5 米同时出发追逐游，50 米后往返，强度 65% ~ 75%。两人泳姿应一致。

（12）高翻。两脚开立，屈膝下蹲，双手正握抓杠，手臂伸直，背部平直；挺胸，目视前方或前上方。用力提起杠铃，保持肘关节充分伸直并使杠铃尽可能接近胫骨。当杠铃提至膝部上方时，充分伸展髋、膝、踝关节，使杠铃与身体尽量靠近。背部始终平直。同时还要充分伸展肘关节，并向上耸肩。当肩向上至最高点时，慢慢屈肘，用臂推举杠铃。头部正直，屈髋和屈膝，使身体处于 1/4 下蹲姿势。双臂在杠铃之下时，抬肘使上臂平行地面，将杠铃置于锁骨和三角肌前束上。此时头部位置正中，双脚平稳站立。待身体平稳，通过伸展髋和膝部使身体充分直立。

（13）推举。在上述高翻动作的基础上进行推举。两脚开立，屈膝下蹲，杠铃直线下移。达到下蹲的最低姿势，迅速伸展髋、膝关节，同时用力向上举起杠铃，当髋、膝关节充分伸展且杠铃在头部上方后，屈髋、屈膝，同时肘关节充分伸展，达到最大高度时将杠铃举过头顶并控制好杠铃，此时肘、膝、髋关节充分伸展，头部位置正中，杠铃在头部稍后位置。

（14）深蹲。两脚分开保持平行，间距同肩宽，辅助者将杠铃放在练习者头部后方肩胛骨和斜方肌上，练习者双手抓住杠铃。上体挺直，屈膝下蹲至大小腿几乎垂直。慢慢伸展膝关节和髋部，直至直立姿势。

（15）半屈膝硬拉。两脚分开，间距同髋宽。双手抓握杠铃（方式同高翻），手臂自然下垂放在大腿面。稍屈膝，收缩肩胛骨，保持肩部稳固。上体前屈至背部基本平行地面，背部平直，双手握杠铃顺势从大腿下滑到小腿。躯干稳固，杠铃一直与腿部紧贴。慢慢起身还原。

（16）坐姿下拉。对拉力器的座椅、膝垫进行调整，使之与自己的体型或习惯保持高度的符合。选择适宜的重量，在椅子上坐好，膝垫紧贴大腿，双手抓握拉力器的手柄，间距比肩宽稍大。双手用力拉手柄使之靠近胸部，髋部顺势向后倾斜，注意控制好手臂的力量。手臂向上伸展还原，有控制地完成整个动作。

（17）双杠支撑臂屈伸推起。抓住器械手柄，调整姿势，手臂伸直用力支撑体重。屈膝，两脚离地向后伸展，直至小腿平行地面。肘关节弯曲使身体下移，直至大小臂几乎垂直，躯干始终保持正直，身体稳固不晃动。手臂伸展，身体上移，腿部姿势不变。

三、耐力素质训练要点

（一）注意训练中的饮食

进食时间和训练时间之间至少相隔30分钟，最佳相隔时间为1小时。训练之前要适当控制进食量，不可过多，但是也不能空腹进行运动，容易导致低血糖，并且尽量避免吃一些粗纤维、不易消化的食物，容易造成肠胃损伤。根据耐力素质训练的能量需求，可以在训练之前的饮食中适当增加蛋白质和脂肪的量。

（二）做好必要的热身活动

运动员在进行耐力素质训练前，一定要做好充分的热身活动。热身活动能够将运动机体从安静状态唤醒，使体温逐渐升高，提升神经系统的兴奋度，使机体各器官和各系统进入运动准备状态，能够有效避免运动损伤，提升训练的效率。一般情况下，耐力素质训练前的热身活动应持续20分钟以上，要保证身体每个部位都能得到有效的热身锻炼。

（三）确定合理的运动负荷

心率能够在一定程度上显示负荷强度，并且能够反映运动时机体的供能状况，因此可以通过心率确定运动负荷，通过测量自已的脉搏跳动速度能够确定心率。当心率为150次/分的时候，由有氧供能系统为机体运动提供能量；当心率为160分次/分~180次/分的时候，由有氧系统和无氧系统共同为机体运动提供能量；当心率为180次/分的时候，由无氧系统为机体运动提供能量。

（四）培养良好的意志品质

运动员进行耐力训练的主要目的在于提升机体克服运动过程中产生的疲劳的能力，因此在训练过程中会施加一定的运动负荷，运动员只有克服意志上的障碍，坚持到底，才能促进耐力水平的发展和提高。因此在进行耐力素质训练之前要采用各种手段和措施为运动员做好心理建设，提高运动员的意志水平，激发运动员参与运动训练的积极性，进而实现运动训练的目标。

第四节　柔韧素质训练

一、柔韧素质基本理论

（一）柔韧素质的概念

柔韧素质通常被认为是人体各个关节进行的屈伸动作以及其动作的活动范围。与力量素质、速度素质等体能素质不同，柔韧素质不属于运动的原动性因素，它负责支撑运动器官的形态功能，决定运动器官之间相互的活动程度，它对动作的完成质量起到潜在的决定性作用。因为发展柔韧素质的关键因素是人体的关节和韧带组织，所以其发展的最佳时期是在儿童青少年时期，这一阶段如果接受恰当的、有针对性的训练，就能取得理想的训练效果。

（二）柔韧素质的分类

柔韧素质可以分为一般性柔韧和专门性柔韧两种。

一般性柔韧通常对应的是运动员在一般训练时需要具备的柔韧能力，起到适应训练和保护身体的作用。比如在常规的速度练习或者力量练习时，所用到的大肌群的柔韧性。田径运动员在做负重深蹲练习时，需要大腿后群肌肉的柔韧性支持。

专门性柔韧是专项运动技术练习运用时所特需的柔韧性。专门性柔韧素质是与专项运动密切联系在一起的，它建立在一般性柔韧素质的基础上。训练专门性柔韧素质之前必须先训练一般性柔韧能力。但是柔韧素质极少有选择性，各种不同的运动项目对身体同一部位的柔韧要求只表现在幅度的大小和程度不同而已。运动员在进行柔韧素质的训练时，要将一般性柔韧与专门性柔韧训练结合起来，这样才能取得理想的训练效果。

二、柔韧素质训练方法

（一）柔韧素质基本练习

1. 颈部柔韧练习

（1）静力性练习。一般方法是使头部尽可能的屈、伸、侧倒至最大限度，然后维持一段时间的静止。

（2）动力性练习。头部在尽可能大的活动范围内做绕环运动，或练习者双手托下颌，做头部的向左、右方向的运动练习。

2. 肩关节柔韧练习

（1）静力性练习。采用正、反、侧三个面的压肩、控肩、搬肩练习。

（2）动力性练习。双手握棍进行转肩练习，或借助弹力带做拉肩、转肩及抡臂练习。

3. 肘关节柔韧练习

（1）静力性练习。可采用屈肘、反关节压肘至最大活动范围，并使之维持一段时间。

（2）动力性练习。最常用的方法是做肘部绕环运动，首先固定肩关节的活动，然后使上臂保持在一个水平面上，然后以肘关节为轴做绕环练习。

4. 腕关节柔韧练习

（1）静力性练习。同样是采用屈腕和伸腕至最大活动范围并维持一般时间的静止练习。

（2）动力性练习。采用手腕绕环运动、抖腕运动等手段。

5. 腰部柔韧练习

（1）静力性练习。可以采用下腰和控腰两种方法，在训练的过程中要注意用力缓慢。

（2）动力性练习。可采用腰绕圈、扭腰等方法练习，训练时用力不要过猛。

6. 髋关节柔韧性练习

（1）静力性练习。可采用控腿，纵劈叉、横劈叉、抱腿前屈等练习。

（2）动力性练习。可采用搬腿，向前面、侧面踢腿以及外摆、里合四个方面，盘腿压膝等。

7. 膝关节柔韧性练习

（1）静力性练习。主要有压膝和屈膝两种方法。

（2）动力性练习。采用膝绕环、快速蹲立练习。

8. 踝关节柔韧性练习

常用的方法是坐踝、绷脚面、勾脚尖练习以及提踵练习等。

最后需要注意的是，发展柔韧素质应该将静力性练习和动力性练习结合进行，单纯地采用静力性练习训练效果会欠佳。

（二）拉伸练习

1. 拉伸的概念

拉伸，是一种有目的性和针对性地选择影响的技术和姿势进行牵拉，从而保证科学训练的实现。拉伸与运动解剖学和生物力学有着非常密切的关系。

2. 拉伸的作用

（1）通过拉伸训练，促进人体肌肉、肌腱、韧带和神经的协同工作能力的提升。

（2）通过拉伸训练，促进运动员肌肉力量的增长。

3. 拉伸练习的原则

（1）要进行充分的热身后再进行拉伸训练。

（2）拉伸时，要保证用力均匀，切忌忽大忽小。

（3）拉伸时，要把握好度，不用必须达到有刺痛的感觉。

（4）拉伸的强度要适宜，如果有肌肉紧张的感觉，即可停止拉伸，拉伸强度的增加要遵循循序渐进原则。

（5）拉伸时，一定要配合正确的呼吸动作，不要憋气。

（6）拉伸的体位要保持正常姿态，从而保证目标肌肉得到充分拉伸。

（7）静力性拉伸之后，切忌爆发力训练。

（8）在瑜伽垫等柔韧固定的表面上进行拉伸训练。

（9）拉伸的姿势主要为坐姿、俯卧和仰卧。

（10）要保证拉伸动作的正确性。

4. 拉伸练习法

（1）静力拉伸

静力拉伸是指一种缓慢的、稳定的、在拉伸的止点停留一定时间的拉伸方法，也可以将其理解为，是在一定时间内，固定在一定范围内的伸展运动。静力拉伸的主要特点为：动作缓慢；会有不适感产生；没有疼痛感；肢体运动的幅度比较小。

在进行静力拉伸训练时，要掌握好准备活动中静力拉伸和动态拉伸的比例和先后顺序，如此才能取得理想的拉伸效果。

（2）动态拉伸

动态拉伸是指采用与专项运动类似的动作，通过肢体快速或者慢速运动的形式，使关节活动度有所增加。其与弹性拉伸的不同之处在于，动态拉伸不是单纯的重复刺激。动态拉伸的特点为：不会引起牵张反射，并且能够使运动链的功能性得到有效提升。

（3）弹性拉伸

弹性拉伸是指在关键幅度末端，无间歇地反复弹性牵拉活动，使关节活动力度增加。弹性拉伸的特点主要为：会引起肌肉酸痛、疼痛，甚至肌肉损伤；也可能是弹性牵拉激活牵张反射。在很多的运动项目训练中，都不提倡采用这一拉伸方法。

三、柔韧素质训练要点

（一）做好充分的准备活动和放松活动

在进行柔韧素质训练前，一定要做好充分的准备活动。实际上参加任何运动训练前都要做好准备活动。有助于提高肌肉的温度，也就是所谓的热身，它可以有效降低肌肉内部的黏滞性。因此，在进行柔韧练习之前应该先通过适量的准备活动使体温逐步升高，这时候再进行柔韧训练可以防止肌肉拉伤。在训练的过程中，开始应该轻慢进行，然后逐步加大动作的速度、力量和幅度，每一步都不可用力过猛。此外，运动员在进行柔韧素质训练时应注意训练方法的科学性，注意保护肌肉不被拉伤。因此充分的准备活动是预防拉伤的关键，能保持肌肉在安全的范围内做充分伸展和锻炼，运动后要做适当的放松活动，放松紧张的肌肉，减少内部的黏滞性。

除了在训练前做必要的准备活动外，还要在柔韧素质训练之后做适当的放松练习，可以帮助身体尽快得到恢复。放松练习应该针对柔韧训练的部位展开，并且是以练习的相反方向进行，使供血供能机能加强，这样有助于伸展肌群的放松和恢复。如压腿之后做几次屈膝练习，体前屈练习之后做挺腹、挺胯动作有很好的针对性，下完腰后做几次体前屈或团身抱膝动作等。

（二）坚持按部就班、循序渐进地训练

要想促进柔韧素质水平的提升，就需要运动员坚持按部就班、循序渐进地参加训练。柔韧素质的发展和提高也就是肌肉、韧带等软组织的伸展，是需要符合人体生长变化的时间规律的，它是一个循序渐进的过程，所以要长时间地坚持训练才能达到最佳效果。在需要同伴协助完成被动性拉伸训练时，应该谨慎小心，避免用力不当而受伤，同时协助一方的用力也应该是循序渐进地增加用力。

（三）柔韧素质与其他素质相结合发展

为促进柔韧素质的有效发展，运动员可以结合柔韧性练习和协调性练习等一起训练发展，利用其相互促进的特性，促进这些体能素质的发展。例如，力量练习能发展肌肉的收缩能力，柔韧练习能发展肌肉的伸展能力，因此，力量结合柔韧的练习对提高肌肉质量最为有效，加强柔韧素质与其他素质的结合是一种很好地提升运动员柔韧性的手段。

第五节　灵敏素质训练

一、灵敏素质基本理论

（一）灵敏素质的概念

灵敏素质是指人体所表现出的协调、快速、准确等方面的能力，作为一名专业的运动员，必须要具备基本的灵敏素质，这对于其竞技能力的提升具有重要的意义。灵敏素质可以说是人体体能素质的重要组成部分，它是在力量、速度、柔韧、耐力、节奏感、协调性等多种素质和技能的基础上建立和发展起来的。

灵敏素质水平的高低可以通过多种形式表示，如通过熟练的动作、通过快速动作、维持平衡以及随机应变能力；通过自如地操控自己身体的能力等表示。一般情况下，动作完成的准确度与熟练程度都不会受到外界条件的影响。

(二)灵敏素质的分类

根据体能训练目的和运动项目的不同,我们可以将灵敏素质分为一般灵敏素质和专项灵敏素质两大类。各专项体能训练对灵敏素质有着截然不同的要求。比如,球类项目和格斗类项目的动作变化繁多,没有固定的动作模式,需要运动员根据场上的情况随机应变,通过改变动作的方向、速度、力量、身体姿势以及时给出应对,主要强调反应、判断、躲闪、移动、随机应变、动作敏捷等能力;体操、跳水等运动项目则侧重要求快速改变身体位置、空中翻转、时空感、节奏感和控制身体平衡等能力。灵敏素质具有非常明显的项目特点,必须根据专项技能的需求,发展针对专项的灵敏素质。

(1)一般灵敏素质。一般灵敏素质是指在各种运动中,人体在突然变换条件的情况下,能够迅速、准确、合理地完成各种动作的能力。它是灵敏素质发展的重要基础。

(2)专项灵敏素质。专项灵敏素质是指在专项体能训练中,练习人体迅速、准确、协调自如地完成专项各种技术和战术动作的能力。它是在一般灵敏素质的基础上,经过重复专项技战术训练并逐步提高专项技能的结果。

二、灵敏素质训练的手段与方法

(一)灵敏素质训练手段

1. 徒手训练

徒手训练,就是不借助外在的器械和工具,主要通过身体各部位的相互配合运动来发展灵敏素质的训练方法。

一般来说,徒手训练主要包括单人训练和双人训练两种形式。单人训练是指运动员通过运用协调自身的各部位来增强灵敏性;双人训练是指通过两个人之间的配合运动来进行灵敏性训练。

(1)单人训练

徒手训练中的单人训练主要有以下几种手段。

①快速移动跑。运动员以准备姿势站立,注意观察指挥手势或听判断信号。当练习者得到消息,需要按照要求前、后、左、右快速变换跑动。一般情况下,发出指令的间隔时间不会太长,会被控制在2秒以内。因此,练习者必须具有非常高的素质和能力,比如,反应迅速、判断准确,有着非常

快的变换起跑速度；练习强度：每组的时间控制在15秒，总共3组。

②越障碍跑。运动员面对跑道站立。准备好后，听到“开始”信号，按照事先说明的要求，通过跑、跳、绕等动作来迅速敏捷地穿过障碍物，全程要一气呵成，中间不要停顿，可以通过计时的方式进行练习，练习强度以2 ~ 3组为宜。

③原地团身跳。运动员保持站立姿势，听“开始”信号后在原地做双脚向上跳起的动作，腾空后两腿迅速团身收紧，然后才能做下落还原的动作，由此，一组动作即完成。团身跳的练习要有一定的连续性。训练的形式计时或者记数均可。不管采用的形式如何，都要保证跳跃的连贯性。

（2）双人训练

①过人。画一个直径为3米的圆圈，圈内安排两名运动员，分别站在半圈内。训练开始后，双人要注意发出的信号，如果是“开始”的信号，那么就需要两人按照自己的分工进行训练，其中，一人作为防守方，对另一人千方百计地进入对方的防区进行积极有效的防守。一组训练结束后，两人交换继续加以练习。训练过程中要严谨拉人、撞人的情况发生；练习强度：持续练习20秒／组，总共4 ~ 6组为宜。

②障碍追逐

甲乙两名运动员，训练开始后，乙方作为被追赶的对象在前面跑，甲方则在后面对其进行追捕。“开始”信号发出后，甲乙双方就按照自己身份的要求借助于事先准备好的障碍物一对一追逐，如果甲方追上对方并且用手触到对方身体的任何部位，那么，这一组的练习就结束了，在上组动作完成的瞬间，下一组练习开始，只是双方角色互换了，甲方为被追赶方，而乙方则成为主动的追赶方。训练强度：持续练习20秒／组，间歇时间为20秒，总共5 ~ 6组。

2. 器械训练

器械训练，就是通过运用运动器械来训练和提升灵敏性素质的方法。常见的器械训练手段主要有单人训练、双人训练、组合训练和游戏训练等几种。

（1）单人训练

单人训练的方法有很多，比如，较为简单的传球、顶球、追球、颠球、接球练习，以及较为复杂的多球练习、悬垂摆动、翻越肋木、钻山羊、钻栏架，除此之外，还有各种专项球类练习和技巧练习、体操练习等一些技巧类和专项类的练习方法。长期参加这些练习对于运动员灵敏素质的提升具有非常大的帮助。

（2）双人训练

①扑球。运动员两人为一组，面对面站立。一人拿球并将其抛向另一人的体侧部位，接球方则通过侧垫步、交叉垫步或交叉步等起跳扑向球，并用手接住。两人按照上述方法交替练习。随着练习次数的不断增加，抛球速度也要不断增加，并且做到判断准确、主动接球。

②通过障碍。在障碍物的面前保持站立姿势。通过 5 米的距离进行助跑跳过山羊，然后再钻过山羊，绕过双杠间，最终返回到起点。在规定的时间内进行上述练习，并且要求跑动迅速，变换敏捷；通常以重复练习 3 ~ 5 次为好。

③跳起踢球。运动员两人双方间隔 15 米，面对面站立。甲方抛球至乙方体前或体侧方，乙方则应快速跳起用脚踢球，踢球要准确。然后甲乙双方交换位置继续练习。训练强度：持续练习 15 次 / 组，训练次数为 2 ~ 3 组。

④接球滚翻。运动员两人为一组，接球的人坐在垫子上，传球的人站立在其对面。接球人坐在垫上来接不同方向、速度的来球，并且按照要求的动作来接球，比如，当接到左、右两侧的球后做接球侧滚动；接到正面的球后滚翻。按照上述方法在双方互换身份后继续进行多次练习。训练强度：持续练习 30 秒 / 组，总共 2 ~ 3 组。

（3）组合训练

组合训练，就是将各种类型的训练手段结合起来运用的方法，可以是两个，也可以是三个或者多个。在具体的训练中，依据动作数量的不同，训练方法也存在一定的差别。

两个动作组合训练方法：交叉步接后退步，立卧撑接原地高频跑，前踢腿跑接后撩腿跑，侧手翻接前滚翻等。

三个动作组合训练方法：交叉步→侧跨步→滑步，立卧撑→原地高频跑→跑圆圈，腾空飞脚→侧手翻→前滚翻等。

多个动作组合训练方法：跨栏架→钻栏架→跳栏架→滚翻，后滚翻转体 180° →前滚翻→头手倒立前滚翻→挺身跳等。

（4）游戏训练

游戏训练法，就是通过游戏的形式来发展和提升灵敏素质水平，常见的有各种应答性游戏、集体游戏、追逐性游戏等，游戏训练法有着非常强的趣味性，能有效激发运动员训练的积极性，通常能取得不错的训练效果。

（二）灵敏素质的训练方法

1. 双腿侧向单足跳（图 4–1）

（1）练习方法。

①运动员站在标志区左侧做好准备，等待教练员的开始口令。

②双腿蹬伸跳向标志区的另一侧，要确保跳过标志区。

③着地后快速跳回原来位置。

④连续快速练习 5 ～ 10 次。

（2）提高性练习。

选择在 10 码长、1 码宽的标志区内练习。

①从一侧开始，以之字形（对角）单足跳过标志区的长度，两边交替进行。

②仅用单腿做单足跳的练习，反复多次练习。

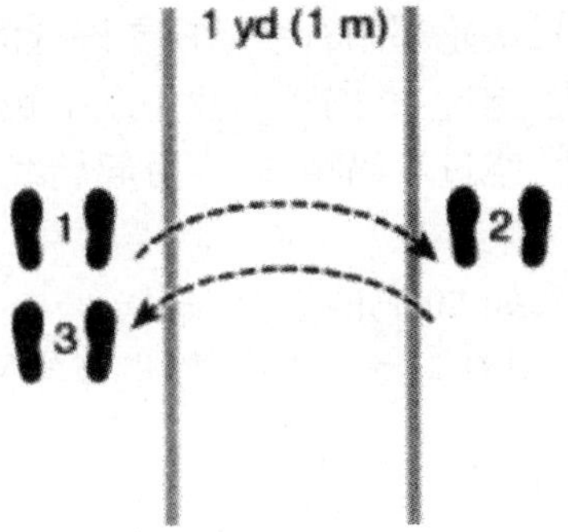

图 4–1　双腿侧向单足跳

2. 六边（图 4–2）

（1）练习方法。

①在场地内标出六边形，边长可以根据实际合理的确定。

②运动员站在六边形的中心，面对指定方向。

③面对指定方向时，双脚跳出六边形的每边。先后进行顺时针和逆时针跳跃，教练员在一旁做好计时工作。

（2）提高性练习。

①提高练习的难度，在六边形内进行单足跳的练习。

②改变六边形边长进行练习。

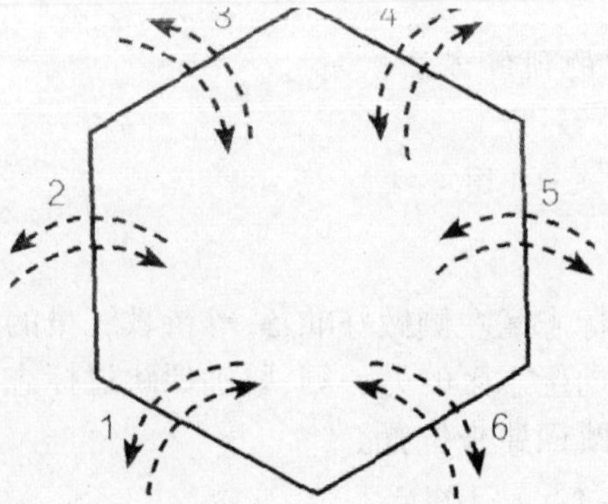

图 4-2　六边

3.20 码往返跑(图 4-3)

(1)练习方法。

①运动员两腿成开立姿势,做好充分的准备,听口令跨过起始线。

②运动员向右转身,快跑并用右手触摸 5 码远的一条线。

③运动员转回左边,跑过 10 码距离并用左手触摸远处线。

④运动员转回右边,跑过 5 码距离,穿过起始线完成练习。

(2)提高性练习。

①增加练习的距离,如 20 码的组合练习。

②在相同的距离内用单腿完成快跳、舞步等各种形式的练习。

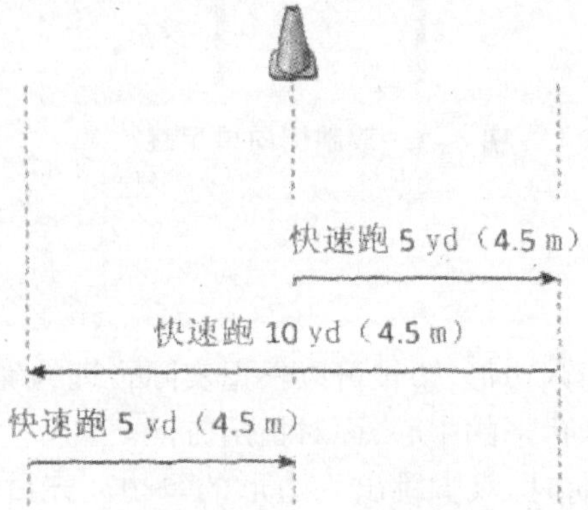

图 4-3　20 码往返跑

4.8 字形跑(图 4-4)

(1)练习方法

①在平整的场地上放置两个间距为 5 ~ 10 码的扁平锥桶。

②运动员做好准备,两腿成开立姿势。

③运动员听口令在两锥桶间做 8 字形跑,转弯时用手心碰触每一个锥桶。

(2)提高性练习

①结合运动员的练习实际和身体情况适当改变锥桶之间的距离。

②适当增加运动中的难度,如改变转弯时的半径。

③运动员做出不同准备姿势的练习,如采用坐式、蹲踞式等准备姿势。反复进行练习。

图 4-4　8 字形跑

5. 蛇形跳(图 4-5)

(1)练习方法。

①运动员做好准备,两腿成开立姿势。

②进行一系列的直角转弯跳,并保持两脚一起。

③跳跃前进方向如图 4-5 所示:正前方、右方、正前方、左方、正前方等。

④跳起时必须转髋。

(2)提高性练习。

①变换各种准备姿势。

②变换前进的方向。

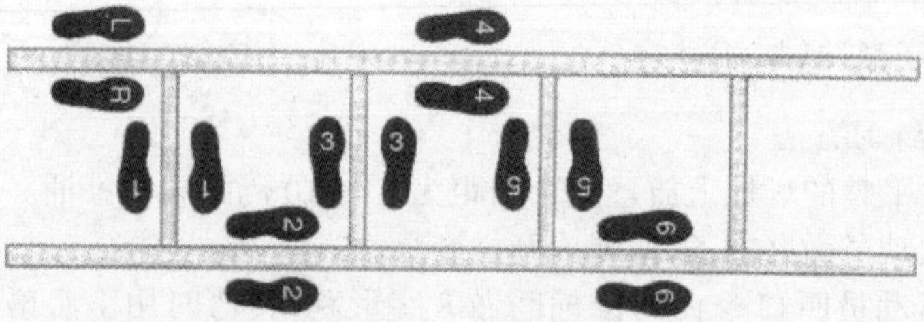

图 4-5 蛇形跳

三、灵敏素质训练要点

（一）训练方法经常改变

灵敏素质也是运动员体能素质的重要组成部分，在培养与提高运动员灵敏素质的过程中，尤其要注意发展各种分析器和运动器官机能。此外，运动员对动作的熟练程度也非常关键，如果对某一动作技能熟练到自动化程度，再用该动作去发展灵敏素质的意义就不太大了。因此，发展灵敏素质训练的方法应采用多种动作，并且经常变换。这样，运动员在掌握多种多样的运动技能的同时，还可以提高人体各种分析器的功能，使运动员在体能训练中能够表现出准确定向和定时的能力。

（二）掌握部分基本动作

体能训练中运动技能的本质是条件反射，在大脑皮层中建立的条件反射的数量越多，临场时的反应就越迅速准确。运动员在掌握运动技能的基础上，可以快速形成新的应答性动作来应付突然发生的情况。尤其是运动员在发展自身灵敏素质时，要在掌握基本动作技能的基础上去发展，否则就容易导致运动损伤。

（三）把握训练最佳时期

灵敏素质是在中枢神经系统的指挥下运用各种能力的综合表现。人体的神经系统发育期较早，一般在青年时期发育成熟。其中反应能力、动作速度、平衡能力和节奏感等都为发展灵敏素质提供了有利的条件。因此，运动员灵敏素质的训练一定要把握好这一时期，要采取有效的手段对运动员施以良好的刺激，促进运动员灵敏素质的提升。

（四）训练时间要适当

在进行灵敏素质训练时，还要结合运动项目的特点及运动员的具体实际合理安排训练的时间，训练时间不宜过长，重复次数不宜过多。特别是在肌体疲劳时不宜安排灵敏素质训练。应该结合考虑运动员的体能、情绪和时间等不同因素来安排训练，以及要考虑不同训练过程的特点来安排灵敏素质的训练。比如，临近比赛的时候，应该以提高技术训练和协调能力的训练比重；准备期以一般灵敏素质训练为主，比赛期以专项灵敏性训练为主。只有做到合理的安排才能取得理想的灵敏素质训练的效果，否则会适得其反。

（五）训练间歇时间一定要充足

在进行灵敏素质训练时，运动员还要保证充分的训练间歇时间。足够的间歇时间可以保证氧债的偿还和肌肉中 ATP 能量物质的合成。但休息时间也不是越长越好，因为休息时间过长会使中枢神经系统的兴奋性大幅度下降，而影响训练中运动器官的指挥能力，使动作协调性下降、速度减慢、反应迟钝，这必然会影响训练效果。一般来说，训练时间和休息时间的比例可控制为 3∶1 为宜，当然每一名运动员的情况都是不同的，针对不同的运动员可以做适当的调整。

第五章 运动员竞技能力之心理与智能训练

随着竞技运动的发展和人们对竞技运动研究的深入,人们逐渐认识到心理素质和智能素质在运动竞赛中的作用,尤其是对于高水平的运动员来说,这两项素质的影响更加明显。因此,现代体育训练已经将心理训练和智能训练作为运动员运动训练的必备内容,采用各种训练方法和训练手段促进运动员心理素质和智能素质的发展和提升。本章内容就针对运动员的心理训练和智能训练展开,对这两项训练进行具体阐述。

第一节 运动员的心理训练

一、运动员心理训练概述

(一)心理训练概念

在了解运动员的心理训练之前,必须要先了解运动员的心理能力。运动员的心理能力,是指运动员和运动竞赛相关的心理特征,以及将自己的心理调整到和运动竞赛相匹配的状态的能力。对运动员进行的心理训练,是指在运动训练的过程中,教练等相关人员对运动员的心理状态进行分析,并在运动员的积极配合之下采取相关措施对其心理状态进行干预,使其心理达到符合运动竞赛状态的训练。

(二)现代心理训练的发展特征

1. 系统性特征

运动员的心理素质和其他各项运动素质一样,都可以通过后期的训练发展和增强。同样，心理训练的发展规律也和其他各项运动素质的发展规律一致，只有经过长期性、系统性的训练才能取得良好的训练效果。现代心理训练在科学理论的指导下，遵循运动员的心理能力发展特点，为运动员制订长期的系统性训练计划，在训练的过程中注重各项心理能力发展的逻辑性和顺序性，对于促进运动员心理能力的发展起到了非常重要的作用。

2. 专门性特征

运动项目之间特点的不同，决定从事不同运动项目的运动员之间具有不同的运动素质，运动员之间的心理能力也有所不同。现代心理训练在尊重不同运动专项之间以及运动员个体之间差异的基础上，形成了专门性的特征，因材施教地发展符合运动专项要求的心理能力，有效提高了训练的效率和成果。

3. 科学性和实效性特征

随着科学技术的发展，各种先进的科学仪器和科学手段在运动训练中越来越常见，比如现代心理训练中经常用到的科学技术——生物反馈技术，就为运动员心理训练效果的提升做出了极大的贡献。

所谓的生物反馈，是指利用电子仪器将与心理、生理过程有关的机体生物学信息，比如肌电、心率、血压、脑电等信号加以处理放大，并以视觉或听觉的信号显示给人，使人们能够通过这些信息的认识，有目的、有意识地调节自己的心理、生理活动，进而调控自身的运动行为。①

在对运动员的心理训练中使用生物反馈技术，能够有效调节运动员的情绪，消除运动员过度紧张的心理状态，增强运动员的机体功能，提升运动员的感知能力，对于运动员训练效率的提高和比赛的正常发挥都具有十分重要的意义和作用。

（三）心理训练计划的制订

1. 明确心理训练的对象

制订心理训练计划，首先要明确心理训练的对象。

一方面，要对运动员个体进行充分的了解，明确运动员的性别、年龄、运动基础和水平、训练态度、训练动机等方面的信息，将运动员的个体特征

① 杨卓．现代运动训练内容分析与创新方法研究 [M]. 北京：中国商务出版社，2017.

作为制订心理训练计划的依据之一,因材施教。

另一方面,要对运动员从事的运动专项的特征进行充分的了解。不同的运动专项对运动员的心理能力有着不同的要求,比如跳水、体操这类难美性运动项目,对运动员的感知能力、灵敏能力、自我调节能力和果敢精神等心理素质的要求比较高,心理训练的重点应该集中在这些要求上;再比如射箭、射击这种准确性运动项目,对运动员的注意力集中水平、情绪的稳定性等心理素质的要求比较高,其心理训练的重点就应该集中在这些要求上。

2. 加强有关人员的沟通

沟通是制订心理训练计划中必不可少的一个步骤和环节,沟通的内容包括:心理训练的目标、心理训练的内容、心理训练的方法、心理训练的过程等。沟通的过程中,作为运动员方,应该充分说明心理训练的需要,而作为提供训练方案的一方,应该充分说明训练计划能够达到的预期训练效果,只有两者达成一致,才能继续计划的制订。沟通需要贯穿计划制订的始终,教练员作为训练计划制订的关键因素,应该始终在沟通中发挥着积极的作用。

3. 评估运动员的心理特征

充分了解运动员的心理特征并对其进行评估也是心理训练计划制订过程中必不可少的一个环节,只有掌握运动员的心理能力优势和劣势,才能更加有针对性地制订心理训练计划。可以利用以下几种方式对运动员的心理特征进行了解和评估。

(1)面谈法。由专业的心理学人士和运动员进行面谈,从运动员的肢体表现和语言中了解运动员的心理信息。

(2)行为记录法。对运动员的日常训练表现和比赛表现进行记录,从运动员的行为中分析其心理特点。

(3)现场观察法。现场观察运动员的训练或者比赛表现,从现场表现中分析运动员的心理特点。

(4)纸笔测试法。采用 CSAI–2、SCAT、POMS 等方式对运动员进行心理测试以了解其心理特征。

4. 确定心理训练的内容、方法和程序

通过对训练对象的了解和分析,一方面知道其在心理能力上的劣势,另一方面又了解了其所从事的运动专项对心理能力的要求。在制订心理训练计划的时候，应该将评估结果作为依据，将训练对象的心理能力劣势和其从事的运动专项的心理能力要求作为训练的重点内容。

确定了心理训练的内容之后，还要制订相应的心理训练方法来实现心理训练内容的作用。在制订训练方法时，应该充分结合运动专项的特点、运动员本身的个性特征等现实状况，保证训练方法能够真正发挥作用。常见的心理训练方法包括放松训练法、表象训练法、自我暗示训练法等。

此外，还要根据训练内容之间的顺序关系和逻辑关系等，制订合理的训练程序，保证心理训练科学有序地进行。

5. 评估心理训练的实施效果

在实施一定时间的心理训练计划之后，应该对心理训练计划的效果进行相应的评估，并根据评估结果对相应的内容、方法、程序等进行调整，使训练计划不断完善。

6. 心理训练计划制订的实例列举

下面我们将以韩国国家射箭队针对2004年的奥运会制订的心理训练计划为例，展示心理训练计划制订的过程和具体内容。

（1）阶段一

名称：心理技能训练的基础阶段

期限：2003年9～12月

训练目标：

①心理技能训练基础培训。

②运动员心理状态调查。

③个人简介。

（2）阶段二

名称：心理技能训练的练习阶段

期限：2004年1～2月

训练目标：

①个人训练计划和准备。

②心理技能运用。

③自我暗示的固定和赛前常规。

④评价训练计划第二阶段的实施效果，计划第三阶段的训练计划。

（3）阶段三

名称：心理技能训练的实践阶段

期限：2004年3～5月

训练目标：

①调整和完善第三阶段运用的心理技能训练。

②加强个人的心理技能训练。

③固定心理技能的练习程序。

④制作心理技能的练习程序。

具体的训练计划过程如图 5-1 所示。

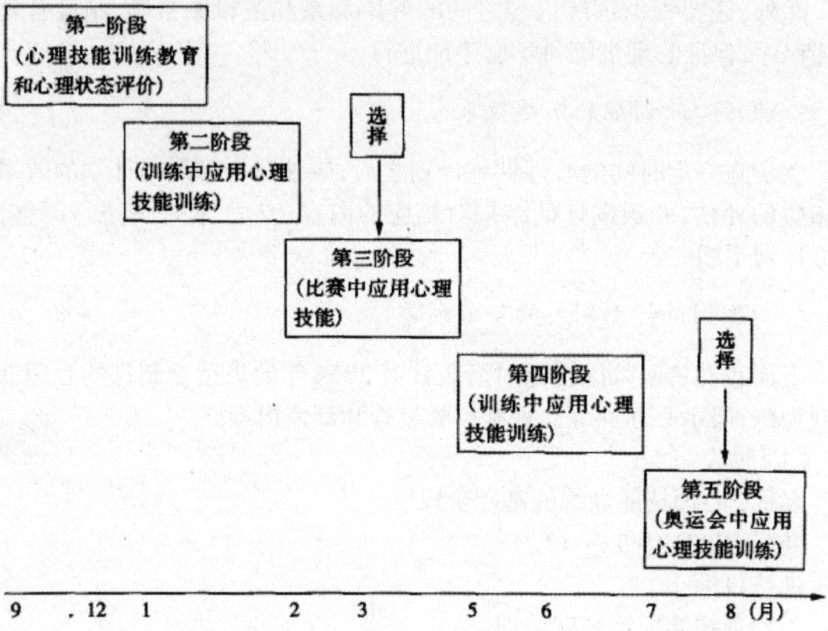

图 5-1　韩国国家射箭队针对 2004 年奥运会制订的心理训练计划①

二、训练过程和赛前心理训练方法

（一）放松训练法

1. 渐进性放松法

渐进性放松法是指利用一定的方法和程序，使练习者的肌肉从局部到整体完全放松，进而消除其紧张心理，使其达到心理放松的心理训练方法。渐进性放松法遵循一定的步骤，其肌肉训练顺序为上肢、肩、头部、颈、胸、腹、臀、下肢、脚，训练内容为先利用一定的引导语使各部位的肌肉紧张起

① 张忠秋．优秀运动员心理训练实用指南[M]．北京：人民体育出版社，2007.

来，再利用引导语使各部位的肌肉放松下来，练习者在这个过程中必须认真体会肌肉紧张和放松的各种状态，进而实现心理放松的目的。

下面我们将具体介绍渐进性放松法的使用方式。

（1）准备姿势

练习者以自己觉得最舒适的姿势，放松自然地坐在椅子上。

（2）渐进性练习法的具体练习过程

认真倾听下面的提示语，根据提示语的要求做相应的变化（注："……"代表5秒钟的停顿）。

自然轻闭双眼，深呼吸三次……

紧握左手，紧握……认真感受左手的感觉……松开左手，放松……

再次紧握左手，认真感受这种紧张状态……再次紧握……松开左手，放松，想象左手受到的压力正在从手指上慢慢消失……

现在将右手紧紧握成拳头，握拳的同时感受手掌、手指、手臂的紧张状态……然后慢慢放松……

再次紧握右手，感受紧张状态……慢慢放松……

左手紧握，同时弯曲左臂，使二头肌紧张起来，保持这种状态……放松下来，想象这种紧张感从手臂慢慢流向手指，再慢慢从手指消失……

右手紧握，同时弯曲右臂，使二头肌紧张起来，保持这种状态……放松下来，想象这种紧张感从手臂慢慢流向手指，再慢慢从手指消失……

双手紧紧握成拳头，双臂弯曲起来，使双臂的二头肌都紧张起来，感受这种紧张……慢慢放松下来，想象紧张感从手臂慢慢流出，再慢慢从手指流出去……

用力皱眉，同时用力紧闭双眼，使额头和双眼紧张起来……现在放松，感受放松的感觉流过双眼……继续放松……

双唇紧闭，上下颌用力闭合在一起……现在慢慢放松下来……

现在，皱眉，用力闭眼，双唇紧闭，上下颌用力闭合在一起，抬高下巴，拉紧颈部的肌肉，体会这种紧张状态……现在慢慢放松下来，并认真体会这种放松的感觉……

用力向前耸肩，尽量将背部的肌肉向前拉，使背部的肌肉紧张起来，保持这种状态……好，现在慢慢放松下来，感受背部慢慢松弛下来……

再重复一次刚才的动作，同时用力收腹，使腹部肌肉紧张起来，保持这种状态……现在慢慢放松……

将肩背部动作和腹部动作结合起来再做一次，感受背部肌肉和腹部的肌肉被拉紧，保持这种状态，认真体会……现在慢慢放松……

现在，我们来进行一次系统练习。首先，做3次深呼吸……双手紧握成拳头，曲起双臂，使二头肌紧张起来，紧闭双眼，用力皱眉，抬起下巴，双唇紧紧闭上，上下颌紧紧咬合在一起，向前耸肩，用力收紧腹部，完成上述所有要求，现在保持这种状态，感受身体各个部位所受到的紧张感……现在深呼吸，慢慢将气吐出来，同时身体各个部位全都放松下来，感受所有的紧张感慢慢从身体上消失……想象紧张感从身体的各个部位流出，放松，放松下来……

现在我们来做腿部的练习，将左脚脚跟靠近椅子，使劲下压脚跟，同时将前脚掌竖起，用力绷紧小腿和大腿的肌肉，感受小腿和大腿正在用力……好，现在慢慢放松下来……

再来做一次上面的练习，左脚脚跟用力下压，前脚掌抬起，小腿和大腿肌肉用力绷紧，感受肌肉的用力……放松下来……

现在将右脚脚跟靠近椅子，用力下压，前脚掌向上抬起，用力绷紧小腿和大腿的肌肉，感受腿部的用力……现在放松下来……

双脚脚跟都向椅子靠近，用力下压脚跟，双腿肌肉用力绷紧，感受这种紧张状态……好，现在慢慢放松下来……

现在，做 3 次深呼吸……然后把上面的练习系统性的做一遍，按照双手、双臂、前额、双眼、下颌、颈部、双唇、肩膀、背部、腹部、双腿的顺序，依据上面的练习方法，使这些部位的肌肉都紧张起来，认真感受这种紧张状态……然后慢慢放松下来，使所有部位的肌肉都慢慢松弛下来……现在继续深呼吸 3 次，然后再将上面的练习重复一次，先紧张起来……然后慢慢放松……现在开始进行正常的呼吸，想象自己全身的肌肉都处于完全放松的状态，尽情享受这种放松。

2. 自生放松法

自生放松法是指通过指导语诱发练习者自身产生某种感觉体验，进而达到精神和身体放松的心理训练方法。

下面我们将具体介绍自生放松法的使用方式。

（1）准备姿势

①方式一：练习者自然放松地坐在椅子上，双眼轻轻闭上，双臂放在椅子扶手或者双腿上，双脚自然分开，脚尖稍微朝外。

②方式二：练习者自然放松地躺在床上，双眼轻轻闭上，双臂自然放在身体两侧，掌心朝下，双腿自然分开，脚尖稍微朝外。

（2）练习引导语

我正在进行平稳而又缓慢的呼吸。

我觉得我的周围一片安静。

我觉得自己现在非常放松。

我的双脚感到沉重,我的双脚放松下来。

我的踝关节感到沉重,我的踝关节放松下来;我的膝关节感到沉重,我的膝关节放松下来;我的双脚、踝关节、膝关节、臀部全部感到沉重,我的双脚、踝关节、膝关节、臀部全部放松下来。

我的腹部感到沉重,我的腹部放松下来。

我的双手感到沉重,我的双手放松下来;我的手臂感到沉重,我的手臂放松下来;我的肩膀感到沉重,我的肩膀放松下来;我的双手、双臂、肩膀全部感到沉重,我的双手、双臂、肩膀全部放松下来。

我的脖子感到沉重,我的脖子放松下来;我的下巴感到沉重,我的下巴放松下来;我的额部感到沉重,我的额部放松下来;我的脖子、下巴、额部都感到沉重,我的脖子、下巴、额部都放松下来。

我的整个身体都感受到宁静;我的整个身体都觉得沉重;我的整个身体都放松下来。

我的呼吸越来越深,我的呼吸越来越慢。

我现在觉得自己非常放松。

我的双臂和双手都觉得非常沉重并且温暖。

我感到非常安静。

我正处于完全放松的状态,我的双手放松而温暖。

一股轻松的暖流慢慢进入我的双手,现在我的双手温暖而放松。

一股轻松的暖流慢慢进入我的双臂,现在我的双臂温暖而放松。

一股轻松的暖流慢慢进入我的双腿,现在我的双腿温暖而放松。

一股轻松的暖流慢慢进入我的双脚,现在我的双脚温暖而放松。

我的呼吸越来越慢,我的呼吸越来越深。

我觉得我的身体非常放松,我现在感到宁静而舒适。

我的头脑宁静而空白,我感受不到周围的一切。

我保持宁静,我所有的思想都集中到身体的内部。

我的身体深处,我的大脑深处,我都是宁静而放松的。

我的头脑是清醒的,我全部的思绪都集中在身体内部,我整个人放松而宁静。

我的头脑安详、平静,我的呼吸更慢,我的呼吸更深。

我感到一种内部的平静。

我要保持这种状态一分钟。

现在结束这种放松宁静的状态,深吸一口气,慢慢起身,感觉有力量从我身体的各个部位流进我的身体,我觉得自己充满了力量和活力。

（二）系统脱敏训练法

系统脱敏训练法又被称作“交互抑制法”，是一种以渐进方式克服神经症焦虑的技术。其原理是，当人的精神逐渐适应某种刺激，对其的反应就不再敏感，机体也不再会因为精神受到刺激而进入紧张状态。

系统脱敏训练主要包含三个程序，下面我们具体阐述。

1. 制订等级反应表

了解能够引起练习者恐怖或者焦虑情绪的刺激，对这些刺激进行等级划分，并制作成等级表。

2. 放松训练

进行放松练习，每次进行 6 ~ 10 次，练习的持续时间在 30 分钟左右；每天找 1 ~ 2 个时间段进行练习，目标是能够实现全身肌肉的放松。

3. 分级脱敏练习

（1）放松。可以采用放松训练法展开这一步骤。

（2）想象脱敏训练

这一步骤是指，由引导者叙述能够对练习者产生恐怖或者焦虑刺激的场景，练习者想象引导者叙述的场景并逐渐适应场景的训练。

练习需要在安静的环境内进行，每次练习持续的时间需要在 1 小时以上才算有效。在练习的过程中，练习者必须清晰地想象场景，不能逃避。引导者根据刺激的等级由低到高进行叙述，中途如果练习者出现无法忍受的状况，则退回到刺激等级较低的练习中重复练习，直到练习者能够接受更高等级的刺激。一般整个练习的时间保持在 4 个小时以内为宜。

（3）适应训练

适应训练是整个训练中最为关键的步骤，它是指由最低等级开始到最高等级结束，练习者进行适应所有等级刺激的训练，并逐渐实现完全的心理适应。

一般在适应训练中，针对每个等级的刺激训练都要重复多次，直到对这个等级的刺激完全不敏感为止。适应训练的频率为每周 1 ~ 2 次，每次训练持续的时间在半个小时左右。

（三）生物反馈训练法

生物反馈训练是指，在放松训练的基础上，借助现代化电子仪器，将体内无法直接察觉的生理活动信息显示出来，练习者根据显示的信息进行有针对性的训练，使自己的生理活动朝着需要的方向发展的心理训练方法。

下面我们介绍生物反馈训练中的一些原理。

1. 肌电反馈

肌肉是由多个肌细胞组成的，当肌细胞兴奋或者静息时，由于去极化和再极化的作用，肌肉就会产生一定的生物电活动，而所谓肌电，通常就是指多个肌细胞在兴奋或者静息时的综合生物电变化。

肌电反馈是指，利用肌电测量仪测量肌肉的紧张或者松弛状态，从而反馈练习者的心理状态。肌肉的紧张程度和肌电测量仪的数值之间存在着正方向的线性关系，当肌肉比较紧张时，肌电测量仪的数值比较高；当肌肉比较松弛时，肌电测量仪的数值比较小。

2. 皮电反馈

皮电反馈是指利用皮电反馈测量仪对皮肤汗腺活动进行检测，根据检测出的结果反馈交感神经系统的变化活动。通常情况下，当人们从放松状态进入紧张状态时，皮电阻的数值会下降；当人们从紧张状态过渡到放松状态时，皮电阻的数值会上升。

3. 脑电反馈

脑电反馈是测定所选定频带范围内头皮表面复杂交流信号的振幅和频率，并给出相应的反馈信息。脑神经细胞的极化活动构成脑电活动，脑电活动产生脑电势的变化。将传感器置于头部的不同位置，就能感知脑电势的变化，再由仪器电路对该电势的变化进行放大、处理，并给出反馈信号。

(四)表象训练法

表象指的是，在没有直接的外部刺激的情况下，在头脑中将人体的一切感觉经验再现或者重构的心理过程。

表象训练是指，运动员有意识地在头脑中重现某种动作、技术或者运动情景，从而提高运动技能、增强心理调控能力的过程。

一个完整的表象训练过程应该包含四个程序，分别如下：

1. 表象知识介绍

要求运动员充分了解运动表象，掌握其特点和作用等内容。

2. 表象能力测定

通过设置规定情景，对运动员的表象能力进行测定，从听觉、视觉等感觉的清晰性，情绪体验的深度，表象的控制能力等角度设置表象能力的等级，确定运动员的表象能力等级；根据运动员的表象能力设定表象训练的目标和任务，制订表象训练的计划。

3. 基础表象训练

基础表象训练的目的是提高运动员的基础表象能力，为发展运动员的专项表象能力奠定基础，主要训练内容为提高感觉觉察能力训练、提高表象清晰性训练、提高表象控制性训练等，是整个表象训练中最重要的一个程序。

4. 针对性表象训练

针对性表象训练是结合运动专项的特点和要求进行的训练，目的在于提高运动员的专项表象能力。

表 5-1 是一位武术运动员进行的表象训练，展示了表象训练法的具体实施方法，以供参考。

表 5-1　武术专项表象训练法 ①

目的	熟悉自己的成套动作
方法	1. 放松预备：坐在椅子上，闭眼，放松。 2. 表象内容： （1）想象自己的头发今天梳理得格外光洁，红色的表演服领子已扣好，系上黑色的腰带，人显得特别精神、漂亮。袖口、裤脚熨得很平整，穿起来很舒服，比赛鞋也很合脚。一切停当，轻轻一抬头，“看见”了场地，周围坐满了注视着自己的观众。 （2）我沉着轻松地走进了场地中间，站在自己起式的位置上，调整一下呼吸，潇洒舒展地做了一个起式，第一段重点组合做得极完美（每个人的套路不一样，按自己的动作编排去表象，并伴有一定的肌肉动作），第二段力点准确，动作稳健，第二段没感到累就轻松地完成了。第四段速度一点也没减，干净利落，停住一秒，二秒，规范，沉稳，充分显示了自己的功底。收式非常精神。上步，轻灵地转身，向裁判示意，听到观众的热烈掌声，自豪地退场。
说明	准备工作中，如闭上眼睛后心情平静不下来，可以增加一些放松暗示，或听音乐或想象自己在沐浴，温暖的水从头上流下来，一直流到脚下………

① 胡桂英．运动心理学[M]．杭州：浙江大学出版社，2008.

（五）暗示训练法

暗示训练法是指，利用语言等暗示物，有意对运动员的心理施加影响，最终使运动员的行为朝着预期的方向发展的心理训练方法。

一个完整的暗示训练过程应该包含以下六个程序。

（1）使运动员充分认识到语言在影响人的心理、行为上面的作用。

（2）了解运动员在训练或者比赛过程中比较常出现的消极心理，比如"这个动作太难了，我不可能学会的"等。

（3）帮助运动员树立正确认识这些消极心理的态度。

（4）制订一些积极的暗示语来对抗这种消极心理，比如"有志者，事竟成"等。

（5）经常重复这些积极的暗示语来改善自己的心态，可以确定固定的时间进行心理暗示，比如每次运动训练之前、每次训练遇到困难的时候等。

（6）养成经常对自己进行积极的心理暗示的习惯，使自己在生活中形成积极、乐观的心态。

表 5-2 列举了一些运动员在训练或者比赛中常用的积极暗示语和消极暗示语，以供参考。

表 5-2　运动员常用的积极暗示语和消极暗示语举例①

消极暗示语	积极暗示语
这些观众真讨厌。	他们在为我加油，在期待我打得更好。
落后这么久，没戏了。	这不是最后的结局，你领先，我有机会。
千万别猛扣扳机。	放松，食指单独用力，"慢扣等响"。
真倒霉，我又扣响了。	我的稳定性好，有充分的时间做到"慢加力"。
这些比赛（训练）我打不好了。	只要我一发一发地做好扣扳机的动作，我会打出水平的。
别紧张，别着急。	放松，稳住。
（打球时）这场球千万别输在我手上。	我一定能踢进去的。

三、赛时心理训练方法

（一）呼吸调节法

呼吸调节法是指，运动员通过调节自己呼吸的方式、频率和深度来调

① 胡桂英．运动心理学［M］．杭州：浙江大学出版社，2008.

控自己的心理状态的方法。

这里我们介绍一种“一分钟呼吸”的呼吸调节法,以供参考。

(1)运动员在赛场附近找一个位置坐下,双腿盘起,两手自然搭放在双腿上,掌心朝下,嘴巴轻轻闭合,下巴稍微向内收起,肩膀自然向两侧微微下垂,双眼轻轻闭合,聚气于丹田。

(2)用鼻子缓缓深吸一口气,在脑海中想象空气从鼻腔进入胸腔,再到腹腔的过程,在空气进入腹腔的同时,将小腹慢慢鼓起,尽力鼓到最大的程度,然后保持这个状态几秒钟,再将小腹慢慢缩小收回,缓缓深呼一口气,想象空气从腹腔、到胸腔、再到鼻腔,最终被慢慢吐出去的过程。均匀呼气的同时,在脑海中默念次数“1”。

(3)再次重复上述第二步的整个过程,最后均匀吐气的同时在脑海中默念次数“2”。

(4)反复重复 10 次左右,注意每次练习的时间不用过长,整个练习过程持续的时间大概为 1 分钟。通过深度、缓慢的腹式呼吸,降低精神的紧张程度。

(二)活动调节法

活动调节法是指,运动员利用身体活动来调节心理状态的心理训练方法。

活动调节法的原理是,大脑和肌肉之间能够进行双向的信息传递。当肌肉处于活跃的运动状态时,肌肉向大脑传递的冲动的数量就越多,大脑的兴奋水平也会随之提高;当肌肉处于放松的安静状态时,肌肉向大脑传递的冲动的数量就越少,大脑的兴奋水平也会随之降低。

动作的速度、强度、幅度、方向、节奏等都会对运动员的心理状态和情绪产生影响,运动员可以通过调整这些因素进行心理调节。一般来说,动作的强度、速度、节奏和人的兴奋水平呈正方向变化的关系,即在其他条件不变的情况下,强度越大或速度越快或节奏越快,大脑的兴奋水平都会随之升高;但是动作幅度和人的兴奋水平呈反方向变化的关系,即在其他条件不变的情况下,动作幅度越大,大脑的兴奋水平也就越低。此外,动作方向对人的兴奋水平的影响为,人在做变向动作的时候,大脑的兴奋水平会有所提高。

(三)暗示调节法

暗示调节法是指,运动员利用语言、动作、表情等方式对自己进行心理暗示，进而调控自己心理的心理训练方法。

心理暗示包含自我心理暗示和他人心理暗示。当运动员在赛场上感觉自己的心理和情绪出现问题时，要积极进行自我暗示，比如在心里对自己说一些积极的话语，“这次一定可以做到”“根据我的实力完全不需要紧张”等；还可以通过坚定握拳、向自己竖大拇指等动作使自己放松或者获得信心；还可以通过微笑等表情来缓解自己的紧张情绪等。教练在比赛时也要注意关注运动员的变化，当运动员出现不好的情绪时，教练应该在场外通过各种表情、手势等对运动员进行安抚和鼓励。

除了积极的心理暗示之外，还存在消极的心理暗示，运动员要了解消极的心理暗示的内容以及其负面作用，避免对自己进行消极的心理暗示。

（四）转移调节法

转移调节法是指，运动员通过转移自己注意力的方式来进行心理调节的训练方法。

在正式比赛之前，运动员难免出现紧张等情绪，这时运动员要学会将自己的注意力从比赛上转移到别的地方，可以去进行一些娱乐活动，如唱歌、散步、看电影等。将注意力短暂地转移到别的事物上，能够缓解运动员紧绷的情绪，使运动员的心理获得放松，有助于运动员在比赛时的正常发挥。

（五）颜色调节法

颜色调节法是指，通过改变运动员能够观察到的颜色，来对运动员的心理或者情绪进行调节。

根据科学研究证明，不同的颜色会对人的情绪产生不同的影响，比如类似于蓝色、绿色、白色等冷色调的颜色，能够使人脑的兴奋水平降低，使人逐渐平静下来；红色、黄色、橙色等暖色调的颜色，能够提高人脑的兴奋水平，使人的情绪更加活跃、兴奋。

颜色调节法在实际比赛中的使用已经非常常见。比如我国国家足球队在比赛时经常穿白色的比赛服装，使用白色的擦汗毛巾，这能够帮助运动员稳定情绪，防止出现过度紧张的状态。陕西女子足球队的运动员在训练时则经常穿红色或者黄色这种暖色调的运动背心，以对运动员产生更加强烈的刺激，提高运动员的兴奋水平，实现更好的训练效果。

（六）运动员赛时心理调节实例

下面我们将通过表格的形式，列举各种在比赛时可能遇到的情景，并给出心理调节方法。

表 5-3 运动员在比赛时可能遇到的情景以及相应的心理调节方法①

情景举例	心理调节方法
比赛前的训练效果较差	明白运动员的状态经常会有变化，以平和的心态接受事实； 多观看优秀运动员比赛或者训练的录像，分析并学习其动作； 在脑海中重现自己以往完成该动作时的情景和感觉，试着找回当时的状态； 以积极的心态分析该状态，比如比赛前状态较差有利于为比赛积蓄能量； 暂时将注意力转移到自己感兴趣的一些事情上，使自己获得乐趣和放松； 暂时减轻训练压力，集中精力进行关键动作和技术的练习
出现赛前疲劳状况	及时向教练反应情况，方便教练了解原因、制订对策； 适当减少赛前训练量； 增加休息时间，进行专业理疗或者按摩，帮助机体尽快恢复； 保持积极的心理和态度，防止过度焦虑； 在恢复机体的同时，采用各种心理训练方法帮助心理放松，达到身心一致
比赛之前发现比赛对手实力十分强大	采用心理暗示等方式，增强自己的自信心，比如告诉自己“我就是最强的”“以我的实力完全能够战胜你”等； 相信并保持自己的长处； 寻找对手的弱点； 坚信自己“不怕强敌”的拼搏精神和“勇往直前”的毅力能够帮助自己战胜所有对手
赛前出现焦虑不安的情绪	静坐或者静躺 3 ~ 5 分钟，帮助自己暂时稳定情绪； 听一些比较温柔舒缓的音乐； 和队友或者教练进行深入交流，倾诉自己的情绪； 每天留出 15 ~ 20 分钟的时间散步，散步时留意周围的景色，感受悠闲放松的氛围； 坚持进行心理训练，可以采用放松训练法或者表象训练法等，专业的心理训练方式能够达到更明显、更持久的效果

① 张忠秋．优秀运动员心理训练实用指南[M]．北京：人民体育出版社，2007.

续表

情景举例	心理调节方法
等待比赛的时间过长	事先对比赛过程中可能出现的各种情况做好心理准备； 以积极的心态面对：正好可以利用这段时间进行充分的准备，防止临时准备不足的状况； 进行一些轻松的身体练习，使机体保持良好的状态； 适当地为身体补充一些能量； 进行一些表象练习，寻找良好的比赛感觉
预赛成功	稳定自己的情绪，防止兴奋水平过高，迅速将注意力转移到下一场比赛中； 增强自己的信心，相信自己能够继续取得让人满意的成绩； 进行表象练习，重现自己在预赛中的表现和感觉，帮助完善自己的技能，寻找良好的比赛感觉； 继续坚持训练，在掌握动作的基础上完成动作的流畅感和节奏感
预赛成绩不理想	保持清醒的头脑，忘记失败，将注意力转移到下一场比赛中； 针对自己出现失误的地方，加强练习； 调整心态，保持信心，及时发现失误是好事，还有时间进行改正和练习，能够防止决赛出现失误； 勇于挑战，竞技运动本身就是一项要求运动员在失败中越挫越勇的项目； 进行表象练习，回忆自己在出色发挥时的动作感觉和节奏
比赛时排在自己前面的运动员成功完成了动作	别人都可以成功完成动作，那我也没有问题； 有了别人的经验，我能更出色地完成动作； 我比前一位运动员的准备时间更充足； 在脑海中进行动作演练，寻找比赛感觉
比赛时排在自己前面的运动员发生了失误	别人的失误能给我刺激，让我更加清醒； 我能从别人的失误中借鉴经验，起码在这个地方不会继续犯错； 保持积极的心态：比赛时连续出现两位运动员失误的情况比较少见，所以我一定能够成功完成动作； 在脑海中进行动作演练，寻找比赛感觉
自己还有一些动作掌握不到位	观看优秀运动员的训练或者比赛录像，借鉴别人的方法和技巧； 进行表象练习，重现自己成功完成动作时的感觉和状态，寻找良好的比赛感觉； 以积极的心态面对：每个运动员都有自己相对劣势的地方，相信自己在比赛时能成功完成动作； 在脑海中进行动作演练，一方面更加熟悉动作，一方面从思考中寻找新的突破
比赛前突然身体不适	以积极的心态面对，比赛时本来就可能会发生各种各样的事情； 及时向教练报告，方便教练制订对策； 进行积极的自我暗示，相信自己的身体素质，相信即使身体不适也能顺利完成比赛； 转移自己的注意力，将全部注意力集中到比赛动作上

续表

情景举例	心理调节方法
裁判结果不合理	事先做好心理准备，这种情况也是比赛可能会出现的情景； 不用对自己自责，这种情况并不属于自己的可控因素； 稳定自己的心态，坦然进行接下来的比赛； 在接下来的比赛中以坚定的心态更好地发挥，回击不合理的裁判

四、运动员常见的心理问题以及心理调节方法

（一）抑郁问题及心理调节方法

1. 常见的抑郁症症状

根据 CCMD-3（中国精神障碍分类与诊断标准第三版）制订的标准，抑郁症的症状除了最常见的心情低落，还有下列几种。

（1）丧失对各种事物的兴趣，很难有愉快的感觉。

（2）精力衰减，经常感觉疲惫。

（3）精神运动性迟滞或激越。

（4）自我评价过低，经常出现自责、内疚的感觉。

（5）联想困难或自觉思考能力下降。

（6）经常出现轻生的想法或者出现自残、自杀行为。

（7）出现睡眠障碍的情况，经常失眠、早醒或者睡眠时间过长。

（8）食欲降低或者体重明显减轻。

（9）性欲减退。

2. 心理调节方法

（1）从运动员自身的角度出发

①学会宣泄自己的情绪

情绪宣泄是心理调节的重要方法之一。当运动员感觉自己的情绪状态不对时，可以用大哭、大喊、写日记、和别人进行交流倾诉等方式将自己的情绪宣泄出来，将不好的情绪宣泄出来之后内心的抑郁将会有所改善。

②转移注意力

过于关注一件事可能会导致我们的情绪被放大，当感觉自己心情抑郁时，要学会及时地将自己的注意力从引发抑郁情绪的事物上转移开，避免自己一直陷入抑郁的情绪难以自拔。

③宽容对待自己

虽然比赛的胜负对运动员来说非常重要，运动员应该严格要求自己，但是严格的点应该在于自己对训练和比赛的认真态度，而不是比赛的输赢。运动员应该学会宽容自己，即使输掉比赛也不苛责自己，越挫越勇。

④经常做一些能够让自己感到愉快的事情

虽然运动员的训练十分辛苦，但还是应该培养一些兴趣爱好，当心情抑郁的时候经常做一些自己喜欢的事情可以使自己心情放松。

（2）从教练的角度出发

①引导运动员进行自我诊断、自我调适

及时发现抑郁症状非常重要，教练员在平时的训练中应该经常引导运动员进行自我心理诊断，以便早发现早治疗；教练还应该十分关注运动员的心理健康问题，引导运动员经常进行自我心理调适，帮助运动员排解情绪，保持心理健康。

②多对运动员进行肯定和鼓励

获得他人的认可能够提高人们的自尊、自信水平，有利于人们的心理健康。教练在平时的训练中应该多用积极的语言对运动员进行认可和鼓励，激发运动员的内在兴趣和内在动机，帮助运动员建立自尊和自信。

③制订科学合理的训练方案

压力也是导致人们患上抑郁症的一大因素，教练应该根据运动员的实际状况，在和运动员沟通的基础上制订科学合理的训练方案，既保证训练效果，又不给运动员过大的压力。

④引导运动员形成正确的输赢观

教练应该引导运动员正确看待比赛的输赢，胜不骄，败不馁，不过分纠结比赛的输赢。

（二）焦虑问题及心理调节方法

1. 常见的焦虑症症状

（1）广泛性焦虑的症状

根据 CCMD–3（中国精神障碍分类与诊断标准第三版）制订的标准，常见的广泛性焦虑症的症状包含以下几种。

①符合神经症的诊断标准。

②以持续的原发性焦虑症状为主，并符合：经常或者持续的无明确对象和固定内容的恐惧或提心吊胆；伴随自主神经症状或运动性不安。

③病情严重时，患者的社会功能受损，因难以忍受又无法解脱而感到痛苦。

（2）惊恐障碍的症状

根据CCMD-3（中国精神障碍分类与诊断标准第三版）制订的标准，常见的惊恐障碍的症状包含以下几种。

①符合神经症的诊断标准。

②惊恐发作需要符合：在没有明显的诱发原因、不是在特定的情境下发病，发病之前没有明显的征兆；发作间歇期间没有任何的症状痕迹；发作时表现出强烈的恐惧、焦虑以及明显的自主神经症状，并经常有人格解体、现实解体、濒死恐惧或者失控感等痛苦体验；发作非常突然并且快速陷入高峰，发作时头脑清醒，还能记住自己发作时的场景。

③当病情严重到一定程度时，患者会因为难以忍受又无法摆脱而觉得非常痛苦。

2. 心理调节方法

（1）剖析恐惧产生的原因

只有充分了解焦虑产生的原因，才能对症下药，有针对性地解决心理问题。当产生焦虑情绪时，要寻找专业人员进行咨询和治疗，在专业人员的引导下发掘能够引起焦虑和痛苦的事情，然后听从专业人员的建议进行治疗。

（2）运用想象减轻焦虑

当对某些场景或者事物产生焦虑情绪时，在脑海中反复想象这些事物、场景以及自己在面对这些事物、场景时应该怎么做，通过反复想象降低这些事物对自己的刺激以及自己的敏感度。以对即将到来的比赛感到焦虑的情况为例，可以按照从低到高的焦虑程度进行下列想象。

①想象比赛前一天晚上的情景以及自己当时应该怎么做。

②想象去比赛场地的路上的情景以及自己当时应该怎么做。

③想象自己到达比赛场地并坐在指定的位置上的场景。

④想象自己比赛前做准备的情景以及自己应该做哪些准备。

⑤想象比赛时的场景、比赛可能会出现的状况、自己的应对方法等。

（3）培养理性乐观的思维模式

对自己平时的思维模式以及自己对待事物的观点进行剖析，发现自己在看待事物的方式以及态度上的问题。比如回想自己是否能够辩证地看待事物、是否知道变通、是否能够确定对事物的合理预期等，比如自己能否综合评估事物，从好坏两个方面客观对待事物，而不是一头钻进事物悲观的一面难以自拔等。了解自己的不足之后，在之后的处事过程中有意识地进行纠正，逐渐培养正确的思维方式以及乐观的处事态度。

（三）强迫问题及心理调节方法

1. 常见的强迫症症状

根据 CCMD-3（中国精神障碍分类与诊断标准第三版）制订的标准，常见的强迫症的症状包含以下几种。

（1）符合神经症的诊断标准，并以强迫症为主，至少有下列一项：

①以强迫思想为主，包括强迫观念、回忆或者表象，强迫性对立观念、穷思竭虑、害怕丧失自控能力等。

②以强迫行为（动作）为主，包括反复洗涤、核对、检查或询问等。

③上述的混合形式。

（2）认为强迫症是由自己的内心引发的，没有受到外界的影响。

（3）经常出现强迫症状，自己觉得困扰、痛苦，但是又无力改变。

（4）符合上述症状的时间已经在 3 个月以上。

2. 心理调节方法

（1）识别强迫思想和行为

对自己出现的每一个想法进行分析判断，识别出其中的强迫思想，这种思想的出现难以抑制，因此不必苛责自己，但是要学会拒绝对这种思想做出反应，将其只停留在“空想”上面；对自己的行为进行识别，发现自己正在开展强迫行为时要让自己镇定下来，停止自己的行为。

（2）学会正确为强迫想法归因

强迫想法是来自脑部生化的不平衡，是完全没有意义的，应该充分了解大脑在强迫表现中扮演的角色，知晓强迫想法是大脑的错误信息连接。降低自己对强迫想法的在意程度，学会忽略强迫的方法，逐渐帮助自己改善大脑的生化反应，使自己摆脱强迫症。

（3）学会及时转移注意力

当意识到自己又出现强迫的思想或者行为的时候，应该及时将自己的注意力转移到自己感兴趣并且有意义的事情上。比如发现自己想要反复洗手，就立刻开始做一些例如出门散步、听音乐、玩手机等事情，将自己的注意力从“想要洗手”这件事上转移开。可以对自己每次转移注意力的效果进行记录并评价，肯定自己的进步，对自己进行积极的心理暗示，鼓励自己继续进步。

（4）再评价

当经过前三个步骤的练习，降低自己的强迫冲动，使自己平静下来之后，尝试对引发自己的强迫想法或者强迫行为的事物进行评价，了解这些事物的价值和意义。在评价时要将自己放在旁观者的位置，保持客观冷静，形成对这些事物的正确认识，逐渐降低自己的强迫冲动。

第二节　运动员的智能训练

一、智能训练的基本内容

（一）运动理论知识教育

运动理论知识主要包含两个方面的内容，分别是一般理论知识和专项理论知识。

1. 一般理论知识

一般理论知识是指，从事所有运动项目都应该掌握的基础理论知识，具有共性的特点。一般理论知识包含运动心理学、运动训练学、运动医学、运动解剖学等多个学科的理论知识。

2. 专项理论知识

专项理论知识是指，和从事的运动专项相关的理论知识，包括专项技术分析、战术知识、比赛规则、运动负荷与恢复、运动器械的使用方法、裁判方法以及自我监督等方面的知识。

（二）智力因素培养

对运动员的智力因素培养应该从以下几方面展开。

（1）运动活动的实际操作能力，主要是指运动员学习、掌握以及运用运动技战术的能力。

（2）运动活动的观察力，主要是指运动员对自己和他人的运动行为以及相应的变化的感知能力。

（3）运动活动的适应能力，主要是指运动员对运动负荷、运动方法、运动技战术等内容的接受能力。

（4）运动活动的思维力，主要是指运动员建立动作概念的准确性、战术思维的敏捷性等。

（5）运动活动的记忆力，主要是指运动员建立动作表象的速度和准确度。

二、智能训练的基本要求

（一）将智能训练常规化、必要化

运动员的智能对于运动技能的提升和心理调节能力的发展都有非常重要的作用，应该重视运动智能的价值，将智能训练纳入运动训练之中，并将其作为常规化、必要化的一部分，制订多年、全年、阶段、周课的智能训练计划，通过训练手段提升运动员的智能水平。

（二）提高运动员的认识

运动员是运动训练的主体，最终的训练效果都要通过运动员展现出来。如果运动员从心理上轻视某些训练内容的作用，自然难以以认真的态度和行为去进行训练。在过去的运动训练中，人们往往忽视了智能训练的价值，运动员对智能训练的重视程度也不够。想要改变这种状况，应该引导运动员认识并认可智能训练的作用，从心底重视智能训练，认真对待智能训练。

（三）建立智能测定和评价体系

智能测定和评价的结果是制订和调整智能训练计划的依据，因此制订专业的智能测定和评价体系十分有必要。对运动员的智能评定应该结合运动训练和运动比赛进行，在实践中考察运动员的智能水平，还可以借助一定的仪器设备，采用先进的科学方法等。

（四）因材施教

智能训练应该尊重运动员的个性化特征，比如运动员的年龄、文化水平、智商等，结合运动员的特征制订训练方案和训练计划，因材施教。只有这样才能符合运动员的智能发展规律、激发运动员的训练热情，取得良好的智能训练效果。

三、智能训练的方法

（一）一般智能的训练方法

一般智能是运动智能发展的基础条件，一般智能主要包括观察力、记忆力、思维和想象力等。

1. 观察力训练

观察力是指人们有意识、有目的地感知信息的能力。观察力是运动员的重要智力因素之一，在运动动作、技战术的学习，对手的分析，赛场环境的掌握等情境中都有着不可代替的作用。

观察力的构成包含观察方法、观察习惯、观察技巧等，是在长期的观察活动中形成的。对运动员进行观察能力的培养，最有效的方式就是为其布置一定的观察任务，让其通过实践活动获得经验。在布置观察任务之前，教授运动员一定的观察方法和技巧，要求运动员在观察任务中使用并逐渐掌握这些方法和技巧，并鼓励运动员建立自己的观察方法。在运动员刚开始进行观察任务时，要给其以清晰细致的指导，比如帮助运动员做好观察的准备工作、列出观察计划、明确观察任务、指明观察的重点等。

2. 记忆力训练

记忆力是指人们识记、保持、再认识和重现客观事物所反映的内容和经验的能力，一般通过建立表象的速度和清晰程度、准确程度显示出来。记忆力也是运动员的重要智力因素之一，在运动动作、运动技术、运动战术的学习中有着非常重要的作用。

对运动员进行记忆力训练，最有效的方式是布置训练任务，让运动员在实践中不断提高自己的记忆力水平。比如可以要求运动员在较短的时间内快速记住一套组合动作并重复出来，以此来发展运动员的瞬时快速记忆能力；再比如可以要求运动员记忆某次比赛的场景，然后进行不定时的提问，以此来发展运动员的长期记忆能力。在运动员的记忆力训练中，最重要的是要让运动员掌握记忆的方法和技巧。

3. 思维和想象力训练

思维是构成智力的核心要素。对运动员进行思维和想象力的训练的最终目的是，使运动员掌握正确的思维规律，学会熟练运用自己的思维，提高自己的思维能力，改善大脑的结构功能。

思维和想象力训练的方法有以下几种。

(1)通过要求运动员有逻辑地进行比赛预测并分析解释自己的预测依据、要求运动员对比赛场上的信息进行加工综合等方式,锻炼运动员运用逻辑思维进行思考的能力。

(2)加强对运动员的形象记忆力和想象力的训练。比如组织一些人进行动作反应练习,要求运动员在这个过程中学会辨别动作的真伪,并总结经验;还可以要求运动员经常进行动作表象练习,重现或者重构一些动作和技术;加强对运动员的理论知识教育,培养运动员通过现象看本质的能力。

(3)注重培养运动员的直觉能力。鼓励运动员分享自己的新奇想法,支持运动员在某些场景中即兴发挥,培养运动员的创造思维。

(4)加强对运动员的思维速度的培养。随着竞技运动发展的深入,当今竞技比赛的激烈程度逐渐提升,在比赛中留给运动员的判断时间和反应时间非常短暂,这就要求运动员必须要不断加快自己的思维速度,快速应对比赛中发生的各种状况。对运动员进行思维速度训练的方法包括,要求运动员限时完成思维任务,要求运动员学会简化思维步骤,要求运动员开拓思维思路,培养运动员集中注意力的习惯等。

(二)运动智能的训练方法

1. 传授基础知识的同时发展运动员的运动智能

(1)传授训练规律和训练原理相关的知识

训练规律和训练原理相关的知识,是从运动实践中总结、提炼以及发展出来的,是运动知识的精华。了解并掌握这些知识能够丰富运动员的知识储备,提高运动员的运动智能。

(2)多种教学方法结合运用

在理论知识的教学中使用多种教学方法,能够有针对性地发挥每种教学方法的优势,激发学生的学习兴趣,取得良好的教学效果。同样,多种教学方式的运用也有助于穿插在理论教学中的智能培训取得良好的效果。

(3)理论与实践相结合

理论知识的教学应该和实践活动相结合。一方面,单纯的理论知识教学稍显枯燥和单调,容易挫伤运动员的学习兴趣;另一方面,将理论知识教学和实践结合在一起,能够锻炼运动员将理论知识应用到实践中的实操能力,也能够使运动员更好地理解和掌握理论知识。

2. 传授专项理论知识时发展运动员的智能

（1）加强专项技战术分析和战术意识培养

在传授专项理论知识时，应该培养学生进行运动技术、战术分析的能力以及培养运动员的战术意识。比如，要求运动员观看一场比赛视频，对比赛中运动员使用的各种运动员技术进行分析，并指出运动员使用的战术，以及列举在这种比赛情境下能够使用的别的运动战术，以此来培养运动员的技战术分析能力和战术意识。

（2）全面熟悉运动比赛

对运动比赛的熟练程度也是影响运动员的智能发展和发挥的重要因素，在专项理论知识的传授中，应该结合运动专项的特点，向运动员介绍所有和比赛相关的知识，使运动员全面熟悉运动比赛。比如通过向运动员介绍比赛规则、裁判方法等，发展运动员的适应能力；通过向运动员介绍比赛流程、比赛器械的使用方法等，发展运动员的实操能力，等等。

（3）全面了解各种知识

运动员应注意掌握训练计划、辅助措施、自我监控等知识。运动员要通过参与制订训练计划，发展自身的思维能力；通过学习卫生、保健和理疗，以及自我医务监督等知识，提高自身自我保健的操作能力。

3. 在运动训练过程中发展运动员的智能

（1）科学组织训练过程

要求运动员了解组织运动训练的相关知识，并让运动员参与到运动训练的组织过程中。引导运动员思考训练目标是否合理、训练计划是否科学、训练内容是否合适、训练方法是否有效、训练负荷是否在运动员的承担范围之内等，以增加运动员知识储备量的方式来促进其运动智能的发展和提高。

（2）加强对运动员的体能素质和运动技战术的训练

增强对运动员的体能素质训练和运动技战术训练，有助于发展其运动感知能力、运动表象能力、战术思维能力、适应能力、实际操作能力等，能够有效促进运动员智能水平的提高。

（3）经常进行实战演练

实战演练会模拟实际比赛的场地、氛围、流程、比赛方式等，运动员能够以严肃的态度对待实战演练，认真地将自己的训练成果展示出来。通过实战演练，能够发展运动员的实际操作能力、适应能力、观察能力、战术思维能力等，促进运动员的智能发展。

第六章　运动员竞技能力之技战术训练

在竞技体育运动中，运动员的竞技能力主要表现为技战术能力。因此，技战术训练往往是运动员运动训练的核心内容，占有非常重要的位置，并且技战术训练也将贯穿运动员运动生涯的全过程。本章将从技战术原理分析、运动员的技术训练、运动员的战术训练以及运动员技战术的创新训练五个方面展开阐述，希望尽可能详尽、科学、系统地对运动员的技战术训练内容进行梳理与概括，力求为运动员的日常训练提供有力的理论支持和依据。

第一节　技战术原理分析

一、运动技术基本原理

（一）运动技术的基本概念

运动技术是指符合人体运动科学原理，能充分发挥身体潜在能力，并能有效地完成动作的合理方法。所谓“有效”，是指最经济并能最大限度地发挥人体潜在运动的能力。所谓“合理”，是指所设计的完成动作的方法必须遵循人体运动的客观规律和运动生物力学的基本原理。[①]

（二）运动技术的基本要素

运动技术是指以最合理而有效的方式，充分发挥机体能力的动作方法。每一个技术动作都由一定的动作要素构成，比如身体姿势、动作的轨

① 王家宏，姚辉洲．运动训练［M］．桂林：广西师范大学出版社，2009.

迹、速度、速率、力量、节奏等；如果把运动技术理解为一个动作过程的量化，那么运动技术是由若干个动作环节组成，每种动作环节和要素又可以细分为动作细节。在训练和比赛中，有时为了达到技术目的而对技术细节做细微的调整，当然这种调整是非常微妙的，大体上并不会影响技术动作的结构。比如对步幅的大小、转身角度的变化等。各个竞技体育运动项目对专项运动技术训练内容是有鲜明的特异性要求。反映运动技术训练内容的各个子系统，又是由若干的具体动作要素所组成。

（三）运动技术的动作要素

运动技术的动作要素是指构成技术动作的不可缺少的基本组成因素。运动技术的动作要素包括：身体姿势、动作轨迹、动作时间、动作速度、动作速率、动作力量、动作节奏。这些因素在任何动作中都是普遍存在的。从结构上讲，运动技术是运动学特征和动力学特征的综合结果。

（四）运动技术的基本原理

无论是哪种运动项目，其运动技术必须全部或部分服从以下科学原理。

1. 生物学原理

（1）生理学原理

截至目前，业界普遍一致认为运动技术形成的生理机制，是运动条件反射暂时性的神经联系，它是以大脑皮质运动为基础的。这就意味着运动员学习和掌握运动技术的生理学本质是建立运动条件反射。因此，技术训练和学习的过程符合人体运动条件反射的一般规律。

（2）生物力学原理

从运动生物力学的角度来看，运动技术的生物力学原理就是以下基本要素合理为了达到一定的运动目的而相互配合的结果，这些要素包括身体姿势、身体及肢体的位移运动时间、速度及加速度、用力大小及方向、用力的稳定性及动态力的变化速率、人体各环节的相互配合形式与方式、增大动力的利用率及减少阻力的技巧等。

2. 心理学原理

运动技术也有其心理学机制，比如在运动技术的学习与形成过程中需要一定的心理能力、认知心理、表象的形成与运用等心理学相关理论的支持。心理学原理对学习和掌握运动技战术具有非常明显的作用，也是运动员技战术训练的重要理论依据之一。因为每一个重要的技战术都不仅仅是技术动作，它包涵着对技术的理解、运用以及选择运用的时机等诸多因素。

3. 社会学原理

这里的社会学原理主要是指美学原理。“运动之美”从某种意义上就是技术的美、动作的美、姿态的美。在技能主导类表现难美类项群技术的训练中，对技术美的要求尤为严格。

（五）动作要素

动作要素包括身体姿势、动作轨迹、动作时间、动作速度、动作速率、动作力量和动作节奏等。

1. 身体姿势

身体姿势是指身体在完成动作的过程中，身体以及其各部分所表现出来的状态，或者身体各部位在空间所处的位置关系。身体姿势又分为开始姿势、动作进行中的姿势和结束姿势。

2. 动作轨迹

动作轨迹指在运动员在做动作时身体以及身体的相关部分所移动的路线。对轨迹的描述包括轨迹形状，如直线、曲线、弧线等；轨迹方向，如前后、左右、上下以及各种旋转、环绕等；轨迹幅度，如长度、角度。

3. 动作时间

动作时间就是完成动作一共需要的时间，包括完成整套动作的全部时间和完成每个环节的时间。

4. 动作速度

动作速度是单位时间里身体或身体某部分移动的距离，包括平均速度、瞬时速度、初速度、末速度、角速度和加速度等。

5. 动作力量

动作力量是机体在完成动作时身体或身体相应部位克服阻力所用力的大小，是人体内力和外力相互作用的结果。

6. 动作速率

动作速率是指单位时间内机体完成同一动作重复的次数。

7. 动作节奏

动作节奏是指在完成动作过程中的时间特征，包括用力的大小、时间的间隔、动作幅度的大小及动作快慢等要素。

二、运动战术的基本原理

（一）运动战术的基本概念

运动战术是指运动员根据专项运动的竞赛规则，为战胜对手或取得理想成绩而采取的各种谋略和行动的总称。“谋略”指的是赛前预谋和临场策略；“行动”指的是贯彻“谋略”的行为方式。[①]

（二）运动战术的基本要素

运动战术是指在比赛中为战胜对手或取得理想成绩而采取的各种谋略和行动的总称。运动战术由战术观念、战术指导思想、战术原则、战术意识、战术知识、战术形式以及战术行动等内容组成。不同的竞技体育运动项目对专项运动的战术训练内容是各不相同的，而且各自有鲜明的特异性要求。运动战术训练内容分为若干的子系统，也是由许多具体战术要素组成。

（三）运动战术的应用原则

在任何一场比赛中，从战术设计、战术形成到战术实现都是异常复杂的思维与行动过程。一般情况下，为了充分发挥战术的功能，识别并理解教练战术布局的根本意图，运动员必须掌握和具备基本的战术应用原则，它们是时间与空间、局部与整体、有序与无序、攻防与进退、筹划与奇诡、集体与个人、形式与变化等。

1. 时间与空间

在竞技运动中，任何战术都介于时间与空间之中。不同的战术内容有不同的时间与空间的属性，表现为不同的形式，不同时间与空间赋予战术不同的功能。比如，快攻战术就是从时间上采取突然性、快速性、时差性等

① 胡亦海．竞技运动训练理论与方法［M］．北京：人民体育出版社，2014．

的变化以求出其不意、攻其不备,达到先声夺人的效果。强攻战术就是利用空间高度优势进行强行攻击对手,旨在占尽空间优势而置对手于无力还手之困境。也就是说,如果能巧妙地利用时间与空间形式的结合,可极大地丰富战术形式,可根据临场的实际情况,选择最有利的战术组合使对手陷入困境之中。掌握了时间与空间的观念,是掌握战术原理的第一步。

2. 形式与变化

在竞技运动中,尤其是球类比赛中,战术形式在赛前经过严密的计划和设计,以静态的方式表现。战术变化是在比赛过程中体现的,以动态的方式表现。战术的形式多以集体战术的阵形、布局方式出现。战术的变化一般是以个人战术或者小组战术的变更来体现的。因此,掌握战术需要从形式和变化的观念入手,可以从根本上创造战术的变化。

3. 有序与无序

有序与无序是物质内部运动一种现象。在竞技运动中,尤其是球类运动,战术的有序性与无序性是经常转换的,是战术运用过程的重要现象之一。战术的有序性突出表现为集体战术的有机配合,战术的无序性则明显地表现在集体战术的结构断裂。战术的有序性和无序性的现象是显而易见的。懂得战术有序性的目的是为了加强集体战术中各个环节中的配合性。认识战术无序性的现象是为了迅速恢复己方战术的有序结构以便堵住漏洞,或者迅速扩大对方战术的无序现象以便乘虚而入。因此,掌握有序与无序观念是提高战术效果的基础。

4. 局部与整体

在竞技运动中,任何运动项目尤其是集体项目的运动战术都可分为局部和整体战术。战术的局部和整体的关系着重表现为相互制约,互为影响。整体战术形式的出现是为了弥补局部战术的劣势,优势的局部战术可以补充整体战术的不足。在比赛中,因局部战术不利而使优势显著的整体战术毁于一旦,或因整体战术运用不当但局部战术优势而发生反转的现象屡见不鲜。重要的是灵活地转变局部与整体战术的结合可创造更多战术机会。

5. 集体与个人

在竞技运动中,集体战术是个人战术得以发挥的战术基础,个人战术是集体战术的具体实现。集体战术与个人战术是彼此交融的,合理地运用期间的关系可使个人战术得以淋漓尽致的表现,个人战术的有效运用可使集体战术的作用得以全面的发挥，两者之间互为前提又相互促进。若想深刻的掌握战术，需要从个人与集体的关系上好好把握。

6. 攻防与进退

在竞技运动中，尤其是对抗性项目中攻防与进退战术充满攻中有防、防中有攻的辩证关系。进攻并不意味着前进，防守也不是单指退却。有时候进攻是为了实现强势防守，而防守是伺机进攻。进攻的表现方式常常分为直接进攻和迂回进攻两种。迂回进攻就是主动实施退却，目的是寻找再次进击的时机，这种方式非常利于调整进攻方向、破坏对方布局以及寻找对方破绽。防守也有主动出击和退却防御两种方式。

7. 筹划与奇诡

在竞技运动中，筹划是指赛前在“知己知彼”的基础上，对战术方案的理性布局，它往往是符合常规的某种设计。奇诡则是赛中根据临场情况，对作战方案的应变性调整，它往往是出其不意的。筹划是为了更好地运用奇诡，而奇诡则是为了更好地贯彻筹划。筹划的特点常常是抽象性、全面性、系统性和超前性，奇诡的特点更多的是行动性、多变性、突然性、局部性。筹划始于赛前，奇诡寓于赛中。科学的筹划结果是赛前确定的战术方案，灵活的赛中奇诡是赛中的巧妙行动

第二节　运动员技术训练

一、运动技术的基本定义

运动技术是完成各种体育项目所需的一些动作方法，是运动员竞技能力的重要因素。不同的体育项目都有自己独特的动作技术。如果想出色地掌握某种运动项目，那么需要学习和掌握其相应的运动技术。精彩的运动比赛往往是以高水平的运动员表现出精湛的运动技术为核心，然而运动技术的充分发挥需要在符合项目运动规则要求的前提下，运动员将生理能力与心理能力同时调节到最佳水平，从而取得最好的竞技效果。但是任何一种运动技术都首先要做到符合人体科学、人体运动力学的基本原理，而不是盲目地、违背科学地蛮干。这是训练中要谨记的一项原则，不能为了达到某个技术目标而超过人体的正常承受范围。在训练的过程中应该依

据个体的生理特点，从实际出发，选择和掌握具有个人特征的运动技术，这样既有助于个人特长的最人限度的发挥，同时又是安全合理的、符合科学理论依据的。

二、运动技术的基本结构

（一）技术动作的基本构成

技术动作的最小单位就是技术的微观结构，它是在一定的顺序下由若干个动作基本环节构成。每一项技术动作中都包括若干个基本环节。比如，跳远技术动作的基本环节就是助跑、踏跳、腾空和落地。这些基本环节按照特定的顺序依次完成，于是就形成了一个技术动作，一般情况下这个顺序是不做轻易改变的。于是有人给它起了一个很形象的名字叫“技术链”。因此，改善动作的基本结构可以从改善动作基本环节或者改善环节间的顺序两个方面着手。

（二）技术动作的基本组合

若干独立的技术动作按照一定的技术目的而联结起来成为一个动作集合，就是技术组合。技术动作的组合是为了实现某个技术目的，不同的目的会有不同的组合。技术动作与技术动作的组合共同构成了运动技术。

三、运动技术训练的常用方法

（一）直观法

在运动技术训练中，运动员主要借助各种感觉器官建立起对练习动作的清晰、直观深刻的表象，获得对动作技术的感性认识，掌握和提高运动技术水平的一种训练方法称为直观法。直观法是非常普遍和常用的一种训练方法，比如教练员对动作进行示范、对经典的动作进行观摩等。运用直观法应注意以下四点。

（1）广泛利用各种直观手段。这是因为多种感官的综合分析能力可以加快对动作的掌握，而且掌握得更为牢固。实践证明，运动员综合利用感觉器官的能力越强，越能较快地感知和掌握技术动作。但是提高各种感觉器官的作用具有阶段性的特征，比如，开始学习技术动作时视觉的作用较大，但在逐步熟悉的过程中，就可以更多地借助肌肉本体的感觉对技术动作做进一步的改善。

（2）直观法和积极思维相结合。感性认识只有升华为理性认识才能形成正确的动作概念，才能真正地掌握动作。这个过程就需要运动员积极的思维，勤思考、多摸索，从而全面牢固地掌握动作。

（3）直观法对于运动水平较低、年龄较小的运动员掌握动作是最为重要的手段之一。

（4）直观法的运用一定要注意示范动作要正确、规范、严谨，否则对运动员造成错误记忆将严重影响后续的训练和发展。

（二）语言法

语言法是指教练运用各种形式的语言指导运动员学习和掌握技术动作的训练方法。其主要作用是帮助运动员明确技术动作的概念、动作要领、纠错，以及提高技术水平。语言法在实际运用中要注意以下几个方面。

（1）精讲多练。教练员借助语言法深入分析动作技术，并且要尽量做到简明扼要、重点突出，生动形象地进行表述，使运动员在头脑中建立一个“内部校标”，通过反复的练习逐步掌握动作。需要强调的是，尽管语言法是教练借助语言对技术动作进行讲解，但是运动技术训练中还是以运动员的实际操练为主，教练应该给运动员足够的操练时间。语言法可以起到提纲挈领的作用，而实际操练才是运动员掌握技术动作的唯一途径。也就是说，在训练中实际操练是训练的主要部分。

（2）使用术语。术语是用高度凝练的语言来说明某个动作的名称、技术特点、动作结构、动作规格等。术语在行业内被广泛运用和接受，因此对术语的巧妙运用可以大大地提升效率，并且也有利于运动员对动作的记忆和彼此间的切磋交流。

（3）使用口诀。口诀是指有经验的教练经过多年的经验总结出一套简单且容易记的精炼语句，朗朗上口有一定的韵律，甚至有时还具有一定的趣味性，是将一些复杂困难的技术动作的核心要领法高度提炼，这也对运动员掌握动作具有明显帮助。

（4）语言的科学性。教练的技术讲解性语言一定要做到科学严谨且经得住推敲，具有严密的逻辑和理论依据，这是对教练的理论水平和教学水平的综合要求。在进行技术动作的讲解时，教练的语言在某种程度上就是教科书，因此语言必须科学、严谨、准确，只有这样才能保证教学的准确性。

（5）语言的艺术性。语言的艺术性是指教练的语言应该在科学、准确的前提下，做到形象、生动、有趣。形象、生动、有趣的语言是提高教学效率的一个重要手段，因为它不仅能吸引运动员的注意力，还能调动他们的主动性和积极性。

(三)分解法

分解法是指把完整的技术动作按其基本环节,分成若干相对独立的部分,使运动员分别进行练习的训练方法。它的优点是降低学习难度,提高学习效率,增强学习信心。对于学习较复杂的技术动作是非常有利的,在改进动作、提高动作质量时亦可使用。运用分解法时应注意以下几个方面。

(1)如果技术动作危险性较大,应采用分解法。通过分解动作,降低运动员的受伤风险,增加运动员的练习信心和投入程度,从而加快学习效率。

(2)如果技术动作对身体素质的要求较高,应采用分解法。通过分解动作,达到降低动作对身体素质要求的目的,降低运动员的练习门槛,帮助运动员建立学习的信心,从而令日后掌握动作成为可能。

(3)技术动作的分解是分离出技术环节。分离动作环节时要注意动作环节的合理分解,特别是核心动作环节,要保证核心动作环节的完整性和连续性不能被破坏。

(4)重点是技术核心环节的分解教学与训练。使运动员用较短的时间就掌握技术动作的核心环节,以加快其他动作环节和整个技术动作的掌握。

(5)不宜长时间地使用分解法,会破坏运动员对完整技术动作的掌握,应该与完整法结合使用。

(四)完整法

完整法是指运动员从技术动作的开始姿势到结束姿势,按照其原本的顺序完整地进行练习的训练方法。优点是从一开始就建立完整的技术动作概念,多用于学习简单的技术动作,或者不能分解的复杂技术动作。有时候,一些难度较大的技术动作不易分解或者不能分解,教练只能采取完整法教学,那么需要注意以下几点。

(1)首先要做的是降低技术难度,比如降低动作的速度或者动作的幅度,以运动员能保证基本动作的结构正确为标准,也就是说技术的完整性优先于技术难度,当运动员能够在较低难度水平上完整且正确地完成动作之后,拥有了一定的技术信心,此时再逐步加大难度进行练习,直至熟练、完整地掌握原有难度的技术动作。

(2)突出技术动作核心环节的练习,争取以“点”带面提高整个技术动作水平。

（3）质量要求，特别是技术动作核心环节的质量要求，甚至需要给运动员增加一些“压力”去完成技术动作。

（4）练习难度较大的动作训练时，可以辅助一定的帮助和保护措施，既“先完成再完美”，先保证动作的完整呈现，形成完整、正确的技术动作本体感觉，然后再一点点提高。

（五）表象法

表象法亦称为念动法，是指运动员在头脑中对过去完成的技术动作的回忆与再现、唤起临场感觉的训练方法。通过多次练习可以提高运动员的表象记忆能力，使运动员的注意力集中在正确的技术动作上，有利于心理稳定，在练习时应注意以下两个方面。

（1）表象法多在运动员能够正确完成技术动作后进行，通过反复练习，运动员将完整的技术动作以清晰地本体感觉储存在大脑的运动神经中枢内，那今后每一次做这个动作都有一个“内部参照模型”。

（2）可以针对运动员的不同水平灵活运用表象法。比如高水平运动员可以进行完整动作的表象，而低水平运动员可以分解动作进行局部的表象训练。

（六）减难法和加难法

减难法是指在训练中降低难度进行训练的方法。此种方法常用于学习新动作或改正动作阶段。加难法指在训练中以高于专项要求的难度进行训练的方法，此种方法常在优秀运动员训练中使用。

（七）多球训练法

这是球类项目常用的训练方法，目的是通过多球加大训练强度，提高运动员的动作频率。或者是借助多球的各种来球方向、速度、落点等，加大运动员技术动作的练习难度，同时加大了训练的密度、节奏和技术难度，可以使运动员的技术动作水平不断提高。要注意的是，加大难度是为了提高质量，因此加大难度时应注意技术动作环节的正确完成，如果动作质量还不能保证那么就不要急于加大难度。

四、运动技术训练的基本要求

(一)基本技术与高难度技术

1. 在"基本功"面前人人平等

事实证明,世界级的高水平运动员都具备扎实的基本技术。因此,无论什么运动项目,基本技术都是重中之重,是运动员运动职业的根本,必须要长期地、系统地、坚持不懈地进行训练。即使是已经具备了高水平运动能力的运动员,其基本技术训练仍然在训练中占有很大的比重,也就是说无论运动水平发展到何种程度,都应该长期的进行基本技术训练。为了延长运动寿命,以基本技术为核心的"基本实力"是每一个运动员的必备条件。通过观察运动高峰期较长的运动员,可以发现他们的共同点都是拥有扎实的基本功。

2. 高难度技术的领先既是成绩的领先

对于像球类、体操、跳水等项目,除必须抓好基本技术训练外,要不断地突破自己,以掌握更高难度的技术为目标。因为在这类运动项目中,高难度技术本身就是决定着运动成绩的重要因素,因而必须加以认真对待。我国的跳水项目之所以处于世界领先水平,就是因为始终"走在世界跳水难度的前面",难度领先,自然成绩领先。总之,高难技术和基本技术是相互促进的,同等重要。

(二)特长技术与全面技术

众多的运动项目中都有特长技术和全面技术之分。特长技术是指运动员所掌握的技术"群"中那些对其获取优异运动成绩有决定意义的、能够展现个人特点或优势、得分概率相对较高的技术。在训练中,就要对这类技术反复训练、精雕细琢,以期让这项技术成为运动员在竞赛中的"杀手锏"。具有自己的杀手锏的运动员个人或者团队,是跻身于高水平行列的重要条件。特长技术就是它的核心构成。此外,特长技术还是决定技术风格是否鲜明的重要因素之一。

在发展特长技术的时候,应该考虑三个因素。首先,要考虑的是运动员的整体技术特征和位置特征。其次是运动员完成得最为出色的技术动作或技术类别。三是该项运动的重要技术环节。

技术全面是发展特长技术的基础，只有在技术全面的基础上具有特长技术才有实际意义。否则，尽管有“一技之长”，但是同时又具有很多漏洞和弱点，那么也很难在比赛中真正取胜。另外，还需要补充的一点是，技术的全面性决定了战术的多样性。在比赛中，既要给对手造成最大限度的不适应，又要使自己最大限度地适应对手，往往看起来只是战术问题，但落到执行层面还包括技术问题。

（三）规范化与个体差异

在训练中技术的规范化非常重要，既必须准确规范地进行训练，掌握动作，尤其像武术、体操这类项目尤为重要，否则很容易造成运动损伤，甚至是伤残，使运动员提前结束运动生涯。在技术训练的初级阶段或少儿训练中，要特别强调技术的规范化，否则训练越多错误越深。但是技术的规范化不是要求必须完全达到规范动作的标准，这基本上也是不太可能实现的。因为技术规范本身就是一种理想的动作模式，是集结了众多优秀运动员的共同特征、选择最有代表性的特点进行描述的整合。因此，没有哪一名运动员可以同时具备所有人的优秀特征。因此，技术规范实际上是一种理论抽象，其目的是为技术动作的训练提供一个高标准的参照准则，是训练的基本方向。就像德国的运动训练学家葛欧瑟所说的那样：“每个人与理想的动作模式都有偏差，这是正常的，因为每个人都有自己的个性和特点。技术训练的目的在于使运动员近似地达到理想动作模式的要求，即每名运动员都应掌握技术当中的重要环节，同时还要保持个人的风格和特点。”每个运动员之间都存在着差异，因此在技术训练的过程中会有各种看起来不符合技术规格的“问题”，但实际上这是非常合理的，也是必要的。因为这对于在技术训练中充分发挥个人特点是一个非常重要的前提。

教练和运动员自身都应该有意识的重视和保护技术特点，并且经过客观地分析之后进行有目的地加强和发展，使这些特点发展为个人特长，从而攀登上世界体育竞技高峰的重要环节。在球类等对抗性项目中，技术的“实用性”是非常关键的。因为规范化不是目的，赢得比赛才是目的。而“实用性”是经过实践考验真实有效的，它既具有一定的规范化的属性，尽管并没有百分之百的符合规范，但是也因此保留了运动员的个人技术特点，也许这正是在比赛中成功战胜对手的“法宝”。因而在技术训练中，不拘泥于规范化，重视个性差异是极其重要的。

（四）循序渐进与难点先行

运动技术的组成部分之间都具有一定的内在联系，这也是进行技术训练时的重要依据，即应当沿着由低到高、由易到难、由浅到深、由分到合、由主到次的顺序进行联系。要服从“学习、提高、巩固，再学习、再提高、再巩固”的一般性程序。这种循序渐进、有条不紊的训练方式有利于运动员打牢基础，稳步前进。

然而，在具体实践中常常还有另外一种与之相对的训练方式，即“难点先行”，或者叫作“先难后易”“先深后浅”，亦可望收到良好的效果。例如，跳水项目中，高难度技术往往就是决定成败的关键所在。尽管按照一般的训练规律来讲，要在运动员的少儿时期扎实地练好基本功，然后逐级增加技术难度。然而现实的另一面却是，随着少儿身体的发育、年龄的增长，运动员在心理上对一些高难动作的“畏惧感”也在逐步加大，对训练高难度技术动作带来障碍。于是，我国跳水界大胆提出超常规的训练方式。由于少年时期运动员的体重轻、心理负担小，因此跃进式地发展难度技术动作训练，也就是将基本技术训练与难度技术发展密切结合。由此，培养出一大批在少年时期就能够在国际大赛中崭露锋芒的优秀运动员，创造了跳水项目的一次又一次的世界纪录。

（五）抓好技术风格的培养

1. 技术风格的意义

在运动训练实践中，教练和运动员都极其重视“技术风格”的培养。有专家甚至指出，培养什么样的风格，关系到运动员的发展方向和可能达到的水平。我国的乒乓球运动在这方面具有较多的成功经验，就是因为首先认识到技术风格的重要意义，并有效地培养了一大批风格独特的运动员。一名运动员具有个人的技术风格，一个运动队也有集体的技术风格，这对运动员和比赛都具有非常的意义。

进一步来讲，所谓技术流派的概念，就是指若干个运动队都具有相似的技术风格。最典型的是足球运动分为欧洲技术流派和南美技术流派，前者的技术风格粗犷简洁，后者细腻华美。

2. 技术风格含义

技术风格的定义为某运动员或运动队的技术系统与其他运动员或运动队的技术系统有明显的区别，并且较为成熟、稳定的特征。这就意味着，运动员或者运动队的技术系统的独特性，是在长期的运动训练实践中培养起来的，具有长期性的属性。

3. 技术风格的构成

技术系统是技术风格的内核,而技术风格是技术系统特征的集中表现。运动员技术风格的不同,实质上是源于技术系统的不同,不同的技术系统表现出不同的技术风格。某一技术系统与另一技术系统的区别可以从以下两个方面来考察。

(1)构成元素不同。主要表现为具体的技术水平不同、质量不同。比如"技术全面"与"技术单调"的不同,"技术精湛"和"技术粗糙"的不同。在运动训练实践中,先进技术的掌握和运用往往对技术风格的形成有直接的影响。运动技术是一个复杂系统。在这个复杂系统中每种技术所占的权重、发挥的作用等千差万别,有些技术处于主导地位,有些技术则是辅助。评价一个技术全面的运动员的技术风格,实际上是以其表现的占主导地位的技术特征来确立的。

(2)技术结构不同。除了具体的技术上的特点之外,还有更主要的是运动员或运动队在运动实践中,其具体技术的组合方式与其他运动员或运动队有所不同,而表现出来的效果也就不同。

4. 影响技术风格的因素

(1)特长越显著,风格越突出

技术风格的培养其实就是特长技术的训练。某单项特长技术往往就是运动员或运动队的风格特征。在训练中,应该针对突出的技术反复精练,使其成为运动员的特长,并逐渐发展成为运动员鲜明的技术风格。

(2)运动员的气质类型

从运动心理学的角度,运动员的技术风格与运动员的气质类型相关。比如,在技术风格中强调变化的运动员,要求其自身的神经活动具有高度的灵活性和平衡性,这种风格运动员的气质类型大多为典型的多血质。

(3)种族特征

从人类学的角度,种族特征对技术风格也具有明显的影响。例如,在对抗性项目中,东方运动员的技术风格往往表现出"巧"的特征,而西方运动员则往往表现为"猛"。在足球运动中,欧洲运动员的风格大刀阔斧、勇猛奔放,而南美运动员则在技术上讲求精雕细腻。

(六)"学习"因素与"训练"因素

现代训练理论认为,训练过程中"学习"因素与"训练"因素并存,是完整统一、不可分割的技术训练过程。运动员从"学习"开始起步,但运动员的“学习”是以身体掌握动作为基本形式的，所以运动员从一开始学习就是以训练的模式开始的。技术学习是技术训练过程的起点和基础，它将对整个技术训练过程产生重大影响，教练和运动员有必要熟练掌握技术学习的相关理论。

（七）改善基本结构和提高技术组合

经过多年的实践证明，若要提高运动技术整体水平，那么改善动作基本结构和技术组合水平是其中的最重要途径。对于体能主导类项群而言，由于专项技术动作相对单一，因而就从各个动作的基本环节入手进行精雕细刻，使环节之间的衔接更为流畅，让运动员的体能水平得到更大限度地发挥；对于技能主导类项群而言，改善技术动作的基本结构、提高技术动作之间的配合水平是提高运动员整体技术水平的重要因素。特别是对于那些高水平运动员来讲，由于其动作的单个技术质量已经相当出色，再做提高和突破的空间已经极为有限，那么如果从技术组合水平入手则是非常好的途径。

五、运动技术训练的评价

（一）运动技术评价的目的

运动技术评价是指对于运动技术的掌握或完成状态予以描述和评定的活动。在科学评价理论的指导下，教练或者科技人员运用现代科技手段，或依据多年的丰富经验发现、描述与评价运动员在技术上存在的问题，并为下一步实现理想的技术状态提出指导意见和建议。技术评价的目的就是帮助运动员对自己的训练进程有客观准确的认识，及时发现问题并提高技术质量，探寻新技术和论证创新技术的可行性及科学性，从而达到促进其运动水平提高的目的。

（二）运动技术评价的基本标准

运动技术评价包括结果评价和过程评价。结果评价也称为实效性评价，过程评价包括合理性评价和经济评价。运动技术训练是为了创造优异运动成绩而服务的。也就是说技术训练如果不能提高比赛成绩，那么即便技术再纯熟，训练也是没有价值的。结果评价是评价运动技术的主要标准。训练过程的合理性与经济性也是评价运动技术的重要标准。在有些以体能主导类的项群项目中，合理的、经济的技术会取得良好的效果；以技能主导类格斗对抗性项群、隔网对抗性项群和同场对抗性项群中,由于对手的干扰和不可避免的偶然因素,因此需要从实效性、合理性和经济性等方面对运动技术给予完整的评价。

(三)运动技术评价的指标

1. 生物学与社会学指标

评价运动技术最基本的就是生物学角度的评价,比如在评价体操动作时首先要分析其是否符合生物进化和生物力学的基本规律。接下来,再评价其是否符合审美规律。一般来说,生物学评价的权重占比较多。

2. 质量与数量指标

运动技术的数量能反映出运动员掌握技术动作的全面性和多样性。对运动技术质量的评价,可以用内外两组指标进行评价。内部指标评价动作的合理性和经济性,外部指标评价技术的实效性。一般而言,对技术质量的评价是相对复杂的,标准也更为多样。

(四)运动技术评价的常用方法

1. 定性评价

定性评价是对运动技术的质量特征进行的评价,以观察法为主要手段。使用观察法要注意的是要客观、系统和准确。客观性是指对运动员技术情况的信息要可靠,排除主观因素;系统性主要是指观察要按运动的计划顺序进行,是对全面动作的评价;准确即要排除错觉、幻觉的影响,并能够发现和评价微小差异。采用观察手段可以在现场直接观察运动员的运动过程当场给出评价,也可以借助科技手段和技术远程观察或者通过录像间接观察来进行评价。

2. 定量评价

定量评价是指对运动技术的量的特征所进行的评价。这种评价需要借助相应的仪器设备来对运动员的运动技术进行定量描述与评价。定量评价与定性评价相比较,更为准确和可靠,其优点是能更加迅速而准确地提出改进措施或建议。

第三节 运动员战术训练

一、战术的基本概念

从广义来看，战术是指在比赛前制订的有利于本方取得比赛胜利的一些比赛策略，并且在比赛中可以适度灵活运用的具体方法。从狭义上讲，战术就是在衡量了比赛双方的实力水平和对作战情况的判断后，有策略的分配力量，目的是充分发挥本方的优势并尽力克制对方力量的正常发挥，从而为战胜对手而采取的合理有效的方法和行为。

二、战术的基本构成

（一）战术观念

战术观念是对战术概念、战术价值、战术运用条件等进行观察、认识和思维后产生的一种观念。影响战术观念的因素有很多，同一场比赛中教练和运动员的战术观念有时也会有差异，这是因为战术观念受到竞赛经验、知识结构、认知特点和思维方式等诸多因素的影响，每个人的知识结构、竞赛经验以及思维方式都大相径庭，于是形成的战术观念也略有差别，这是非常正常的现象。战术观念反过来又会影响战术思考，其对制订战术计划、实施战术训练等一切战术活动都有着重要的导向意义。

（二）战术指导思想

战术指导思想是指，在战术观念的影响下根据比赛的实际情况提出的运用战术的活动准则。战术指导思想是战术的核心，是在对战术规律认识的基础之上指导战术行动的规范或模式。它直接决定着采用的战术是否具有针对性和实效性，是方向上的指导，直接关系到最终比赛结果。

（三）战术意识

战术意识是指运动员在比赛中为达到特定目的而决定自己战术行为的思维活动过程。战术意识强的运动员能够在复杂多变的竞赛环境中，及时准确地观察场上的情况，随机应变，迅速而正确地采取最有利的行动方案。

（四）战术知识

战术知识包括战术理论及比赛的实践知识，包括对专项战术运用原则与战术形式、战术的发展趋势、比赛规则对战术运用的制约等方面的了解与把握程度。战术知识是运用战术的基础。教练和运动员需要重视对战术知识的学习和培养，这对运动员制订战术方案、形成战术意识以及能否临场做出准确的判断和灵活地运用具有重要的影响作用。

（五）战术形式和战术行动

战术形式指战术活动中具有相对稳定的形态和结构的行动方式；战术行动指为达到特定战术目的而采用的动作、动作系列或动作组合。

三、战术的基本分类

战术在比赛中的作用至关重要，可以说任何一场比赛本质上就是技战术的较量。对战术的训练是运动员重要的训练内容。战术非常复杂多样，它的分类方法也各有不同，以下将从几个不同方面进行详细分析。

（一）按照战术的表现特点分类

1. 阵型战术

在集体性项目中，以一定的阵形排兵布阵，它的特点是每个运动员有相对的位置分工，并能够很好地相互配合，以一种完整的阵营形式与对手展开作战的战术行动。常见的有球类项目中的进攻阵型或防守阵型。

2. 体力分配战术

体力分配战术在以体能主导的运动项目中最为常见，指通过合理分配体力而谋取胜利的战术行动。比如长跑、游泳等项目的比赛中，运动员要善于根据比赛和自身的情况而对自己的体力进行合理的规划和分配。

3. 参赛目的战术

体能主导类项群运动员每一次的参赛目的略有不同，可以分为创纪录战术或夺标战术两种。创纪录战术是指比赛的目的是打破纪录或创造个人最好成绩，因此在比赛中运动员是以预先制订好的速度、重量及用力程度安排进行比赛。夺标战术是指以夺取最好或较好名次为目标的战术，这是在奥运会等重大比赛中采用最多的战术。采用这两种战术的前提条件是运动员具备创纪录或夺标的竞技能力，并且熟悉主要对手的基本情况等。

4. 心理战术

这种战术主要是指以干扰或影响对手的心理状态为目的，使其不能顺利完成预定的战术和行动的一种手段。在比赛中通过微小的变化给对方施加心理压力，扰乱其预先的战术部署，破坏其正常技术发挥，从而让本方获得比赛优势，这是比赛双方在心理上的较量。心理战术的核心是心理干扰，具体手段包括威慑、麻痹、迷惑对手等，使对手产生烦躁不安、心理过程紊乱、盲目自信或丧失信心等消极情绪，诱使对手心理防线失控进而采取错误的战术行动或直接影响其正常的水平发挥，本方趁机发动强攻获得比赛的胜利。制造假象和形成错觉是心理干扰常用的手段。

（二）按照战术的参与人数分类

1. 个人战术

个人战术主要是指拳击、摔跤、跆拳道、击剑及乒乓球、羽毛球、网球等单打比赛中，以个人作战形式为主的比赛中采取的战术行动。在篮球、排球、足球、冰球等集体项目中，个人战术是以整体战术为语境的一个组成部分。

2. 小组战术

一般指技能主导类、需要两名运动员协同配合的比赛经常采取的战术行动。比如隔网对抗的乒乓球、羽毛球、网球中的双打项目，以及在其他集体性项目比赛中两三名运动员共同完成的战术行动，如篮球比赛中的两人快攻、三人快攻，自行车团体赛中的领先战术等。

3. 集体战术

集体战术是指赛场上全体队员按统一的战术方案所进行的战术行动。在集体对抗性项目中，集体战术显得尤为重要，合理有效的集体战术往往是获得胜利的关键。在集体项目中，个人、小组、集体战术是紧密相关、环环相扣的。个人战术是小组战术和集体战术的基础。集体战术需要分解为个人战术和小组战术来具体实施，如此才能真正行之有效。

（三）按照战术的攻防性质分类

1. 进攻战术

进攻战术指利用掌握主动权的机会，个人或集体一致努力向对手发动主动进攻所组成的战术行动。

2. 防守战术

防守战术由个人、小组或集体协同配合采取的阻碍对手进攻、破坏其进攻行为的战术行动。

3. 相持战术

相持战术是指比赛双方攻守态势相对均衡，介于争取主动和避免被动之间的一个过渡环节，在势均力敌的比赛中，存在着大量“相持现象”，是高水平比赛的常用战术。

（四）按照战术的普适性分类

1. 常用战术

常用战术也叫作常规战术，是指具有较大普适性的一些战术。如乒乓球的发球抢攻战术、篮球的人盯人防守战术、击剑的防守反击战术等。

2. 特殊战术

在比赛中针对特殊对手而专门制订的战术称为特殊战术。在争夺名次和出线权等关键性比赛中，特殊战术极为重要。常用战术能力是衡量运动员实力的重要指标，而能够制订特殊战术并且行之有效地获得比赛优势是衡量教练水平的重要指标。

四、战术训练的方法

（一）分解与完整训练法

分解战术训练法是相对于完整训练法而提出的，它是指将完整的战术分解为若干相对独立的基本组成部分，然后逐个进行练习，通过降低复杂度和难度来实现学习效率。一般开始学习新的战术形式时最常采用的就是分解训练法，其目的是让运动员逐步地、扎实地掌握某种战术。

完整战术训练法，顾名思义是指完整地对战术组合进行练习的方法。采用这种方法需要一定的条件，比如需要运动员已经具备一定战术知识和战术能力，或者战术本身比较简单，没有太多的难点和障碍。完整训练法的优点是可以让运动员一气呵成、流畅地掌握完整的战术。

（二）减难与加难训练法

减难训练法是降低难度要求后进行训练的方法。在战术训练的初始阶段常常采用减难法。比如在同场对抗性球类项目中，可以从消极防守的状态下进行战术练习，直到运动员初步掌握战术之后，再逐级加强防守以提高难度，直至达到比赛要求。

加难训练法是指以高于比赛难度的要求进行训练的方法。这种方法是在运动员已经完全熟练掌握了战术之后，为了提高运动员对战术的运动能力，通过限制完成技术动作的空间、限定时间条件、增加障碍或困难的方式，以锻炼运动员在高难度条件下也能正常发挥战术水平。

（三）“预见未来”训练法

运用高科技设备和手段，将未来有可能出现的比赛场景提前呈现在大屏幕上，帮助运动员预见自己有可能要应对的所有情况，通过模拟场景和计算机算法加强练习、提前准备。随着高科技手段不断地渗透进体育运动训练和比赛当中，对于训练运动员的临场作战能力、对技战术的练习和运用意义重大，为当代运动员提供了得天独厚的科技助力。

（四）实战法

实战法是指在比赛中培养运动员战术能力的方法。这种方法可使运动员对战术的理解更为直接、更为深刻，甚至有可能终生不忘。比如在重大比赛前，往往会安排一些邀请赛或热身赛，其目的之一就是演练和检验将要使用的战术。

五、战术训练的要求

（一）掌握项目制胜规律

无论是体能训练、技术训练还是战术训练，根本目的就是为了在比赛中战胜对手取得胜利而做准备。战胜对手也就是制胜，是指在竞赛规则限定下，教练和运动员在竞赛中战胜对手、争取优异运动成绩所必须遵循的客观规律。制胜规律包括制胜因素和制胜因素之间的联系。对专项运动成绩有决定性影响的因素称为制胜因素。制胜规律是战术训练最基本的要求，也是形成正确战术观、正确制订战术方案、正确实施战术训练，在比赛中正确运用战术的前提性条件。

每个项目中的制胜因素有很多，称为一个“因素群”。若干因素之间又存在着必然性联系，这些联系的方式又各有不同，有的是互相促进，有的是互相制约，还有的互相矛盾。因此，在进行战术的训练之前，要正确地认识和把握这些因素以及其相互之间的各种关系，从而做到在遵循制胜规律的前提下有效地训练战术。

（二）培养战术意识

战术意识由战术信息选择与战术行为决策两个部分组成。培养运动员的战术意识是战术训练的中心环节。战术意识的培养与运动员的战术思维密切相关。从某种意义上讲，战术思维是战术意识的核心。因此，运动员的战术思维能力水平决定了其战术意识水平。进一步讲，运动员思维的灵活性、预见性和创造性等是其战术意识的决定因素。

（三）培养战术运用能力

战术掌握的好坏要在实践中才能检验。因此，战术训练的过程中要重点关注运动员能否合理运用战术，应当把培养运动员在复杂而艰苦的条件下正常运用战术的能力作为工作重点。战术的良好运用体现在以下几个方面。

1. 目标明确，针对性强

战术的运用必须有明确的目的性，做到有的放矢。战术行动合理、针对性强，做到特定战术解决特定问题。

2. 高度的实效性

应该时刻牢记运用战术的目的是制胜，与制胜无关的、华而不实的动作都是多余而无益的。

3. 高度的灵活性

战术是为了制胜而采用的方法、手段和工具，因此不要刻板和僵硬套用。运动员应该能根据场上千变万化的局势，灵活地运用战术，使其发挥最大效力,不用恪守不必要的程式,只要能使战局向有利于本方的方向发展就是好的战术运用。

4. 个人战术和集体战术

在集体项目中,个人战术行为的目的要么是直接制胜,要么是为队友创造机会制胜,以集体的胜利为最终目标。集体战术以个人战术为基础并对此加以协调配合。集体战术能力是运动队伍整体竞技能力极为重要的组成部分。在集体对抗性项目中,合理有效的集体战术往往是取得胜利的关键。战术配合是集体战术行为的核心。

5. 重视战术组合

现代运动竞赛要求战术向“复合化”的方向发展,靠单一战术制胜的局面已不复多见。从某种意义上讲,复合就是组合。也就是针对比赛中的复杂局面,运动员有能力灵活地将多套战术有机地结合起来,同时包含了目的性、针对性和实效性,是高水平运动员的水平体现。

战术组合可分为程式性组合与创造性组合两种。程式性组合是指在空间上、时间上按一定的顺序将各种战术行动重新组合,如足球中的阵形战术、篮球中的联防、盯人战术等。创造性组合是指根据比赛临场变化情况,不受固定程式的约束,创造性地将几套战术组合在一起。将战术用“活”、用“巧”,是这种组合的重要特性。

程式性组合既可运用于训练中,也可表现于比赛中。创造性组合更多地运用于比赛中。运动员对程式性组合掌握得越多,越熟练,那么开发和创造创造性组合的能力就越强。

第四节　运动员技战术训练的创新

随着现代竞技运动的快速发展,以及社会文明与科技的快速迭代,传统的技战术训练已经越来越无法满足现代高水平竞技比赛的要求,需要从理论、方法和实践上进行积极创新,才能符合现代竞技体育的发展态势,才能满足运动员不断突破自我,挑战更高水平的运动技能的需求。

一、技战术训练创新发展的原因

技战术训练的创新发展是由多方面因素综合影响的结果，这些因素包括以下几个方面。

（一）竞技比赛发展的要求

竞技比赛的本质就是运动员与运动员之间身体素质、技战术水平、心理素质等实力的较量。现代的竞技体育比赛在向着更激烈、更高强度和更高难度的方向发展，因此竞技比赛对运动员的要求越来越高，特别是对于高水平的运动员来说，在现有的训练方法和训练条件下，他们的运动技战术能力基本上已经达到极限。在这种情况下，技战术的创新发展成为决定比赛胜负的关键。竞技比赛的这种发展直接对运动训练产生影响，单纯靠传统的运动训练方法进行突破，收效甚微。因此，为了适应竞技比赛不断提出的新要求，运动员的技战术训练必须进行创新发展。在运动训练中采用先进的手段，进行技战术的创新，以利于在竞技比赛中发挥关键作用，并最终夺取胜利。实践证明，每一次的技术创新都需要运动训练的创新发展，从而一次次地推高运动成绩。运动训练中的战术创新经过运动员的刻苦训练直至熟练掌握，常常会在比赛中带来极佳的效果，它往往成为运动员的绝招，成为竞技比赛中无往不利的秘密武器。

（二）科学技术发展的影响

科学技术的发展不仅是推动社会进步的主要动力，也是推动运动训练创新发展的重要因素。现代科学技术突飞猛进，新材料、新技术都在竞技体育中得到广泛运用，同时也为运动训练带来了一次次深刻的变革，大大提高了训练的效益和效率。科学技术的飞速发展带动新的训练设备和设施的产生，与传统相比，新产品在各个方面上对原有设施进行优化和改进，性能的提升、精度的提高等都对运动训练带来极大的助益。无论从性能上还是体验上都得到前所未有的发展，同时，它也对训练方法更迭与改进提出要求。

（三）科学理论发展的影响

体育运动与很多科学及理论是相互关联、互为促进的。与体育运动最为紧密相关的有运动生理学、运动心理学、人体科学、运动营养学等学科，而每个学科取得突破与发展都会为体育运动带来冲击、影响和促进。每一门学科的进步都会为体育运动训练的新发展创造条件。随着相关学科的发展,运动员对自身的生理、心理有了更多的了解,这都会使运动训练更有效率、更为科学。这就有利于运动员更好地根据科学的理论知识,采用有针对性的、更有效的运动训练方法,以使运动训练达到更好的效果,为竞技比赛做好更充分的准备。新的运动训练方法的采用就是运动训练的创新发展,可见运动训练的创新发展受到科学理论发展方面的影响。

(四)运动训练本身的要求

任何事物都处于不断的发展之中,运动训练也是如此。并且,创新发展本身也是运动训练自身的要求。只有不断地进行创新和发展,采用新技术、研发新方法、创造新手段,运动训练才能不断地提高效能,才能适合当下竞技比赛不断发展的节奏,才能获得更加优异的运动成绩。只有不断创新才能实现运动训练的价值。如果固执地抱残守缺,原地踏步,很难想象这样的训练可以带来满意的运动成绩和比赛结果。

二、技战术训练创新发展的内容

技战术训练包含诸多内容,从创新发展的角度来看包含运动训练理论创新、运动训练方法创新和运动训练环境创新等。

(一)技战术训练理论的创新发展

竞技运动的训练需要科学理论的指导,技战术训练的创新发展必须包含运动训练理论的创新发展,因此要求运动训练的研究者多参与运动训练实践,积极发展技战术训练的理论研究,将理论与实践相结合,从而指导运动员的训练和进步。通过研究运动训练中技战术训练的理论,不断地为运动员提高技战术水平提供理论支持,以期在竞争激烈的现代竞技比赛中获得优异成绩。

(二)技战术训练方法的创新发展

除了先进的理论依据之外,配套的训练方法也要紧紧跟上。这就要求运动训练设计者要加大创新力度,在保证现有训练水平的基础上,增加技战术训练方法的研发,使其更符合新的技战术训练理论,并积极采用先进的科技手段,利用一切可利用的新型媒体和设备,为运动员的训练提供更多的便利性、新鲜感和趣味性。尽量使运动员在愉快的氛围中完成技战术训练。让原本枯燥的训练充满轻松的游戏性，这也有助于提高运动员的训练效率。

1. 加强训练技术创新研究

运动技术的发展一般有两种形式：渐进式和飞跃式。渐进式是指在原有技术的基础上不断完善和提高而带来发展，飞跃式是指出现了以前没有的新技术。技术创新就是飞跃性的发展。一项新技术的出现往往能引起整个技术体系的震荡，破坏原有的技术结构，建立新的技术结构，能够让技术在较短的时间内取得飞跃式的发展。在实践中可以发现，技术的率先创新者往往由此与对手形成技术水平的"落差"，并且在相当一段时间里在竞技中都能因新技术的使用而保持明显优势。

2. 加强战术训练创新研究

战术的创新可分为常用战术创新和特殊战术创新。常用战术创新属于基础性创新，因为常用战术具有较大的普适性，常用战术的创新有可能给专项战术体系带来革命性的影响，但是此种战术创新的难度也较大。特殊战术创新属于实用性创新，具有很强的针对性，它是针对特殊的对手而"设计"出某种新战术。这种创新由于针对性强，因此效果直观且容易验证，是教练和运动员重点研究和实践的方向。

（三）技战术训练环境的创新发展

训练的环境对训练的效果同样具有影响。运动员在良好的训练环境中进行训练往往比在恶劣的训练环境中进行训练完成训练任务时更加轻松流畅，对完成较高难度的任务其心理障碍也会相对较低。因此，对运动员的技战术训练环境的创新也是创新的一个重要环节。这里的环境创新并不单纯是舒适的环境和完善的训练设备，这里的创新是指在与其他训练诉求并不互相违背的前提下（比较特殊的例子是高原训练），积极利用先进的科学训练设备和手段，针对技术与战术训练的核心环节给予特别的强调，为运动员的训练提供更加直观、准确、及时的反馈，从而为运动员提高技战术水平提供助力。

三、技战术训练创新发展的意义

（一）直接提高运动成绩

技战术训练创新的目的和直接体现，就是直接提高运动成绩。比如，在技能主导类表现难美性项群中，如体操、艺术体操、花样游泳等项目，创新技术就是运动员夺取比赛胜利的法宝。对于战术的创新，特别是为了针对某个特定对手而设计的战术，由于该战术是为某个对手“量身定做”的，其效果也是非常直观和显著的，往往能在比赛中发挥决定性的作用。

（二）推动专项运动的持续发展

在特定含义下，专项运动的发展与成绩的提高，其实就是制胜因素的单个水平及相互间组合水平提高的过程。新的技术是制胜因素提高的主要原因之一。比如中国乒乓球队创新了直拍近台快攻技术，日本乒乓球创新了弧圈球技术，从而使速度、旋转两大制胜因素引入乒乓球的竞争格局之中，至今“快转之争”已持续了40年，有力地促进着乒乓球技术的发展。再如，体操运动中“旋”技术的创新，提高了体操制胜因素“难、新”的水平，从而推动了训练向高、深方向发展。

（三）有效地制约现有技战术

某项技术的创新往往是为了有效制约现有的另一技术，这在对抗性项目中尤为突出。也就是说，“创新”从一定意义上讲是在“对抗”的前提下完成的，其根本的目的就是在新的对抗中占据优势。同样的，某些战术的创新也是为了制胜对手的某项战术，在对抗中，彼此相互制约又相互促进。

四、技战术训练创新发展的原则

技战术训练创新发展是大势所趋，尽管竞争十分激烈，但是这种创新发展并非天马行空的臆造，它的创新是在遵循一定原则指导下进行的。

（一）以人为本原则

技战术训练的对象是运动员，因此任何创新设计都要将运动员作为首要考虑因素，要遵循以人为本的原则。技战术训练是运动员参与竞技比赛的准备，运动员需要通过训练发展竞技比赛所需运动技能。要想取得预期的训练效果，必须以运动员的实际情况进行设计和安排，这样才能最大化的符合运动员的训练需求，充分发挥其潜能。否则，无论是对于运动员这样的人才资源，还是对于比赛这样的机会资源，都是极大的浪费。

（二）理论与实践相结合原则

理论结合实践是技战术训练创新发展必须要遵循的原则。技战术训练创新要在运动实践中寻找灵感，运动训练创新发展的成果也要通过实践来检验。只有通过实践检验的创新才是科学的，才是符合运动员实际需要的。这样的技战术创新是符合运动员的能力的，是其在竞技比赛中取得胜利的优势利器。

（三）全面性和针对性原则

技战术训练创新要做到全面性和针对性，要包括一般训练和专项训练。在全面性的基础上做到针对性，让运动员在运动能力全面发展的基础上又具有独特的优势，从而做到稳中取胜。

（四）继承性与创新性原则

技战术训练的创新不是凭空产生的，它是在传统训练方法的基础上发展和创新的体现，无论是对传统方法的继承还是革新，都不是对传统方法的全盘否定。对传统的技战术训练要做到合理扬弃。技战术训练的创新是时代和社会发展的要求，是诸多因素共同作用下的结果，因此，技战术的创新发展不是无源之水、无本之木，是在多种力量推动下产生的，也具有多种因素的基因，因此应该辩证地理解技战术的创新。

五、运动训练创新发展的制约因素

（一）个体能力

技战术训练的创新需要依靠人来实现，自然就会受到人的能力的多方面因素的影响。人和人之间的个体差异正是技战术训练创新的制约因素之一。具体来说，制约技战术训练创新的个体因素包括心理因素、创造性思维和知识结构。心理因素包括自信心、进取心和意志力，这些因素是影响运动员技战术训练创新的内在原因。运动员的创造性思维直接影响着训练的创新发展，具有灵活创造性思维的运动员就比欠缺灵活性思维的运动员更容易掌握和产生创新能力。个体的知识结构对技战术训练的创新也会产生影响,越是知识和经验丰富的教练和运动员,越能进行创新与发展。

（二）传统观念

在技战术训练的创新发展中,传统观念也是一种强大的制约力量。由于传统观念深深地植入心底,让一些教练和运动员很难在短时间内发生改变。他们对传统方法的固守和对新方法的迟疑,是制约技战术训练创新发展的一个重要因素。在技战术训练中,由于受惯性思维的影响,有些教练和运动员会不自觉地将传统的训练思想和方法作为训练的指导,而制约了技战术训练的创新发展。因此,要进行创新,必须从转变观念开始,应该有意识地及时更新一些过时的、低效的、阻碍运动员技战术发展的传统观念。时代在进步,科技在发展,现代竞技体育要求无论是教练还是运动员都要及时更迭观念意识,以适应新的发展趋势。

（三）现实条件

现实条件也是制约技战术训练创新的一大主要因素。技战术的创新发展需要以一定的客观条件和现实条件为前提,由于现实条件的制约,虽然科学技术已经发展地非常先进,但具体的应用还有很大的局限,另外,尽管世界上不断有新的设备、新的器械研制出来,但是很少有人掌握具体的使用方法,或者设备出了故障,很少有人会维护维修,这严重地妨碍了先进科技和设备的应用,诸如此类的现实条件制约着技战术训练的创新发展。这个话题已经超出了体育范畴,它还涉及社会、经济、教育等多方面的因素。

第七章　技能主导类格斗对抗性项群训练与指导

随着格斗对抗类项目的不断发展，这类项目在奥运会中所占的比重越来越大，因此关于这类项目的科学训练也越来越受重视。由于格斗运动员竞技能力发展的阶段性、承担比赛任务的重要性以及运动伤病的特殊性等原因，对专项运动训练提出了很高的要求，只有科学指导与监督运动员进行系统训练，才能提高训练效率，提升运动员的竞技能力，使其在重大比赛中获得优异的成绩。本章重点对格斗对抗性项群的技、战术科学训练展开研究，包括击剑、跆拳道、拳击、散打以及摔跤五个项目的技、战术训练。技、战术在任何时候都是训练的重要内容，加强技、战术训练对提升格斗运动员的竞技水平和参赛能力具有重要意义。

第一节　击剑运动科学训练

击剑是一种典型的剑类运动，击剑运动场地为长方形平坦场地，运动员头戴面罩，身着符合比赛规定的击剑服，手持特制钢剑，按照统一的规则，用刺（劈）的动作进行攻防格斗来决出优胜者。击剑运动既有竞技性（对抗性），也有艺术性（观赏性），是竞技与艺术的有机结合，这是该项运动极具魅力、感染力与吸引力的重要属性。击剑分为花剑、重剑、佩剑三个剑种。同剑种的比赛规则、有效部位是有区别的，因此它们的竞技特点也存在差异性。对比来看，花剑更具准确性和技巧性，佩剑更具速度性，而重剑的战术性和运动性更突出。本节主要分析击剑技术与战术的训练内容与方法。

一、击剑技术训练内容

(一)准备姿势

1. 实战姿势

在做出击剑行动前,要先做好准备姿势,也就是实战姿势。实战姿势是击剑运动所特有的姿势,并且所有的击剑活动都是在这个特定姿势下进行的。动作方法为面向前方侧身站立,两脚前后分开,与肩宽等距,后脚与前脚跟的延长线保持垂直,屈膝稍半蹲,上体保持自然状态,持剑手臂肘关节弯曲,大臂和小臂之间的角度在90° ~ 120° 之间,肘关节离身体5 ~ 10厘米,肩膀放松。非持剑臂于身体一侧弯曲并自然抬起,保持自然放松的状态。

2. 握剑

掌握正确的握剑方法是学习击剑技术的基础。正确的握剑方法更有利于运用手指手腕的控制力来达到控制剑尖的目的。握剑时,拇指以指腹与食指第一指节保持相对握住剑柄的上下面,其余三指以第一指节握住剑柄侧面,将剑柄尾部压紧在掌根中线。掌心与剑柄留有间隙,手腕适度紧张,但不要僵硬,以便灵活控制剑。

(二)基本步法

1. 向前一步

前脚尖略微伸(连同脚背屈)起,贴近地面带动小腿向前迈出约一脚的距离,随前脚的迈出,后脚前掌内侧蹬地前移与前脚相同的距离,躯干也随前脚的迈出前移,重心仍然保持在两脚之间。

2. 后退一步

后脚稍提起脚后跟,并贴地后移一步落地。前脚随后脚后退时,以全脚掌向前蹬地,后移至一脚距离落地,躯干随前脚的蹬地后移而后移,身体重心仍保持在两脚之间。

3. 弓步

(1)先伸持剑手臂再伸前脚尖,同时以膝关节为轴,足跟紧擦地面,小腿向前摆出。

（2）在小腿向前摆出而膝关节尚未完全伸直时，大腿在小腿前摆的带动下积极前伸，重心随同前移。

（3）随着重心的前移，后脚以全脚掌后蹬，在前脚跟着地之前，后腿充分伸展，以加大后蹬力量获得加速度，但脚掌不得离开地面。

（4）前脚落地时应足跟先着地再过渡到脚前掌，并随重心前移小腿与地面垂直，同时不持剑手臂向后下方挥摆，成弓步姿势。

4. 冲刺

冲刺时先将剑伸出，躯干前倾，身体重心前移，在几乎失去平衡时后脚蹬离地面，后大腿抬起前送。在后大腿前送的同时，前脚蹬离地面，经一短暂腾空，两脚依次着地并向前跑动。

5. 向前跃步

启动与向前一步相同，后脚蹬地与前小腿下摆同时进行，前小腿下摆处后要积极回收，两脚要同时落地成实战姿势。

6. 后退跃步

向后跃步时，前脚掌向前蹬离地面，身体重心迅速后移，后退随前腿蹬地的同时后摆，经短暂的腾空后两脚同时落地。前脚蹬离地面后腰迅速回收，在腾空阶段，要保持身体重心水平后移，落地后成实战姿势。

（三）进攻技术

不同剑种的进攻技术不同，这里主要分析花剑的进攻技术。

1. 直刺

以实战姿势开始，剑尖指向目标，以剑尖领先带动剑身和手臂，平稳地呈直线向前伸展。剑尖接近目标时，手臂充分伸直，刺中目标时，剑尖与护手盘下沿同高，剑身弓形向上。还原成实战姿势时，肘关节下落收臂成实战姿势的位置。

2. 向前一步刺

先出手，持剑臂自然前伸，待近于伸直时向前一步刺出。在后脚蹬离地面的同时向后摆动不持剑臂，掌心向上。还原时后脚先后退一步，待前脚收回着地时，持剑手臂收回，不持剑手臂还原，成实战姿势。

3. 弓步直刺

先出手,持剑臂保持伸直,脚下出弓步,在脚跟落地之前刺中目标,动作完成后成弓步姿势。

4. 转移刺

剑尖沿对手护手盘经过剑身刺中有效部位的动作方法。通过手指来控制剑尖,手腕配合来完成,剑尖的轨迹越小越好。转移的路线根据实际情况可以从内到外、从外到内,从上到下、从下到上,可以是一次和多次的。

5. 交叉刺

交叉刺是用剑身绕过对手的剑尖刺中对方有效部位的动作方法。剑尖行走的路线比转移刺要长,可以是由内到外或由外到内,交叉的动作需要手指、手腕和前臂的配合。对持剑臂弯曲的角度要求要精确,手臂和手指配合要协调,以剑尖带动剑身,剑尖下落要快速、准确。

6. 击打刺

由实战姿势开始。击打动作要小并短促有力。用剑身的中强部击打对方剑身的中前部。前臂要充分放松,击打时手腕做快速抖动的动作,手心至内斜下方,剑身同时内移。当接触到对方剑时,手指用力握住剑柄,手腕保持一定的紧张,瞬间用力,击打后立即前身直刺。

(四)防守还击技术

在击剑运动的过程中,进攻和防守是不停转换的。最常见的防守有三种:武器防守、距离防守、运用身体位置的变化进行的闪躲防守。其中最常用的就是武器防守。

防守还击技术包括防守和还击。防守是为了避免被对手击中而采取的防御动作;还击是防御后的攻击动作。防守的位置是根据对应的身体部位来划分的,常用的有第二、第四和第六防守 。

1. 第六防守还击

花剑的实战姿势就是第六防守姿势,当对手从外线攻击时,手心略微外旋,挡住对方的剑之后,沿剑尖所指方向进行还击。

2. 第四防守还击

防守时,持剑臂内旋,使手心转向内方,同时以前臂带动剑身向内移至

第四部位,剑尖与护手盘同时平行向内移至第四部位。沿剑尖所指方向进行还击。

3. 第二防守还击

持剑臂内旋,手心转向下方,持剑臂下落成第二姿势,剑尖下落时,剑尖稍滑一小弧线,手稍向外移动。

利用武器防守时,应该利用自己剑的强部(靠近护手盘的部分)防住对方剑的弱部(靠近剑尖的部分),牢牢控制住对方剑尖的行动,然后进行还击。

利用距离防守时,要求运动员对对手出剑的时机和位置判断准确,拉开距离时,既要保证对手的进攻失去威胁,又要为自己进行及时反击创造有利条件。

由于规则和场地的限制,闪躲防守在比赛中的运用频率比较低,对于追求高成功率的选手来说,更多的会采用上述其他两种防守。闪躲防守中最常用的为下蹲反攻。

二、击剑专项感知觉的培养

(一)培养剑感

剑感是击剑运动员对自身手持武器的感知能力,尤其是剑身和剑尖。当运动员手握剑柄时,应该对剑的重量、形状、质感和在交锋过程中剑身和剑尖的位置、路线、方向以及对手剑的力量和位置、路线有所感知和把握,这种感知觉是通过长时间的练习和实践积累而成的,对运动员在比赛中进行判断和决策起着重要作用。

在训练中,左右的持剑动作都可以锻炼到运动员的剑感,还可以通过一些专门的练习来调高和加强运动员的剑感,例如避免接触剑身的进攻练习、积极接触剑身的进攻练习、通过交锋调高运动员的控剑能力。

(一)专项速度和灵敏训练

击剑运动的专项速度主要是指动作速度和位移速度。击剑比赛中的动作速度可分为加速、平速、减速三个阶段。起动速度和出剑速度对击剑运动员而言非常重要,在一次完整的攻防中,专项速度好的运动员往往能够在有效对抗距离中获得优势。运动员起动速度快为后面的进攻或防守奠定了良好的基础。在击剑运动训练中,要特别重视专项速度的训练,通过一系列跑的训练方式来增加最大跑速。在跑步练习中要特别注意手臂摆动应与下肢协调配合，从而在提高跑速的同时增加上肢力量，避免因上肢力量弱而对最大速度的发挥造成制约。增加上肢力量还有助于更好地控制剑尖移动方向，迅速完成刺、劈等动作。

身体灵活也是击剑运动员应该具备的基本素质，所以在专项速度训练的基础上，还要进行专项灵敏训练，如变换动作练习、击中目标练习、抢接手套练习等。

（二）培养距离感

距离感是指运动员在击剑过程中对自己和对手之间、剑尖和对手的有效部位之间、剑的位置和对手剑的位置之间的专门感知觉。它是通过观察、分析和判断建立起来的一种复杂的感知觉。良好的距离感需要长时间训练、比赛的积累才能建立起来。

击剑比赛的过程就是比赛双方不停在寻求有利于自己进攻或防守距离的过程。其中，步法是改变距离的主要手段，同时，在不同距离中要合理配合手上技术的运用。

培养运动员的距离感可以从以下几个方面来进行。

（1）主被动的距离感练习。两人或几人一组，一人主动，其他人跟随，主动方通过步法的移动来破坏恒定距离，被动方通过跟随努力保持好恒定距离，并可以在此基础上进行变化，加入主动进攻或抢攻的条件。

（2）在移动过程中，根据不同距离运用不同步法或者防守的练习。

（3）在对手后退过程中或靠近时做各种进攻或还击的练习。

（三）培养时机感

运动员在有利的特定时段内的感知能力就是所谓的时机感。发现时机靠运动员的本能感觉，这种感觉起决定作用，而捕捉时机则需要运动员注意力高度集中，观察、分析、判断并且及时反应，做出合理的攻击动作。在高水平运动员比赛时，自身漏洞较少，这就要通过各种行动诱骗对手，主动创造自己所希望出现的时机进行攻击。

击剑运动员要具备良好的时机感，这是其在激烈的比赛中有效完成各种攻防动作的基础条件。在击剑比赛中，运动员要抓住每一次有利的进攻机会，在陷入被动时要伺机加强防守，要在最佳时间完成瞬间的攻与防，这是取胜的重要条件。所以要特别重视对击剑运动员时机感的培养。时机感的培养往往和距离有着密不可分的联系。可以通过不同的距离，安排不同的模拟练习、条件实战等，让运动员在注意力高度集中的情况下从简单或复杂的交锋过程中发现破绽并迅速出击。

三、击剑技术训练方法

（一）个别课

个别课是击剑运动中特有的训练方法，是击剑运动员进行技战术训练最主要且不可或缺的训练方法。个别课由一名教练员和一名运动员进行持剑练习，以传授和提高技战术、发展专项素质、培养意志品质、进行思想教育和作风培养的一种活动。个别课内容丰富、手段多样、变化复杂，内容和条件机动灵活，有鲜明的针对性，对教练员的要求之高是其他运动不能比的，也是其他训练方法不能取代的，对运动员的竞技能力有着最直接的影响。

个别课的基本任务是学习各种基本技战术，有针对性提高技战术水平，可以及时发现问题、解决问题，培养专项感知觉等，是一种通过精心组织的有计划性、目的性、针对性的训练方法。

（二）双人练习

双人练习是两名运动员在教练员的指导下进行各种对练的方法。双人练习的优点在于它既结合了击剑竞赛中双人对抗的特点，又能够根据运动员的特点安排相应的运动内容以达到练习目的。双人练习是个别课过渡到实战的最好桥梁。

（三）实战练习

实战练习是最接近于比赛的一种训练方法。可根据不同时期、不同人物，安排一些带条件或不带条件的实战练习。实战既不同于双人练习，又不同于正式比赛，难度高于双人练习又低于正式比赛，是培养运动员全方面竞技能力的有效方法。

教练员可以在实战练习中随时进行分析讲解，还可以让某位运动员模拟比赛中的主要对手和运动员进行对抗，有针对性的运用技战术，达到提高训练效率的目的。

第二节　跆拳道运动科学训练

跆拳道是一项利用拳脚进行搏击的对抗性项目，是以实战比赛、品势表演和功力检验为主要表现形式，使练习者达到增强体质、培养意志品质的现代竞技体育项目。跆拳道运动经过多年发展成为现代奥运会正式比赛项目，运动员要经过多年系统的训练才有可能在奥运会中取得优异的成绩。本节重点对跆拳道运动的技战术基本内容及训练方法进行分析。

一、跆拳道技术训练内容

（一）基本拳法

1. 前拳

双手握拳，由腰部向前打出。出拳时后足蹬，身体扭转，发声。以左足前屈立为例，打出左前拳，为顺前拳。打出右前拳，为逆前拳（图 7–1）。

图 7–1　前拳

2. 勾拳

从右中段立开始，双手握拳，上左步，左拳由腰部向前上方勾拳打出。勾拳时右足蹬，发声（图 7–2）。

3. 横拳

从右中段立开始，双手握拳，右拳由腰部向前方画弧线打出，横拳时左足蹬，身体扭转成骑马立，发声（图 7–3）。

图 7–2　勾拳

图 7–3　横拳

（二）基本腿法

1. 前踢

从中段立开始，两手屈肘，自然上举。右腿屈膝提起，到达腰高度时弹出。用足对准对方的身体或头部（图 7–4）。

2. 横踢

从中段立开始，右腿向右侧屈膝提起到腰，身体向左侧倾斜。利用身体向左倾的惯性，右足横向上方弹出，向左侧前方横踢对方肋部。力点在脚背（图 7–5）。

3. 侧踢

从中段立开始，身体向左后方移动，右胯连带右腿屈膝提起。右脚掌翻起，足底朝上到达腰的高度，身体向左下方倾斜，利用身体向下的惯性，右足对准对方的身体正面向前方踹踢。力点在足跟（图 7–6）。

图 7-4　前踢

图 7-5　横踢

图 7-6　侧踢

4. 劈打腿

从中段立开始，身体向后移动，重心落在右足，左腿屈膝提起，左脚掌勾起，足底朝前，到对方的头部上方，小腿伸展，然后左脚掌对准对方的面部或身体正面往前下方“劈打”，力点在脚掌（图 7-7）。

5. 后踢

从中段立开始，身体快速向左后方转，右胯带动右腿屈膝提起，随身体旋转惯性画弧转到前方，右脚掌翻起，足底对准对方的头部或身体朝前蹬踢，力点在足跟（图 7-8）。

图 7-7　劈打腿

图 7-8　后踢

6. 旋风踢

这是旋转跳跃、身体腾空转一周的腿法。

从中段立开始，右足蹬地跳起，同时身体快速向左后方转，带动左腿旋转,左足落地,右腿在身体旋转惯性作用下向前旋转扫踢对方头部(图7-9)。

图 7-9　旋风踢

7. 双飞踢

这是直线跳起,空中左右连续向前踢击的腿法。从中段立开始,右足蹬地跳起,左腿屈膝提起踢向对方身体。紧接着左腿收回,右腿对准对方头部踢击。两足踢击的力点都在脚背(图 7-10)。

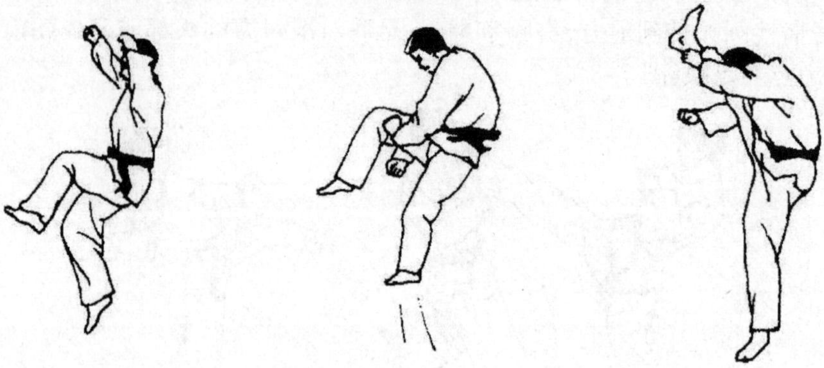

图 7-10　双飞踢

(三)组合进攻法

1. 连续左后踢

提左足向上方后踢,左足落地。立即两足蹬跳推动身体向前,左足再向上方做后踢动作(图 7-11)。

图 7-11　连续左后踢

2. 左推踢接左侧踢

左足屈膝提起，向前推踢；落地过程中身体向后倾，左胯上提，带动左足向前方侧踢（图 7-12）。

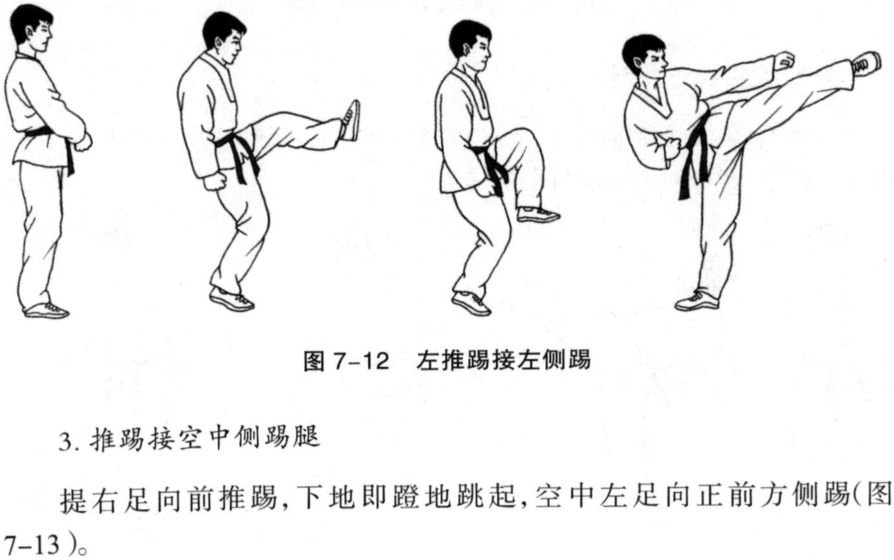

图 7-12　左推踢接左侧踢

3. 推踢接空中侧踢腿

提右足向前推踢，下地即蹬地跳起，空中左足向正前方侧踢（图 7-13）。

图 7-13　推踢接空中侧踢腿

4. 推踢、旋风踢接后踢

提右足向前方头部推踢，下地即蹬地跳起，身体腾空右转，带动左腿做旋风踢；下地后顺势转体，左足向前方侧踢（图 7-14）。

图 7-14　推踢、旋风踢接后踢

5. 后旋腿接下推踢

身体右转，重心移到左足，转身右足后旋踢，下地顺势再转体，左足向前下方推踢，拦截对方出腿（图 7-15）。

图 7-15　后旋腿接下推踢

6. 旋风踢接侧踢

左足蹬地，身体向右旋转，右足向右摆，左腿跟随右腿向右旋踢。下地再次顺势转体，右足向正前方侧踢（图 7-16）。

图 7-16　旋风踢接侧踢

7. 侧踢接空中侧踢

提右足向前做侧踢，下地后立即蹬地腾空跳起，空中转体，左足向正前方侧踢（图 7-17）。

图 7-17　侧踢接空中侧踢

8. 上推踢接双飞踢

左足高抬向前方推踢，下地后立即起跳，身体腾空左足向上踢，右足紧接左足向前方踢（图 7-18）。

9. 双飞踢接后踢

右足蹬地，身体跳起，先踢左腿、后踢右腿，做双飞踢动作；下地即收右足屈膝，重心移到左足，右足向前上方后踢出（图 7-19）。

图 7-18　上推踢接双飞踢

图 7-19　双飞踢接后踢

10. 前踢、转身双飞踢

右足前踢，下地后立即蹬地，向左转体腾空跳跃，腾空左足向上踢，右足紧随向前踢（图 7-20）。

图 7-20　前踢、转身双飞踢

（四）基本防守方法

1. 躲闪

（1）侧身躲闪法

对方攻击时，向左或右稍转体，避开攻击。侧身转动前要冷静，待对方的拳脚将接触身体时转动。

（2）仰身躲闪法

对方向头部或胸部攻击时，身体稍后仰，拉开距离，避开攻击。躲闪时，目视对方的变化，配合步法移动。

2. 格挡

（1）双手格挡

两拳同时向上，在肩膀处分开格挡。

以左前屈立为例，当对方两手夹击时，双手握拳，屈肘由下往上分别格挡（图 7–21）。

图 7–21　双手格挡

（2）上段格挡

屈肘向头上方横挡，左右均可防守。

以左前屈立的右上段防守为例，当对方右拳击向头部时，左手握拳，屈肘向上方格挡（图 7–22）。

（3）下段格挡

屈肘由上向下截挡，左右手均可防守。

以左前屈立为例，当对方向腹部前踢腿，用左手握拳，屈肘向下方格挡，截挡对方的右足攻击（图 7–23）。

图 7-22　上段格挡

图 7-23　下段格挡

（4）中段格挡

小臂屈肘由外向内或由内向外格挡。

以左前屈立为例，当对方用右拳攻击时，左手握拳，屈肘向内、向外格挡（图 7-24）。

图 7-24　中段格挡

（5）手刀格挡

用手掌劈打对方的攻击。劈挡的同时可以进攻(图 7–25)。

图 7–25　手刀格挡

（6）十字格挡

双拳交叉，向头上方或向腹部下方格挡(图 7–26)。

图 7–26　十字格挡

二、跆拳道技术训练方法

（一）自我训练法

自己面对镜子练习各种技术动作。边练习，边自我观察，通过对镜练习，可以正确掌握基本动作，体会各种攻防的路线、方向、角度、力点等。同时，通过镜子的反馈，可以及时纠正错误，建立良好的、正确的动作概念，并不断强化形成正确的动力定型。

（二）配合练习法

1. 听口令完成技术动作

按教练员或同伴的口令完成相应的技术动作。练习者处于准备状态，当听到教练员或同伴发出的口令，如“左横踢”“右横踢”“左前蹋接右横”“右横踢接左后旋踢”等时，必须迅速、准确地完成相应的技术动作，这种练习既可练习技术动作，又可提高反应速度和动作速度。

2. 踢组合靶练习

4～7 名同伴持不同高度、不同角度的固定靶站在两条直线上（相邻同伴之间距离不超过 2 米），练习各从一端踢向另一端。练习者根据靶位的高低和靶的角度，选择不同的方法踢击。要求动作准确，击打力度适宜，声音清脆洪亮。这是提高技术训练效果的一种有效方法，还可以利用这种方法进行难度较大的移动靶练习。

（三）实战训练法

跆拳道专项技术训练的目的是在实战中赢得胜利，实战是对技术训练效果的有效验证方式，利用实战法进行技术训练和检验的意义重大。经常组织选拔赛、邀请赛、对抗赛等多种形式的实战比赛，使运动员在各种实战中发挥自己的竞技能力，检验自己的训练效果，采用这种特殊训练方法能够起到其他训练方法不能比拟的效果。通过实战比赛，使运动员技术技能发生质的变化。另外，运动员在高度紧张和瞬息万变的情况下有效运用技战术，可增强自信心，丰富临场经验，为参与高水平比赛创造条件。

（四）增加难度训练法

1. 增加技术难度

在练习者已经掌握动作规格的基础上，使其在有干扰或进行其他练习时听信号突然完成技术动作。规定当将脚靶举过头顶时，练习者用劈腿攻击，先进行中、低位脚靶练习，以训练横踢、侧踢或前踢技术，每踢 2 或 3 次，教练员就突然将靶举过头顶，练习者迅速完成规定动作，提升练习难度，锻炼练习者的动作速度与反应速度。

2. 增加攻防难度

创造比正常训练和比赛困难的练习条件来进行技术训练。这种方法有多种形式，如负重练习法、大强度练习法和一对二练习法等，利用高难度或超重量的训练方式，强化运动员对技术的熟练运用，使运动员更深刻地理解技术，更灵活地运用技术。

三、跆拳道实用战术训练内容

（一）横踢战术

以在对方原地换位的瞬间横踢进攻对方为例。在跆拳道比赛中，运动员不断变换准备姿势，以更好地发动进攻。双方换位时，右架闭式站立（双方同是右架或同是左架站立称为闭式站立，一方左架，另一方右架，则为开式站立），乙方原地换位瞬间，甲方立即使用后腿横踢（图 7–27）。

图 7–27　横踢战术

（二）后踢战术

以用假横踢调动对方，在其进攻横踢时使用后踢反击为例，双方右架闭式站立。甲使用后腿横踢假进攻乙，乙后撤一步然后用横踢进攻甲时，甲趁势后踢反击乙（图 7–28）。

图 7–28　后踢

（三）下劈战术

下劈战术主要应用于对方横踢时用劈腿反击、双方分开后即可劈腿进攻、用横踢调动对方，再用劈腿攻击等情况。

以在分开时使用劈腿进攻为例，一个回合后，双方贴在一起，在即要分开的瞬间，用劈腿技术攻击对方（图 7–29）。

图 7-29　下劈战术

（四）双飞踢战术

双方右架闭式站立，甲先用假劈腿迫使乙后撤，甲用双飞踢进攻；乙方原地换位瞬间，甲方使用双飞踢；甲先用假横踢迫使乙后撤，再用双飞踢进攻（图 7-30）。

图 7-30　双飞踢战术

（五）旋风踢战术

双方开势站立，为了防止甲后腿横踢，乙方原地换位，甲在乙原地换位瞬间使用旋风踢攻击（图 7–31）。

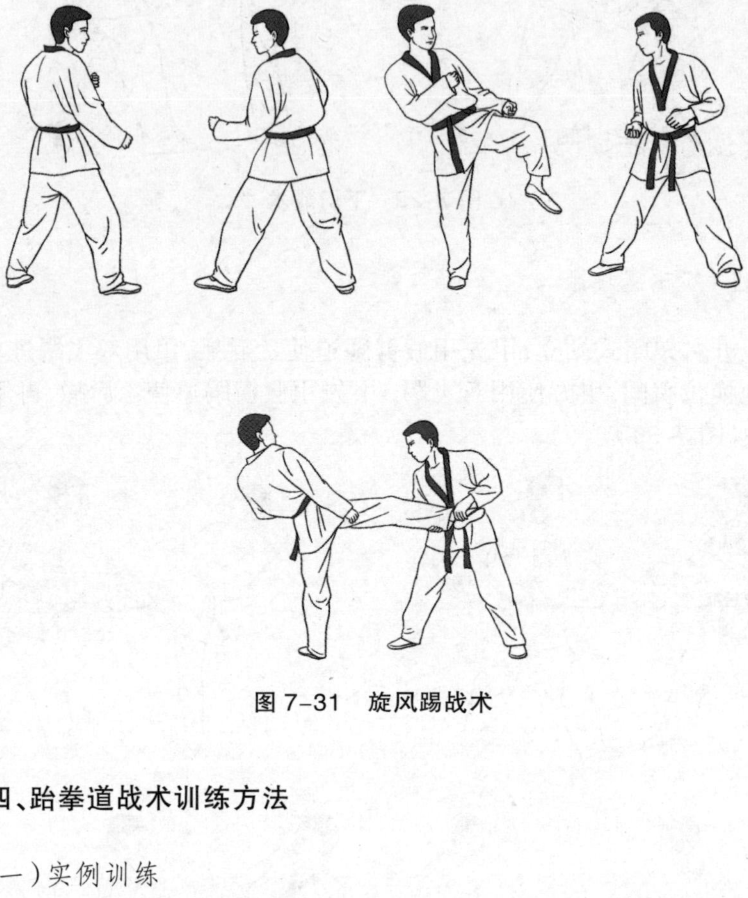

图 7–31　旋风踢战术

四、跆拳道战术训练方法

（一）实例训练

在特定情况下的实例练习中，将双方采用的技术攻击方式明确下来，练习者要将自己和对方的进攻技术及反攻技术记在大脑中，做到“知己知彼”。

实例训练中的对抗形式是特定的，双方的反应方式也是特定的，在特定的练习中，练习者要注意重复进攻与防守。在跆拳道技术训练和战术训练中都可以采用这种训练方式。练习过程中双方要将跆拳道战术运用的时机及动作细节掌握好，可逐渐增加练习的复杂度，不断提高练习效果。

（二）假想对手训练

假想对手训练能够使练习者对跆拳道的一般进攻技术形式、专门攻防战术技巧有深刻的认识与理解。在训练中，攻击连续、有效，战术打法稳固、扎实，通过设置不同的对手来训练练习者的突破能力。

在实际对抗中，要将对方在不同攻击阶段采用的战术形式及相应的战术目的看清是比较难的，为了清楚地知道对方的打法风格，对对手的战术形式及目的有清楚的认识，可采用假想对手训练的方式来达到目的。运动员可以假想自己熟练的对手，也可以假想不熟练的优秀跆拳道高手。或者利用沙袋进行练习，将沙袋假想为对手，练习时不断变化步法，采用多种攻击方式。

（三）紧逼式训练

紧逼式训练的特点是时间短、强度大，战术目标已被限定。

在紧逼式训练中，出现某种意料之外的局面时，练习者不能花太多时间去思考如何解决，而应经过短暂的思考迅速应对，这样可以缩短练习者的反应，使其迅速就“采取何种战术”而做出决定。在训练前，教练员可以将练习者将要练习的战术反应形式确定下来，然后通过重复练习而不断熟练战术反应形式，这有助于为练习者参加重要跆拳道比赛而奠定良好的基础。

例如，采取“一对多”的练习方式，时间为30秒，陪练者采用横踢技术向练习者攻击，练习者采用下劈、后踢、近身直拳等各种方式迎击，选择反击方式时，必须对自身的身体优势予以考虑，在此基础上来选择恰当的方式。需要注意的是，跆拳道战术训练的紧逼练习方式对练习者体能的要求较高，所以持续时间不宜过长。

（四）专门性训练

在跆拳道比赛中，有时运动员在特定情况下不能快速而灵活地应对，不知采取何种战术行动，手足无措，毫无反击之力，从而陷入被动，无法取得比赛的胜利。对此，进行专门性训练非常必要。专门性训练是指模拟运动员应对不了的战术情境，在特定情境中反复练习，直至运动员清楚在此情况下该采取什么样的战术，并将战术效果充分发挥出来。

专门性训练类似于演练训练，演练比赛中的一些情境，专门性训练要逐渐向实战过渡。

第三节　拳击运动科学训练

拳击是戴拳击手套进行格斗的运动项目。拳击比赛既有职业性的，也有业余性的。拳击比赛的目的是打倒对方，或获得更多的分，将对方战胜。比赛双方既要主动进攻，也要加强防守，躲避对方的攻击。拳击运动有极强的对抗性，对肌肉爆发力的要求非常高，对技战术的技能要求也很高，而且拳击运动员要有勇敢拼搏、坚持不懈、顽强作战的良好意志品质与精神品质。正因如此，拳击运动被称为“勇敢者的运动”。这项竞技运动较为复杂，赛场情况瞬息万变，对运动员的力量素质、准确判断力、快速反应力和果敢行动力都提出了很高的要求。拳击运动员不仅要体能强，还要技术娴熟，战术多变，可攻可守，要有顽强的毅力和拼搏的精神，有强大的自信和灵敏的反应，这些都是战胜对手的重要条件。要达到这些要求，就必须经过长期系统的训练，体能训练、技能训练、心智能训练缺一不可。本节着重对拳击运动技术与战术训练展开分析。

一、拳击技术训练内容

（一）基本拳法

1. 直拳

（1）前手（左）直拳

向前滑步，同时打出左直拳，接触击打目标前拳头向内旋转 90°，同时利用身体向前移动的速度，上体略前倾并送肩，加大击打力度，右手护住下颚和右肋部。注意身体重心仍保持在前脚支撑点内，头部不可超越前脚尖。

2. 刺拳

刺拳与直拳有区别，出拳速度快而且动作轻则为刺拳，出拳动作沉重称为直拳。刺拳主要攻击脸部。方法为手臂由屈到伸，拳头直线出击。当肘臂将要伸直时，拳头内旋或拳背向上。左脚在出拳时向前滑步，靠近对方，拳打出去时，上体稍前倾，配合送肩动作，以加大出击力量。

3. 摆拳

用前手拳佯攻，当对手向自己左方移动时，用后手摆拳击打对手头部或左腮面。打出摆拳时，肘臂由屈增大到120° ~ 150°，拳背向上，虎口向自己。击打时充分利用两腿蹬地和转胯的力量。摆拳不论击中与否，拳头摆击到面前中线就立即制动并迅速收回，保持基本攻防姿势。

4. 勾拳

勾拳通常在近距离内使用。击打时屈肘成90°，运行路线较短，在短时间内迅速发力。以前手(左)上勾拳为例，身体略左转，屈膝，左肩下沉，拳内扣，拳峰向上，随着拳头打出拳眼由上向外转，拳峰对准腹部或下巴，由下而上击打，同时伸左腿，抬上身，左足内旋碾地以增加击打力量。

(二)组合拳法

1. 前手直拳击头+后手直拳击头

实战姿势，甲向前滑步向乙靠近，同时用前手直拳向乙方头部攻击，然后收拳放在下颌前，再用后手直拳向乙方头部击打。

2. 前手直拳击头+后手直拳击腹

实战姿势，甲向前滑步向乙靠近，同时用前手直拳向乙方头部攻击，然后收拳放在下颌前，重心下移，再用后手直拳向乙方腹部击打。

3. 前手直拳击头+前手摆拳击头

实战姿势，甲向前滑步向乙靠近，同时用前手直拳向乙方头部攻击，然后再换前手摆拳向乙方头部击打。

4. 前手直拳击头+前手上勾拳击下颌

实战姿势，甲向前滑步向乙靠近，同时用前手直拳向乙方头部攻击，然后再换前手上勾拳向乙方下颌击打。

5. 前手摆拳击头+后手直拳击腹

实战姿势，甲向前滑步向乙靠近，同时用前手摆拳向乙方头部攻击。然后收拳放在下颌前，重心下移，再用后手直拳向乙方腹部击打。

6. 前手摆拳击头 + 后手上勾拳击下颌

实战姿势，甲向前滑步向乙靠近，同时用前手摆拳向乙方头部攻击。然后收拳放在下颌前，紧接着用后手上勾拳向乙方下颌击打。

7. 前手平勾拳击头 + 后手上勾拳击下颌

实战姿势，甲向前滑步向乙靠近，同时用前手平勾拳向乙方头部攻击。然后收拳放在下颌前，紧接着用后手上勾拳向乙方下颌击打。

8. 后手平勾拳击头 + 前手摆拳击下颌

实战姿势，甲向前滑步向乙靠近，同时用后手平勾拳向乙方头部攻击。然后收拳放在下颌前，紧接着以前手摆拳向对方下颌击打。

9. 前手刺拳击头 + 后手直拳击头 + 前手上勾拳击腹

实战姿势，甲向前滑步向乙靠近，同时用前手刺拳向乙方头部攻击。然后收拳放在下颌前，紧接着以后手直拳向乙方头部攻击。再次收拳置于下颌前，同时向前滑步靠近乙方后立即以前手上勾拳向对方腹部击打。

10. 前手直拳击腹 + 后手直拳击头 + 前手上勾拳击腹

实战姿势，甲向前滑步向乙靠近，重心下降，迅速用前手直拳向乙方腹部攻击。然后立即收拳放在下颌前，再以后手直拳向乙方头部击打，再收拳放在下颌前，紧接着向前滑步靠近乙方后立即以前手上勾拳向对方腹部击打。

（三）防守技术

1. 阻挡技术

阻挡技术是阻挡对手的各种拳法以达到防守目的，通常用不易受伤的手、肘、臂、肩等部位防守。阻挡防守技术并不理想，如果对方打重拳，那么被击打部位甚至肌肉神经可能受伤。但这一防守技术在近距离的对抗中比较可取。对方打左拳，就用右肘阻挡，对方打右拳，就用左手阻挡。但这也不是固定的，要观察具体情况，采取合理的防守手段。肘部阻挡如图 7–32 所示。

图 7-32　肘部阻挡技术

2. 拍挡技术

拍挡技术是指运用手掌或拳拍档对方打出的直拳。

同名手拍挡：用左手拍档左拳，右手拍挡右拳（图 7-33）。

异名手拍挡：用左手拍挡右拳，右手拍挡左拳（图 7-34）。

图 7-33　同名手拍挡

图 7-34　异名手拍挡

3. 格挡技术

格挡指的是用手或前臂部位来挡对手的拳，从而使自己在内线（或外线）处于较为有利的进攻位置。通常对付直拳、摆拳、勾拳时要采用格挡技术。

以格挡左勾拳后反击为例，甲用左勾拳击打乙右腮面，乙右臂稍前伸并抬高以格挡甲的勾拳；随即用左摆拳或左勾拳向甲的右腮面发起反击（图 7-35、图 7-36）。

图 7-35 格挡左勾拳

图 7-36 反击

二、拳击技术训练方法

（一）拳法训练方法

1. 影子训练

影子训练是拳法训练的有效方式之一，不但能够提升拳法的熟练性，还能使神经系统功能得到完善。练习者在灯光下空击，观察自己的影子拳是否准确，发现错误便及时纠正。对初级阶段的拳击运动员来说，采用影子训练是非常合适的，这种训练方法和对镜训练相似，都可以用来对基本技术加以学习、改进，对各种攻防技巧不断予以熟练。

练习者对着镜子或影子对自己的一举一动进行观察，自己发现自己的问题，这也有助于锻炼练习者的运动心理素质和运动智能。总之，影子训练或镜子训练能够起到教练员一对一指导训练的效果。

2. 打沙袋

打沙袋训练是锻炼耐力和击打力量的良好练习方式。练习时，身体与沙袋间距适宜，打击方法要正确，减少失误，以免发生损伤。初步练习时，教练员或同伴可将沙袋摁住以达到固定的效果，练习中注意体会手感。

（二）跳绳训练法

跳绳训练可以锻炼步法，提高上下肢与身体的灵活性，提升动作的协调性。在拳击技术训练中，跳绳训练法运用普遍，经常出现在拳击运动员的训练计划中。

跳绳练习的具体方式丰富多样，练习者可以摇 1 次绳单脚跳一次，两脚交替跳，也可以摇 1 次绳，两脚并拢同时跳 1 次，或者两脚并拢跳起腾空后，再次摇绳使绳从脚下过。跳绳练习不适合采用匀速跳，而应该随时变化速度，快慢交替，以提高练习效果。但在热身阶段或最后的整理阶段可以进行匀速跳练习。

（三）路训

“路训”指的是在户外进行训练，如在田野训练、在公路训练等，总之是离开室内拳台的一种训练方式。一般在调节训练阶段采用路训的练习方式，长期在室内的拳台上进行练习，运动员难免会感到枯燥，从而影响训练积极性和训练效果，而适当走出室内训练场地，去空气清新的大自然中如田野、乡间等进行训练，能够调动运动员的训练热情，使其训练积极性得到提升。上面所讲的跳绳训练和拳法训练都可以在户外进行。

三、拳击战术训练内容

（一）进攻战术

1. 强攻战术

强攻战术指的是甲方面对乙方的进攻或防守而发起硬性进攻。采用强攻战术，要求以硬性进攻代替防守。在拳击比赛中，如果对方比赛经验比自己丰富，技术比自己强，但力量和速度不如自己时，这时采用强攻战术往往能够达到“放长线钓大鱼”的效果。

2. 紧逼战术

紧逼战术指的是运动员通过身体闪躲、移动步子、组合拳连续进攻等方式，将自身在击打力量、进攻速度、动作连贯性等方面的优势充分发挥出来，迫使对手陷入被动，不得不放弃进攻，转为防守，此时再连续发起猛烈的进攻，将对手摧垮。紧逼战术先摧垮的是对方的心理，然后再摧垮其进攻。采用紧逼战术时，常常通过移动步子和组合拳法连续进攻的方式来达到紧逼的目的。

3. 边角战术

边角战术指的是边移动边进攻，将对手逼到拳台围绳边或角落处，然后再激烈进攻。边角战术的特征是有明确的进攻区域，而且在目标区域进攻的次数多、节奏快。

（二）防守战术

1. 抱头防守

抱头防守指的是将两手手臂抬高到头前上方，躯干稍收缩，利用手臂和躯干形成的框架来防守。注意防守时利用两臂将头保护好，不要让对手找到空当。这是一种"守株待兔"式防守战术。

2. 贴靠防守

贴靠防守指的是身体主动向对手靠近，将对手的进攻节奏打乱，使其无法在适宜距离进行进攻，无法充分发挥技术能力。这也是一种利用规则而拖延时间的防守方法，常常被智慧型、进攻型运动员采用，技巧为进攻后立即用身体贴靠对方，使对方难以反击。

3. 保点防守

保点防守是指在拳击比赛中，当一方点数领先时采用保守打法来维持战果直至比赛结束的战术。保点战术的特点是减少进攻，以防守为主，同时对对手的进攻进行阻挠，打乱其节奏，多采用假动作来佯攻，以拖延时间直至比赛结束。

4. 距离防守

距离防守指的是通过移动步子来与对手始终保持安全距离，防止对方突然进攻的战术。一般擅长远距离打法的运动员常常采用距离防守战术。这类运动员步法灵活，移动速度快，身法敏捷，而且有较好的距离感，因此采用距离防守战术往往能够达到良好的效果。

在拳击比赛中采用距离防守战术不但能够取得良好的防守功效，还能将对手的进攻遏制住，使对方找不到近距离进攻的机会，耗尽对方的信心，使其技术得不到发挥。

四、拳击战术训练方法

（一）假设性空击训练

想象实战场景，假想一个对手，然后空击，假人、沙袋等道具都可以运用到训练中，将想象与练习结合起来，设想如何才能击中目标，熟练运用各种战术来猛烈攻打、灵活躲闪、佯攻巧打等方法。采用这种练习方式，有助于促进战术意识的形成与强化，能够使运动员熟练运用各种战术。

（二）模拟训练

模拟训练是一种针对性很强的练习方式，也可称为专门训练。教练员或同伴站在练习者的对面模仿对手的打法风格，练习者根据“对手”的打法而灵活采用各种技战术来抗衡，从而使练习者熟练掌握和运用不同的战术，提升其战术运用能力和真实对抗下的适应能力。通过模拟训练，练习者要找到适合自己的且能克敌制胜的战术打法。

（三）战例分析训练

运动员观看经典拳击比赛录像，然后筛选完整的、典型的战术片段反复观看、分析、研究，思考片段中的运动员如何灵活运用战术而取得成功或失败一方的战术存在什么问题等，教练员辅助分析，必要的时候提示要点。运动员也可以以小组练习的方式相互讨论，全面分析，交流看法。运动员将战术片段分析透彻后，再观看完整的比赛视频，深刻理解战术运用对全局的影响，从而树立全局观，提升战术意识。

第四节　散打运动科学训练

一、散打技术训练内容

（一）基本拳法

1. 冲拳

以左冲拳为例，向右侧转腰，重心稍前移，左手内旋，左拳直线向前打出，拳心朝下（图 7–37）。

2. 掼拳

以左掼拳为例，实战步。上体稍右转，左拳向外、向前、向里横掼，左手臂稍屈，拳心向下，右拳与右侧脸颊基本同高，保护好头部，目视前方（图 7–38）。

图 7–37　左冲拳

图 7–38　左掼拳

（二）基本腿法

1. 蹬腿

以左正蹬腿为例，实战步，右膝稍屈，左腿屈膝并上抬到达到胸腹部高度，脚尖上勾，左脚用力平直向前蹬出，身体稍后仰（图 7–39）。

2. 踹腿

以左踹腿为例。实战步。右腿稍屈膝，重心放在右腿；左腿屈膝并上提，小腿外摆，脚尖勾起，脚面正对攻击对象，髋舒展，直膝向上踹，身体后仰（图 7–40）。

图 7–39 左正蹬腿

图 7–40 左踹腿

（三）基本摔法

1. 抓臂按颈别腿摔

对方用右掼拳击打本方头部，本方身体迅速左转，左臂向左上架格挡住对方的右拳，左手抓其腕，继续向左转体同时用右腿别对方右腿，右臂向左下方拧对方颈部，左手向后拉其右臂，用力摔倒对方（图 7–41）。

2. 闪躲穿裆靠摔

对方用左冲拳攻击本方头部，本方下潜，避开击打。同时右脚移到对方左脚后，左手抓其左膝，右臂别其右膝窝，头顶其胸部，用上体的力量将对方摔倒（图 7–42）。

图 7-41　抓臂按颈别腿摔

1　　2

3　　　　　　　　　　　　　　　　4

图 7-42　闪躲穿裆靠摔

3. 格挡搂推摔

对方用左冲拳击打本方头部，本方右臂上架挡住，并用力卡住其左臂。右手顺势下滑到其左大腿并向内按扒，同时左手用力推其左胸，将其推倒在地（图 7-43）。

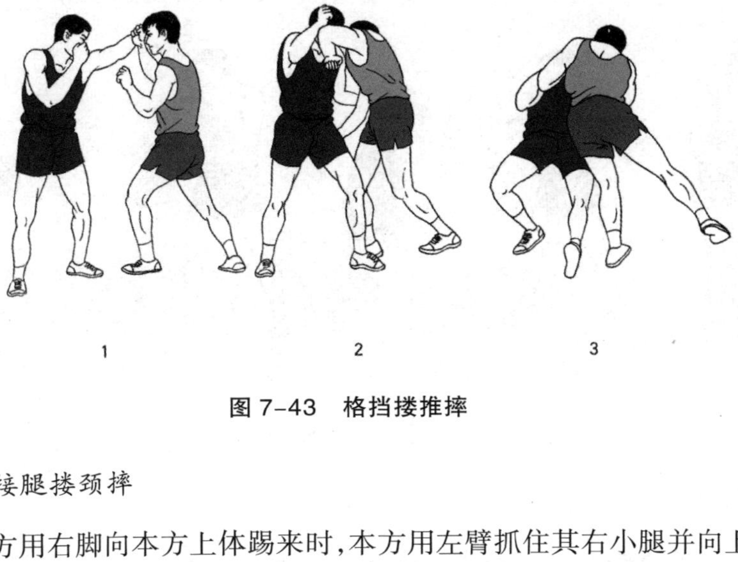

1　　　　　　　　2　　　　　　　　3

图 7-43　格挡搂推摔

4. 接腿搂颈摔

对方用右脚向本方上体踢来时，本方用左臂抓住其右小腿并向上抬，右手搂其颈部向右后下方抓压，同时右脚截对方左腿将其绊倒（图 7-44）。

图 7-44 接腿搂颈摔

（四）防守技术

1. 拍压

左（右）手由拳变掌，以掌心或掌根为力点从上向前下方拍压（图 7-45）。

图 7-45 拍压

2. 挂挡

左（右）臂弯曲向同侧头或肩部挂挡（图 7-46）。

1　　2　　3

图 7-46　挂挡

3. 拍挡

左架，实战势，左（右）手以手腕为力点向里横向拍挡（图 7-47）。

1　　2　　3

图 7-47　拍挡

4. 里抄

一臂屈臂外旋，靠近腹前，掌心向上。另一臂屈肘贴在同侧胸处，立掌，虎口朝上，掌心朝外（图 7-48）。

5. 外抄

左（右）手屈臂外旋，手心朝上。右（左）手屈臂贴近同侧胸部，立掌，掌心向外（图 7-49）。

图 7-48　里抄

图 7-49　外抄

二、散打技术训练方法

（一）空击练习

在学习与掌握散打技术初期可采用空击练习方法。运动员可以自己做空击练习，也可以与同伴对练，或者教练员安排以小组为单位练习或直接进行集体练习。空击练习不仅有多种多样的实施形式，而且练习的侧重点也因练习内容的变化而不同。例如，在以基础技术为主的练习中，强调动作的准确性、规范性，要求运动员在练习中认真体会动作要领，包括击打目标、动作轨迹、发力部位等；在以组合技术及战术为主的练习中，强调战术意识的重要性，也强调要有目的、有针对性地进行进攻或防守。

采用空击练习方式，要贯彻循序渐进原则，先练习单个技术，再练习固定组合技术，最后练习随机组合技术，先在原地练习，然后结合各种步法进行移动中练习。

（二）隔空练习

隔空练习与一般的双人练习最大的区别在于双方没有肢体接触，只是根据对方的进攻或防守动作而采取应对的动作，这种练习方式有一定的趣味性。

采用隔空练习方式时，虽然双方不直接接触，但也要规范、逼真地完成动作，控制好双方的距离，调整好自己的节奏，将各种技战术充分发挥出来，在练习过程中要集中精力，灵活应对，迅速完成攻防。双方要相互配合好，相互关照对方，主动练习者和被动配合者要互换角色反复练习。

（三）击点练习

击点练习也就是听信号练习，提前规定每个信号对应的动作，在练习过程中运动员快速反应，严格按要求准确完成动作，击中目标。教练员发信号时，要注意信号不能太复杂，要隐蔽好信号，不能被运动员察觉，要发出清晰的信号，并调整准确的靶位，要控制好信号的速度，随机发出信号，不能让运动员发现其中的规律，信号要多变，要有突然性，但必须是提前规定好的。在运动员体力充沛时可以发出较复杂的信号，而当运动员体力下降时，需发出较简单的信号，否则会使运动员的动作质量受到影响。

（四）递招练习

递招练习适合在周期性训练的初级阶段采用，适用于初级运动员。这种练习有两种形式，一种是接触身体练习，另一种是不接触身体练习，需根据训练目标和运动员的实际情况而灵活选用。这种练习不但能够使运动员将各种攻防技术熟练掌握好，还能有效提高其速度素质和反应能力。递招练习还有一个很大的优势，即不会使练习者产生心理压力，练习者可以轻松参与训练。

三、散打战术训练内容

（一）直攻战术

直攻战术是指运动员在没有用调动法进行掩护的前提下，直接使用技法攻击对方的战术。直攻战术的运用一般出现在下列情况中。

（1）对方反击能力弱，只有招架之功，没有还手之力时。

（2）对方反应速度、动作速度、位移速度比自己慢时。

（3）对方体力不支，动作力量没有构成任何威胁时。

（4）对方的动作姿势出现明显破绽时。

（5）自己比分落后，比赛时间不多时。

（二）佯攻战术

佯攻战术是指运动员采用调动法有意给对方造成错觉，把对方引入歧途后展开真实进攻的战术。在散打比赛中，如果不了解对方的打法，或者是在对付动作反应快、反击能力强的对手时，直接进攻容易被对方防守或反击，此时可采用专门的调动法来虚晃、指上打下、指下打上，分散对方注意力，诱导对方产生某种错误的动作反应。当对方转移注意力后，快速主动进攻；如果对方先发出进攻，可伺机进行反击。

（三）强攻战术

强攻战术是指运动员强行突破对方的防守，连续不断发起进攻的战术。强攻强调以己之长攻彼之短。强攻战术一般运用于下列情况中。

（1）自己的力量、速度、耐力素质比较好，而技术及比赛经验不如对方时。

（2）对方耐力素质比较差时。

（3）对方近战能力、心理素质、摔法能力比较差时。

（四）迂回战术

迂回战术是指运动员灵活运用步法向对方两侧移动并伺机进攻的战术。当对方动作力量大、正面攻击火力强，或对方正面防守比较严密时，本方可采用迂回战术，向对方左右两侧移动，避其锋芒，制造进攻机会，达到“以迂为直，以患为利”的目的。虽然弧线运动比直线运动长，但弧线运动又可以破直线运动。

四、散打战术训练方法

（一）录像解析法

教练员选择经典的散打比赛视频，从中截取关于战术运用和能够将散打战术特点充分反映出来的片段，组织运动员反复观看片段，在运动员观看的过程中，教练员进行必要的讲解与分析，并启发运动员思考，引导运动员想象如果自己处在这样的比赛形势下，是否会采用像视频中这样的战术。运动员要对视频中采用的各种战术的特点、适用情况及在不同情境下运用的效果进行分析，并结合完整的比赛过程来分析战术在全局中的重要性，使运动员经过分析而深入理解散打战术的重要性，培养与提高其战术意识，同时这也是锻炼运动员综合分析能力的好机会。

（二）分解—完整训练法

通常情况下，一种完整的散打战术往往由若干单独的技术动作组合而成，运动员首先要练习组成战术的各个技术，从局部练起，熟练各个技术后再组合起来练习，最终过渡到完整的战术训练上。例如，直拳—小鞭腿—侧踹是散打比赛中常见的上、下、中立体进攻的多点战术，在该战术的训练中，先将直拳、小鞭腿组合起来进行连贯练习，目的是使对方注意力分散，然后再进行侧踹练习，要求腿部动作有力量、速度快，最后再进行完整的战术练习，将连贯协调的动作方式及节奏掌握好。

（三）增减难度训练法

如果运动员是初学者，对其采用战术训练时，一般是减难度训练法，主要指降低对手对抗力度的方法，让运动员充分使用各种战术训练的形式练习。对于高水平运动员来说，则采用增难度训练法。例如，小级别的选手由大级别选手陪练，女运动员由男运动员陪练等，都可以有效提高运动员的战术能力。

第五节　摔跤运动科学训练

摔跤是最古老的竞技运动之一，在中国、希腊、埃及等国家的古代文明中都有关于摔跤的文字记载。摔跤运动是在实践过程中不断改进和发展的，随着灵活多变的技巧及力量的运用，优秀的摔跤选手能够更迅速地战胜对手取得胜利。在不同的历史时期，人们按照本民族、本地区的风俗习惯和文化特点创造了各种各样的获胜技巧，建立了丰富的摔跤技术、摔跤理论和比赛规则，也造就了来自不同国家、民族的摔跤英雄。而摔跤英雄所取得的成就与其常年坚持不懈的训练有关。本节重点对摔跤运动的技战术训练展开分析。

一、摔跤技术训练内容

（一）基本姿势

1. 站立姿势

两脚前后站立，一脚在斜前方，另一脚在斜后方，间距为一脚宽，稍屈膝，上体稍前倾，两肘紧贴肋部，前臂前伸，重心落在两腿间。

2. 跪撑姿势

在垫子上跪立，足尖撑地，两膝间距同肩宽，两手撑在垫子上，两手间距稍比肩宽。掌握基本跪撑姿势后，要学会从跪撑姿势过渡到站立姿势，或在跪撑姿势下摆脱对方的控制。

（二）步法移动

1. 上步

两脚左右开立，一脚先向前迈出一步。

2. 跟步

在上步的基础上另一脚迈出跟进。

3. 后撤步

两脚左右开立，一脚向后撤退一步，或双脚同时向后撤退一步。

4. 背步

两脚左右开立，一方右脚先上步到对方右脚前，然后左脚从自己右脚跟后上步到对方左脚前，同时身体向左后方转，背对对方，重心平稳，左脚即为背步。

（三）过背摔法

1. 抱肩颈过背摔

右势，甲左手插向乙的右腋下，右手从乙的颈部左侧将乙的头颈圈住并与左手搭扣，双手将乙向右后方向引移，右脚上步到乙的右脚前，左脚背步在乙的左脚前，转体填腰，屈膝下蹲背起乙，同时双腿直膝，双手下压，向左甩脸，上体前倾左转，将乙摔出，最后成压桥姿势。

防守与反攻：在甲转体前，乙迅速转体使用抱肩颈过背摔，迫使甲转攻为守。

2. 握颈和臂过背摔

右势，甲用左臂夹住乙的右臂，右手将乙颈部抓住，左脚上步到乙的左脚前，右脚背步在乙的右脚前，转体填腰，屈膝，重心下移将对方背起，同时左手向下将乙的颈部夹压住，左手拉，向左甩脸，将乙摔出，并将其控制在垫上。

防守与反攻：甲身体转动时，乙身体向下沉，抬头挺髋，同时双手将甲的腰抱住并向侧或后方向摔。

（四）跪撑技术

1. 正抱提过胸摔

乙跪撑，甲在乙后面双手抱其腰，左脚放在乙的两脚间，右脚放在乙的右腿外侧，将乙向上提起，同时左腿收回，发力蹬腿，向左后方转体，将乙摔倒。

防守与反攻：当甲抱住乙的腰向上提时，乙突然向不同方向移动，两腿尽可能置于甲的两腿间，破坏甲的动作。

2. 后抱腰滚桥翻

乙跪撑，甲在乙后面双手紧紧抱住其腰。右腿置于乙的右腿外侧，右腹与乙右臀部紧靠，右脸紧贴在乙的背上，右肩突然挤压乙的右肩，使乙滚向右前方，甲头着地时，两脚用力撑地，向头部方向蹬腿、挺腹、挺髋成桥，将乙滚翻过去并将其控制在垫子上。

防守与反攻：乙打开四肢，用力支撑，不停爬动和移动，防止甲滚动。

3. 反抱大腿翻

乙跪撑，甲在乙的身体左侧跪立，用身体左侧压住乙的上体，右手穿过乙的右大腿和在乙裆中的左手搭扣，右腿插入乙的左大腿下方，双手将乙的右腿向上提起，同时左上臂和身体左侧继续压住乙的上体，挺髋蹬腿，倒向左后方，把乙翻转过去。

防守与反攻：乙左腿蹬向左侧，横跨在甲的身上。

4. 反抱躯干翻

乙跪撑，甲在乙后面双手紧紧抱住其腰，身体向乙的左侧移动，左膝跪在垫上，右腿立着，用膝顶住乙的左侧躯干，双手反抱乙的腰部，双臂用力向上提乙，同时用身体左侧压住乙的左侧，倒向左后方，将乙翻转过去。

防守与反攻：乙突然向前移动，破坏甲的动作。

二、摔跤战术训练内容

（一）实虚配合

在摔跤运动中，真假动作的配合非常关键，因此要将实虚配合作为摔跤战术训练的重要内容。合理搭配运用真假动作，能够使对方的重心发生转移，使其步法发生变化，对其站立平衡造成破坏。实虚配合的特点是似有非有、无时不有、兵不厌诈等。摔跤运动中上下肢的配合、双手的配合、双脚的配合在必要的时候结合真假方式灵活运用才更能发挥出更好的效果。实虚配合战术不易被对方揣摩，对本方进攻与获胜非常有利。

（二）稳扎稳打

双方交手时，注意观察对方的特点，尤其要找到对方的劣势和缺陷，然后抓住机会“乘虚而入”。采用这种战术打法，要保持重心平衡和身体稳定，在手法上要富于变化，一切以“稳”为主，不要盲目进攻，在“不温不火”中将对手激怒。这一战术非常考验运动员的心理，心急的运动员不适合采用这种战术，容易乱了方寸，被对方抓住破绽。而心态好、沉得住气的选手适合采用这种战术，要在稳扎稳打中使对方先漏出破绽，以便伺机进攻，本方越稳，对方越容易心急，从而出现更多的破绽，这对本方非常有利。这种打法可以消耗对方的耐心和消磨对方的自信心，可以创造出良好的进攻机会。

在摔跤比赛中，如果对方是被动型选手，本方采用稳扎稳打战术能够使对方更加被动，使对方做出一些没有目的和意义的动作，从而使其因体力过早消耗而失去斗志，此时本方可以伺机进攻。如果对方是实力水平很高的主动型对手，那么本方更要稳一些，慢慢发现对手的弱点和破绽，伺机主动进攻，放手一搏，即使不能扩大战果，也要在稳扎稳打中求得小胜。

（三）守中有攻

在摔跤比赛中，运动员要以积极的态度和方式去防守，防守不是退缩，而是暂时避开对方的强烈进攻，保存体力和实力，为反攻找机会。在摔跤中运用防守战术，关键是要将对方的手法优势破坏，这就等于将其进攻优势破坏了，在进攻前要尽量先抢到底手。

摔跤运动的进攻与防守密不可分，往往攻中有守，守中有攻，而且每个进攻动作都能找到相应的防守方法去应对，甚至能找到相应的方法去反攻。进攻者的优势只是暂时的，其实进攻也有一定的风险性，进攻瞬间进攻方在某个方向上必然会失去原本的稳定性。在对抗中，攻守相互转换，一味防守很难取胜，只有在防守中找机会进攻，采用假守真攻的手段隐蔽意图，才能更好地遏制对方。

三、摔跤训练方法

（一）进攻练习法

进攻练习的方式有很多，如个人练习、集体练习；固定位置练习、移动位置练习；等等。如果采用固定位置练习方式，防守者站在原地不动，让进攻者进招，此时防守者可适当抵抗，从而促进进攻者攻入能力的提升。如果采用移动位置练习方式，进攻者结合步伐移动进攻时，防守者要予以配合，让进攻者成功攻入进来，促进进攻者移动进攻能力的提升。

采用进攻练习的方式时，要明确练习的速度、时间，规定练习的组数与次数，练习要有针对性，要加强对特长技术的练习，并使运动员熟练掌握各种进攻技巧。进攻练习可以与体能练习有机结合起来。

（二）约束练习法

针对某一技术或战术进行练习时，为了提高运动员对该技术或战术的熟练运用能力，规定运动员在对抗时只能采用这一方法进攻，而不能采用其他进攻方式。规定的进攻技术或战术一定要准确完成，动作不能变形，防守者要积极配合。当运动员熟练掌握规定技术或战术后，约束练习的条件可以稍微放宽，同时也要适当增加练习难度，循序渐进地提升运动员的技战术能力。

（三）绝技练习法

绝技指的是不管对手是什么类型的摔跤选手，也不管对手体型如何，在各种情况下使用起来都能取得良好效果的技术。在摔跤比赛中使用绝技往往能够提升成功率。优秀的摔跤选手往往都有自己的专长，并将其发展为自己的绝技，绝技不是一朝一夕练就的，而是在无数次的反复练习中逐渐形成的。身怀绝技的优秀摔跤运动员不仅有自己的“绝杀技术”，还全面掌握了各项摔跤技术，所以说不能只练专长技术，只练绝技，而要注意练习的全面性，并在全面掌握摔跤技术的基础上发展专长和绝技。如果运动员只有绝技而没有良好的技术基础，技术掌握不全面，那么在实战中很难有机会施展绝技，如果找不到发挥绝技的机会，又没有将其他技术掌握好，那么必然会陷入被动。对摔跤技术的全面掌握是运动员练就绝技的基础条件。在全面学习与掌握了摔跤技术后，重点挑选两三个擅长的技术进行专门性练习，形成自己的绝技。绝技不需要太多，重点是要与其他技术结合起来使用。需要注意的是，不要一味模仿优秀摔跤选手的绝技，否则会造成“东施效颦”的效果。运动员一定要从自身实际情况和擅长的技术出发来练就属于自己的绝技，从而在比赛中能够灵活运用绝技而“一招制敌”。

第八章　体能主导类项群训练与指导

体能主导类项群包含数量众多的运动专项，这些运动专项的共同点在于，都以体能素质为主导要求，在体能素质的基础上发展运动技战术；不同点在于，对体能素质要求的侧重点不同，因此又可以被划分为体能主导类快速力量性项群、体能主导类速度性项群、体能主导类耐力性项群等，本章我们将从上述三个项群出发，具体研究和阐述体能主导类项群的训练与指导。

第一节　体能主导类快速力量性项群训练

一、铅球运动训练

（一）原地铅球技术训练

1. 握持球技术练习

（1）双手持球，进行两手之间的传球、接球练习。

（2）利用下蹲、站起以及体前屈等姿势进行握持球技术练习。

2. 原地正面掷铅球技术练习

（1）身体正对投掷方向，两脚一前一后分开站立，左右之间的距离稍微大于肩宽，左脚在前，脚尖稍微向内，右脚在后，脚尖正对投掷方向。

（2）右手持球，将球举高至锁骨处。

（3）上半身右转，左臂和左肩稍微向内缩。

（4）双目直视投掷方向，由大腿、躯干、胳膊联合发力，用力将铅球快速投掷出去。

3. 原地侧向掷铅球技术练习

（1）用身体左侧正对投掷方向，两脚左右分开站立，中间大约为一个半肩膀的宽度，右脚和投掷方向之间成直角，左脚和投掷方向成半个直角，左右脚站在同一条直线上。

（2）左腿保持站直状态，着力点为左脚掌前半部分的内侧，右腿弯曲，身体向右侧倾斜，身体的重心落在右腿上。

（3）右腿用力蹬地的同时向左侧转，联合躯干和手臂的力量将铅球快速投掷出去。

4. 原地背面掷铅球技术练习

（1）身体背对投掷方向，两脚左右分开，脚尖朝外，两脚形成一个外“八”字站立。

（2）上半身用力转向右后方，达到腰部被扭紧的程度为止，然后上半身朝着右后方前屈到大约和地面平行的程度，背对投掷方向。

（3）右脚用力蹬地，同时上半身快速抬起并向左侧扭转，联合躯干和手臂的力量快速将铅球投掷出去。

5. 原地铅球技术训练注意事项

（1）强调投掷铅球的过程中身体的用力顺序，分别是“蹬、转、送、抬、挺、撑、推、拨”。

（2）原地铅球技术是整个掷铅球运动中最基础也是最重要的技术之一，应该在每次训练中都留出一定的时间进行巩固练习，以帮助运动员打下坚实的基础。

图 8–1 分别展示了正面、侧面、背面三种掷铅球的技术过程，以供参考。

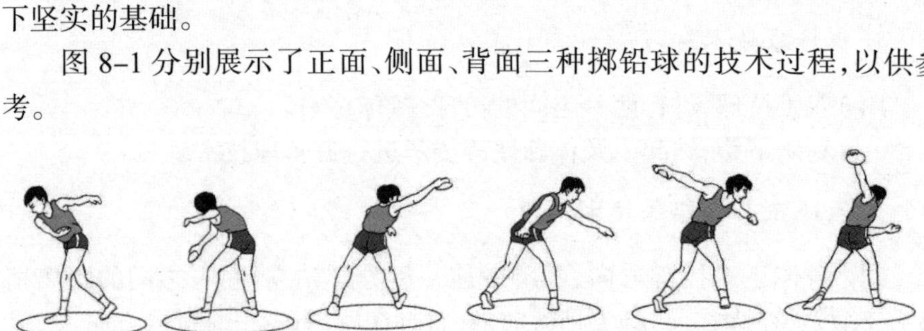

图 8-1 三种原地掷铅球方式的技术过程

（二）背向滑步技术训练

1. 预摆和团身练习

（1）双手持球保持站立，上半身向前伸，左腿在身后向上抬起，左臂自然下垂。

（2）保持该姿势不变，同时右腿慢慢弯曲，左腿回收靠近右腿，形成“团身”姿势，注意保持身体的平衡和稳定。

2. 摆动腿练习

（1）身体做团身姿势并保持稳定之后，臀部稍微向后移动，带动身体重心后移。

（2）身体重心越过右腿支撑点的同时，左腿以大腿发力带动小腿用力做后摆动作，使身体快速向投掷方向移动，身体重心也从右腿处转移到两腿之间的位置。

（3）上半身的姿势不变，继续前倾。

3. 收拉右腿练习

（1）摆腿动作结束之后，右脚的姿势为前脚掌搓地或者脚跟蹬地。

（2）上半身依旧保持前倾姿势，迅速将脚收到身体重心的下方，同时右腿的膝关节和踝关节内扣并和投掷方向保持垂直。

4. 背向滑步技术训练注意事项

（1）背向滑步技术难度系数比较高，训练时应该先以分解训练为主，在运动员掌握分解技术之后再锻炼动作的连贯性和流畅性。

（2）该技术的重点为：左腿的摆动方向为向后下方摆动；右腿收拉的速度要快、距离要合适；注意结束时身体的姿势和两脚的位置。

（三）背向滑步铅球完整技术训练

（1）背对投掷方向，双脚一前一后分开站立，右脚在前，左脚在后，脚尖都朝向外，形成一个“八”字。

（2）右腿从膝盖处稍微弯曲，上半身前倾。

（3）上半身姿势保持不变，右腿用力蹬地并伸直，然后迅速回收扣拉至身体重心之下，随即以背向最后用力的身体姿势将球推出。

图 8-2 为背向滑步铅球技术的完整过程，以供参考。

图 8-2　背向滑步铅球技术

（四）铅球运动中的常见错误动作

1. 手腕、手指在推球时用不上力或者手指损伤

（1）原因

①手腕、手指本身的力量薄弱。

②做准备时，没有将铅球举高到标准的锁骨位置。

③推球时手指没有集中用力，状态过于放松。

④推球时没有做屈腕拨指的动作。

⑤没有掌握正确的用力顺序，手臂的用力时间过早。

（2）预防或者纠正方法

①有针对性地进行手指、手腕力量练习，比如举重物练习、拉力练习等。

②进行拨球练习，练习时注意让手腕、手指保持适度紧张的状态，学会集中用力。

③进行全身动作练习，感受并掌握用力顺序，学习在正确的时间使用手臂力量。

2. 滑步距离过短

（1）原因

①没有掌握正确的蹬摆时间。

②右腿蹬伸力量不足，蹬摆动作不协调。

③右腿做完蹬伸动作之后收回的力量或者速度不足。

（2）预防或者纠正方法

①反复进行蹬摆动作的练习，先进行分解练习，完全掌握并熟练分解动作之后再进行整体动作练习，提高熟练度。

②在进行滑步动作练习的时候，在右脚的标准落脚位置做上记号，要求运动员每次将右脚落在标志上，帮助其感受动作，形成动作记忆。

3. 滑步结束之后上半身抬起的时间过早

（1）原因

①右腿没有正好收回到身体重心下方的位置。

②左肩和头部转向投掷方向的时间过早。

（2）预防或者纠正方法

①在地上做上标记，要求运动员在进行滑步练习的时候始终注视地上

的标记，防止头部过早抬起。

②练习者双手或左手拉住同伴或橡胶带做滑步练习。

4. 滑步动作和最后用力之间无法连贯

（1）原因

①腿部力量不足。

②左腿上摆的高度过高，或者左腿下落时的力量和速度不足。

③右腿收拉之后，没有通过内扣动作将右腿摆成和投掷方向成直角的姿势，影响之后蹬伸动作的速度。

（2）预防或者纠正方法

①在合适的高度设置障碍物，要求运动员在练习的时候将左腿摆动到障碍物的位置，帮助运动员感受动作，形成动作记忆。

②进行专门的腿部力量练习，尤其要发展腿部的快速力量。

③多次反复进行衔接技术练习，不断提升熟练程度。

二、跳远运动训练

（一）助跑与起跳结合技术训练

（1）原地起跳技术练习。原地站立，快速伸出摆动腿；然后起跳腿用力向前上方向迈出，并做出积极的起跳动作；同时，摆动腿用髋部发力带动腿部做积极的前摆动作。

该技术有以下几个需要注意的重点。

①起跳脚蹬地时，起跳腿需要蹬直并用力发力。

②起跳腿落地时积极下压，先用脚后跟着地，然后整个脚掌置于地面，最后再慢慢过渡到以脚尖为着力点。

③起跳腿做蹬伸动作的时候，髋部用力前顶带动身体重心向前移动，同时双臂也要积极配合腿部的动作，为身体助力。

（2）在 30 米走动中做起跳技术练习，可以采用一步一起跳或者三步一起跳的练习形式。

该技术有以下几个需要注意的重点。

①注意上下肢动作和蹬摆动作的配合，保持动作的协调性。

②随着动作熟练程度的提高，可以加快行进的速度，比如采用边慢跑边练习的方式。

（3）在 20 ～ 30 米距离的慢跑中做一步一起跳成“腾空步”练习。

（4）在 40 ～ 50 米距离的跑动中连续完成三步一起跳成“腾空步”练习。

（5）短、中距离起跳成“腾空步”练习。起跳腿在体后充分蹬直，摆动腿大腿发力积极前摆，小腿自然放松；上半身保持挺直，整个身体形成“腾空步”姿势。

（6）借助俯角跳板或者斜坡跑道等工具，进行短、中距离的助跑起跳练习。

该技术有以下几个需要注意的重点。

①刚开始采用比较慢的助跑速度，后面技术提升之后慢慢加快速度。

②起跳时，上半身停止，腰部挺拔，头部前顶，起跳腿充分蹬直发力。

③上肢动作和下肢动作协调配合。

（二）挺身式跳远的空中动作和落地技术训练

1. 原地挺身式跳远练习

（1）技术方法

①起跳腿在原地作为支撑腿，摆动腿屈膝上抬，然后立即向后下方摆动，同时向前送髋带动身体重心前移。

②两臂随着摆动腿的动作，从身体的侧后方积极向前上方向摆动。

③两腿同时屈膝，然后向下、收腿、伸直、落地。

④双臂配合双腿的动作，同时向身体的后下方摆动。

该技术具体过程如图 8–3 所示。

图 8–3　原地挺身式跳远技术

（2）重点要求

①摆动腿向后下方向摆动的同时，应该积极向前上方向送髋，同时尽力伸展身体帮助身体前移。

②注意上下肢动作之间的协调性。

2. 短距离助跑挺身式跳远练习

（1）技术方法
同上。
（2）重点要求
①动作要自然放松，既不能过于松弛，也不能过于紧绷。
②摆动腿做前摆动作时，前摆的程度要超过身体位置。

3. 中、长距离助跑挺身式跳远练习

（1）技术方法
同上。
（2）重点要求
①身体腾空之后尽力做向前送髋动作，努力使身体前挺。
②尽量延长挺身的时间，为身体前移提供更大的助力。

（三）走步式跳远的空中动作和落地技术训练

（1）借助单杠或者双杠等器械，将身体架起，双腿悬在空中做交换腿技术练习。

技术要求：感受并掌握动作顺序以及肌肉的用力方式。

（2）行进间换步练习。在行进的同时，支撑腿用力伸直做蹬地动作，髋部在蹬地力量的推动下积极前顶，带动大腿向前迈步，两臂配合双腿做大幅度的环绕动作。

技术要求：

①要求积极进行送髋动作，由髋部带动大腿完成换步技术。

②注意换步动作的连贯性和流畅性。

（3）短、中距离走步式跳远练习。动作方法如上。

技术要求：

①重点进行空中换步技术的练习，注意肌肉的用力方式、动作的顺序以及动作之间的连贯性。

②完成换步技术之后，摆动腿收回靠向起跳腿，两腿以并拢姿势向前落地。

（4）中、长距离走步式跳远练习。动作方法如上。

技术要求：

①注意上肢动作和下肢动作协调配合。

②进行换步技术时，先是髋关节前顶发力，带动大腿前进，再由大腿发

力带动小腿进行换步，注意发力的顺序。

走步式跳远技术的具体过程如图 8–4 所示。

图 8–4　走步式跳远技术

(四)跳远运动中的常见错误动作

1. 助跑点不准

(1)原因

①没有掌握一种固定合理的起动方法。

②没有掌握合理的助跑加速节奏和合理的步长。

③受到外界环境，比如场地、气候、身体状态等因素的影响。

(2)预防或者纠正方法

①借助标志或者障碍物等进行练习，形成固定的助跑起动方式。

②进行定点跑步练习，感受合理的跑步节奏和步幅，逐渐形成动作记忆。

③多在有障碍的环境中进行练习，增强适应能力。

2. 助跑最后几步减速

(1)产生原因

①情绪紧张，没有掌握好跑步的速度和频率。

②没有掌握好助跑距离，最后几步无法按照和前面相同的速度和频率进行，步幅突然变小或者变大。

(2)预防或者纠正方法

①反复进行练习，学会确定合适的助跑距离。

②加强心理练习，增强心理调适能力。

3. 落地时小腿前伸距离不足

（1）产生原因

①上半身前倾的距离过长，腿部推动力不足。

②腰腹力量不足。

③双腿柔韧性不足。

（2）预防或者纠正方法

①起跳时，大腿用力上抬做前摆动作，积极带动小腿前伸。

②针对腰腹部位进行力量素质练习。

③针对下肢进行柔韧素质练习。

三、跳高运动训练

（一）背越式跳高辅助技术训练

1. 训练目的

发展运动员的协调素质、灵敏素质和柔韧素质等，为运动员进行背越式跳高训练奠定基础。

2. 练习方法

（1）原地挺身展髋练习

做出挺身展髋姿势之后停顿3秒钟，让身体感受动作。

先是站立练习，之后逐渐屈膝，降低身体重心，保持下蹲的姿势进行练习。

（2）双脚连续起跳挺身展髋练习

起跳时，腰部用力上拔，双肩用力上提。

然后挺身展髋用力跳起，双脚跳高到双手可以接触到脚后跟的程度。

跳起的同时头部用力上顶并向后仰。

（二）背越式跳高弧线助跑技术训练

（1）进行8字弧线走步练习。

（2）进行8字弧线慢跑练习。

（3）进行8字弧线节奏跑练习。

（4）在8字弧线上慢跑的同时进行轻跳练习。

（三）背越式跳高起跳技术训练

1. 准备姿势

（1）身体侧对肋木，双脚放在小弧线上。

（2）左脚脚尖的方向和弧线左边的切线方向保持一致，右脚前脚掌内侧着地，右腿自膝盖处弯曲成半蹲姿势并保持一定的紧张状态。

（3）上半身微微后伸并向内侧倾斜，右臂保持伸直状态，右手抓住肋木。

（4）左臂在身后稍微弯曲，双眼沿着切线的方向稍微向上看，整个身体向内侧倾斜。

2. 蹬摆动作

（1）身体重心前移的同时，摆动腿迅速向前做向内的弧形摆动动作。

（2）上半身向前移动的同时，起跳腿被压下弯，身体的重心移动到支撑腿上，身体依旧稍微向内侧倾斜。

（3）摆动腿继续做弧线上摆动作，同时起跳腿伸直，用力蹬地，完成起跳动作。

（4）起跳腿做蹬伸动作的时候，髋关节、膝关节和踝关节都应该充分伸直，身体和地面之间几乎形成直角，摆动腿的大腿抬高到与地面平行的高度，小腿放松下垂。

（四）短程助跑起跳技术训练

1. 小弧线两步助跑起跳技术

（1）准备姿势

正对肋木，两脚一前一后分开站立在小弧线上，左脚置于前方，右脚置于后方。

身体稍微向内侧倾斜。

（2）动作方法

进行助跑时，右腿快速向前摆动，然后用前脚掌的内侧着地，身体重心移动到右腿上，右腿的膝关节和踝关节在重量的作用下稍微弯曲并进入一定的紧张状态。

之后右腿快速伸直并用力蹬地，起跳腿快速向前迈进，注意前迈时不用抬起过高，下落时先用脚跟外侧着地，然后顺着脚掌的外侧逐渐用整个脚掌着地，脚尖沿着弧线切线的方向迅速起跳。

2. 小弧线 4 步助跑技术

（1）准备姿势

身体正面朝向肋木，两脚一前一后分开站立在小弧线上。

（2）动作方法

右脚落地时的着力点为前脚掌内侧，左脚落地时的着力点为前脚掌的外侧。

助跑时用弯道跑步技术跑两步，然后再用小弧线助跑起跳技术起跳。

（五）助跑弧线的丈量与确定技术

1. 起跳点的确定

将在起跳脚一侧的立柱作为原点，沿着横杆向内走 2.5 ~ 3.5 个脚掌的长度，再沿着横杆方向向内场走 2.5 ~ 4.5 个脚掌的长度，然后将到达的地方作为起跳点，可以用"O"表示。

2. 助跑弧线的丈量与确定

（1）走步丈量法

从起跳点出发，顺着横杆的方向走 5 步，然后沿着和横杆方向垂直的助跑方向走 6 步，该点与起跳点的弧线为助跑的弧线段，此点为进入弧线段标记，继续向前走 7 步为助跑的起点，该段为直线助跑（如图 8-1 所示）。

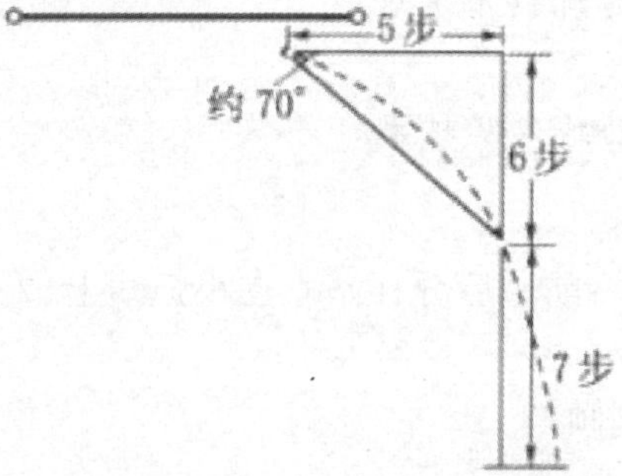

图 8-5　用走步测量法确定助跑弧线[①]

（2）皮尺测量法

以立柱为起点，确定一条和立柱横截面垂直的直线，长度为 1 米。

再以直线在 1 米处的点为起点，从该起点出发，沿着和横杆平行的方

① 孟献峰．田径[M]．徐州：中国矿业大学出版社，2015.

向确定一条 1 米的直线，1 米处的点为起跳点。

继续向前再确定一条 1 ~ 1.5 米长度的直线，再从该点出发，沿着和横杆垂直的方向确定一条 5 米长的直线，然后从该直线终点处出发，再次沿着横杆的平行方向确定一条 5.5 ~ 6 米的直线，从该直线终点处出发，沿着助跑方向确定一条长 7 米的直线，该直线的终点为助跑的起点（如图 8–2 所示）。

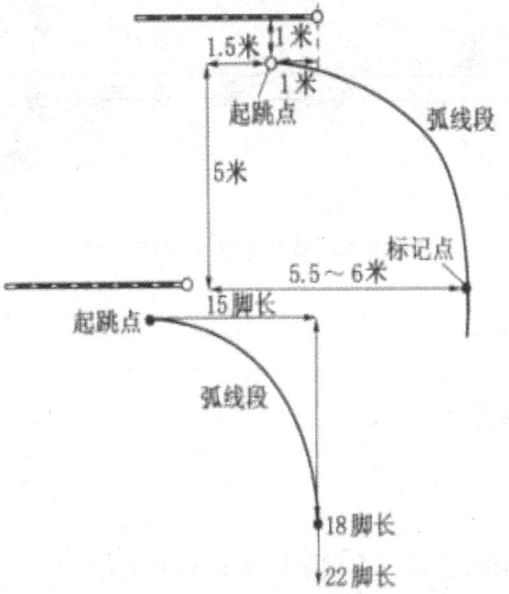

图 8–6　用皮尺测量法确定助跑弧线[①]

图 8–7 和 8–8 为背越式跳高技术的过程展示，以供参考。

图 8–7　背越式跳高助跑过程

① 孟献峰．田径[M]．徐州：中国矿业大学出版社，2015.

图 8-8　背越式跳高跳跃过程

四、掷标枪运动训练

（一）握枪技术训练

1. 现代式握法

用右手握标枪，手掌自上向下斜握在标枪上。
其中大拇指伸直放在缠绕把手边缘，经过缠绕把手和枪身。
食指伸直握住枪身。
中指、无名指、小拇指环绕握住标枪缠绕把手。

2. 普通式握法

用右手拇指、食指握在缠绳把手末端边沿。
其余手指顺着食指方向握在缠绳把手上面。
提示：目前大部分标枪运动员在比赛中都会使用现代式标枪握法，其优点为，有利于发挥中指的力量，投出更远的距离。

（二）持枪技术训练

1. 肩上持枪技术

右手举高至肩膀以上，大约与耳朵持平，手中持枪。
标枪整个平行于地面或者枪尖稍微朝下。
图 8-9 展示的是标枪平行于地面的肩上持枪方式。

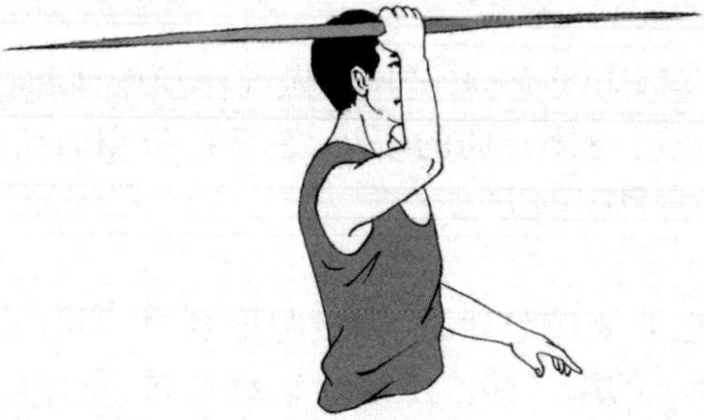

图 8-9　标枪平行于地面的肩上持枪方式

2. 肩下持枪技术

右臂自然下垂，手中持枪，枪尾朝前。
向前跑动的同时，双臂前后自然摆动。
在跑动的过程中，右臂举起，变成肩上持枪姿势。

（三）助跑技术训练

1. 预跑技术

标枪运动中的预跑阶段指的是赛场上第一标志线到第二标志线之间的距离（如图 8-10 所示）。左脚踏在第一条标志线上，迈开右腿开始助跑，跑到第二标志线预跑结束。一般预跑的距离在 12 ～ 20 米之间，运动员通常需要跑 8 ～ 14 步。

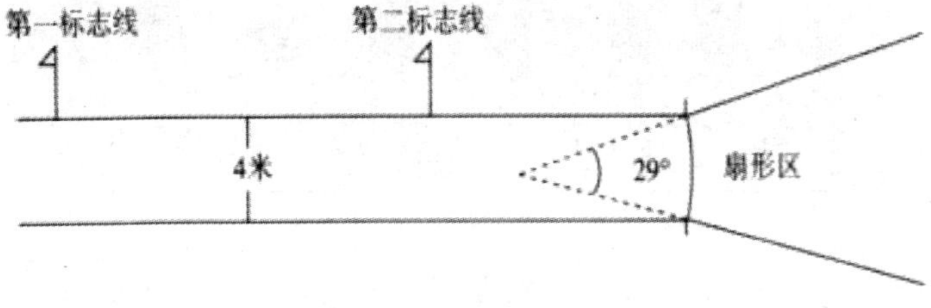

图 8-10　标枪运动预跑阶段的距离[①]

2. 投掷步技术

一般标枪运动中的投掷步包含四步，下面我们具体阐述。

① 杜和平，葛幸幸．田径运动专项理论与实践 [M]. 北京：中国科学技术出版社，2019.

（1）第一步

左脚放在第二标志线上，右腿用力做前摆动作，同时上半身向右旋转，变成用髋部对着正对投掷方向的姿势，右臂持枪用力后引，左臂在胸前自然摆动，集中注意力目视前方。

（2）第二步

右脚落地后立即变成蹬地脚，积极蹬地发力，同时左脚积极做前摆动作，开始进行投掷步的第二步。上半身继续右转，身体侧对投掷方向。右臂持枪后引，左脚落地时右臂伸直完成引枪动作。引枪结束后，右手持枪在身后高举到和肩膀相同的高度，此时标枪的头部靠近持枪人右边的眉毛，标枪纵轴与筋轴和肩轴平行。此时持枪人的躯干应该基本保持和地面垂直的状态，这样能够避免在投掷标枪时人体过早减速。

（3）第三步

左脚落地之后，积极蹬地发力，同时右腿用大腿带动小腿用力前摆，使下肢加速向前形成良好的超越器械姿势。右脚落地时，左腿应该位于右脚的前方，以加快左脚落地的时间，这时身体的姿势为向后倾斜 20° ~ 25°。

（4）第四步

右脚落地之后，右腿被动屈膝缓冲，当身体重心越过右脚支撑点上方时，右腿积极蹬地，推动筋部向前运动。左脚落地瞬间，应该保持躯干的后倾角。

投掷步技术的具体过程如图 8-11 所示。

图 8-11　投掷步技术的具体过程

（四）最后用力技术

在完成投掷步动作的基础上，胸部用力向前，投掷臂最大限度地留在身后，右肩部的肌肉最大限度的伸展。受到向前的惯性的影响，左腿被迫屈膝，但随即做迅速有力的充分蹬伸，同时以胸部和右肩带动投掷臂向前做爆发性鞭打动作，并使用力的方向通过标枪纵轴。

（五）身体平衡技术

标枪运动中，要求运动员在投掷标枪结束后，必须快速保持身体的平衡，不能越过投掷弧。身体平衡技术为，标枪投掷出去之后，右腿快速大步向前迈出一步以降低身体的重心，帮助身体保持平衡。一般运动员为了能够在最后用力阶段大胆向前做动作，在助跑时会将最后一步左脚的落脚点保持在距离投掷弧 2 米以上的位置。

第二节　体能主导类速度性项群训练

一、短跑运动训练

（一）起跑技术训练

1. 站立式起跑技术

双脚一前一后分开站立，两脚之间的距离为 1 ~ 1.5 个脚掌的长度。

支撑腿屈膝下蹲，身体重心下降，身体向前倾，支撑腿异侧的手臂屈肘置于体前。

听到起跑指令之后，双脚用力蹬地，迅速冲出去（如图 8–12 所示）。

2. 蹲踞式起跑技术

运动员听到“各就位”口令之后，深呼吸 2 ~ 3 次，然后快速走到起跑器的位置，两脚分别放在起跑器的抵足板上；后腿膝盖跪地，肩膀置于起跑线正上方；双臂伸直，两手沿着起跑线分开放在地面上，双手之间的距离大于肩宽，其他四指并拢和大拇指形成“八”字支撑；颈部自然放松，视线落在前方 40 ~ 50 厘米的地面上。集中注意力，认真听下一个口令。

图 8-12　站立式起跑姿势

运动员听到“预备”口令之后，深呼吸，然后将臀部抬高到和肩部一般高或者略微高于肩部的位置；肩部稍微向前移动到超过起跑线的位置，身体重心也随之向前移动，此时主要由双臂和前腿支撑身体的重量；注意整个准备过程都要保持身体的稳定（此时的准备姿势如图 8-13 所示）。然后继续集中注意力，认真听下一个口令。

图 8-13　蹲踞式起跑“预备”姿势

运动员听到起跑指令之后，双手迅速推离地面，两臂积极摆动，同时两腿迅速用力蹬起跑器，推动身体向前上方运动，然后前腿快速有力蹬地，并将髋关节、膝关节、踝关节同时伸展开。

3. 技术训练

（1）训练方法

①推肩起跑练习。

②借助橡皮带等工具进行阻力起跑练习。

（2）注意事项

①刚开始时，由于运动员在技术上尚不熟练，所以不用过分强调要求运动员身体前倾，防止不慎摔倒。

②可以根据运动员的需求自行调整起跑器的位置和抵足板的角度。

（二）加速跑技术训练

1. 技术分析

后腿蹬离起跑器并前摆之后，积极下落到靠近身体重心投影点的位置，然后迅速开始下一次后蹬。

前腿蹬离起跑器之后，同样迅速做前摆动作。

正式开跑的前几步，跑步的感觉为两腿沿着两条距离较近的直线前进，后面逐渐变成想象两腿之间有一条直线，两条腿分别沿着直线的两侧快速前进。

短跑中，需要加速跑的距离一般在 25 ～ 30 米。

2. 技术训练

（1）练习方法

①利用节拍引导加快步频练习。

②在跑道上标记一定的步长，要求运动员尽量将步子迈开到和标记步长相近长度的练习。

③进行第一步技术、摆臂技术、两腿蹬伸技术和前摆技术的练习。

④听信号蹲踞式起跑，加速跑 20 ～ 30 米。

（2）注意事项

刚开始训练时，要注意以单人训练为主，听枪声集体起跑要在掌握技术之后和训练的后期进行。

（三）途中跑技术训练

1. 腾空阶段

蹬地后，大腿积极发力上摆，小腿在大腿的带动以及蹬地产生的惯性之下也同时向上摆动，整个腿部在膝盖处弯曲，大腿和小腿之间形成折叠并继续做前摆动作。

同时，摆动腿以髋关节为轴，积极做下压动作，膝关节自然放松，小腿在大腿积极下压的力以及身体向前的惯性作用下，自然前伸，准备落地。

2. 缓冲阶段

落地时一般用前脚掌着地，注意落地要富有弹性。

3. 技术训练

（1）训练方法

①进行大步幅的反复跑练习，感受腿部前摆并带动髋部向前的技术。

②进行匀加速跑练习，感受途中跑的完整技术，每次练习的距离设置为 60 ~ 80 米。

③进行行进间跑步练习，练习的过程中注意动作的放松和自然。

（2）注意事项

①保证上下肢动作的协调一致。

②注意锻炼跑步动作的自然放松，以及逐渐掌握以较大的步幅进行跑步的技术。

③随着技术的不断提升，逐渐加大训练距离以及训练时的速度，以突破原有的运动负荷。

（四）弯道跑技术训练

1. 技术分析

转为弯道跑时，注意将身体向跑道内侧倾斜，同时，为了保证顺利转入弯道，还要加大右腿的摆动幅度和蹬地力量，右臂的摆动力量和幅度也随着腿部的动作一同加大。

弯道跑的过程中，身体始终保持向跑道内侧倾斜，右腿蹬地时，以前脚掌的内侧用力，左脚蹬地时，以前脚掌的外侧用力，并且无论是蹬地还是摆动，都应该向跑道内侧的方向倾斜，和身体的倾斜方向保持一致。

2. 训练方法

（1）技术训练

①采用慢速跑、中速跑、高速跑三种跑步方式围绕圆圈进行跑步练习，感受跑步速度与身体倾斜程度之间的关系。

②进行由直道跑转向弯道跑技术练习，每次练习的长度可以设置为 30 ~ 40 米，感受变道技术。

③进行全弯道跑练习，帮助运动员感受进入弯道、弯道跑，以及跑出弯道的技术。

（2）注意事项

①注意弯道跑时强调的身体向跑道内侧倾斜不只是躯干向内倾斜，而是整个身体整体协调地向跑道内侧倾斜。

②注意进入弯道跑、进行弯道跑和跑出弯道各个过程中，双腿各自的蹬地力量、摆动幅度，双臂的摆动幅度和力量等因素的变化。

（五）终点跑技术训练

1. 技术分析

在距离终点线还有 15 ～ 20 米处的位置，两臂加速用力摆动，上半身前倾。

在距离终点线只有一步时，上半身快速尽力前倾，用肩部或者胸部顶住终点线快速前冲，然后逐渐放慢速度并停下。

2. 训练方法

（1）技术训练

①在慢跑中连续做上半身前倾撞线动作练习。

②在中速跑中连续做上半身前倾撞线动作练习。

③在快跑中连续做上半身前倾撞线动作练习。

（2）注意事项

①必须边向前跑步边撞线，不能跳起撞线。

②冲过终点之后要逐渐放慢跑步速度，不能突然停止，以防在惯性的作用下摔倒。

图 8-14 展示了采用蹲踞式起跑姿势的跑步过程，以供参考。

图 8-14　蹲踞式起跑的跑步全过程

二、接力跑运动训练

我们将以 4×100 米接力项目为例,阐述接力跑运动技术的训练。

(一)起跑技术训练

(1)持棒起跑

用中指、无名指、小指三根手指握住接力棒,拇指和食指分开成“八”字形撑地,接力棒的位置必须保持在起跑线之后。

采用蹲踞式起跑姿势,基本技术和短跑相似。

一般以右手持棒前进。

具体如 8–15 所示。

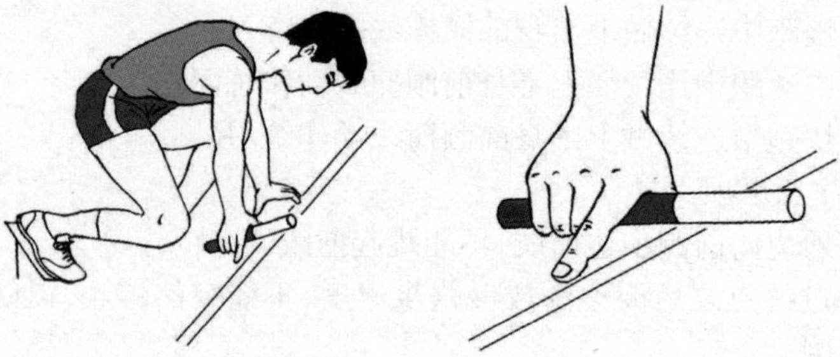

图 8–15　持棒起跑技术

(2)接棒人起跑

负责后面三段距离的运动员采用的起跑姿势一般为半蹲式或者站立式。

其中,负责第二棒和第四棒的运动员的起跑位置在跑道外侧,负责第三棒的运动员的起跑位置在跑道内侧。

运动员在选择起跑姿势的时候应该注意该姿势是否有利于清楚地观察到传棒选手、是否有利于自己迅速起跑、是否有助于加速跑等。

图 8–16 列举了其中一种接棒人起跑姿势,以供参考。

图 8-16　接棒人起跑姿势举例

（二）传接棒技术训练

1. 上挑式接棒技术

（1）技术方法

接棒人的一只手臂由体侧自然向后上伸，上抬的高度为和躯干之间形成 40° ～ 45° 的夹角。

掌心朝后，虎口向下张开。

传棒人从下向上将接力棒“上挑”至接棒人的手中。

（2）优缺点

优点：接棒人能够自然放松地做好手臂姿势，难度小。

缺点：伴随着接力棒的传递，运动员们握住接力棒的位置越来越靠前，但是快速跑步的同时又几乎没有时间进行调整，所以后面的运动员接棒后能够握住的接力棒的长度越来越短，很容易导致接力棒掉落。

2. 下压式接棒技术

（1）技术方法

接棒人手臂由体侧向后伸，和躯干之间形成 50° ～ 60° 的夹角，掌心向上，虎口向后，拇指向内。

持棒人采用从上向下压的方式，将接力棒的前端送到接棒人的手中。

（2）优缺点

优点：所有的运动员都能够握住足够长度的接力棒，接力棒掉落的可能性较小。

缺点：接棒人手臂后伸的动作相对紧张。

图 8-17 展示了接力跑运动的整个过程，以供参考。

图 8-17　接力跑运动过程

第三节　体能主导类耐力性项群训练

一、中长跑运动训练

（一）起跑和起跑后的加速跑技术训练

1. 起跑技术

中长跑采用站立式起跑姿势，双脚一前一后分开站立，前后之间的距离大约为一个脚掌的长度，左右之间的距离大约为半个脚掌的长度。

两腿自膝盖处弯曲，弯曲的程度根据起跑的速度确定，起跑的速度越快，两腿的弯曲程度越大。

上半身前倾，起跑的速度越快，倾斜的程度越大。

颈部放松，双眼视线集中在前方 5 ~ 10 米处，注意保持身体的平稳。

双臂的姿势包含两种，双臂一前一后，后臂屈肘准备，以及两臂在身体前面自然下垂。

听到开跑枪声之后，两腿迅速积极蹬伸，后腿蹬地之后迅速转入前摆，同时双臂配合腿部的动作积极前后摆动，帮助身体快速冲出。

2. 加速跑技术

进入加速跑阶段，运动员的双腿应该做积极有力的蹬伸动作，为身体的向前提供更多的动力，同时双臂也应该配合双腿的动作，前后积极摆动。此外，无论运动员是在直道起跑还是在弯道起跑，都应该按照切线跑进，并在不犯规的情况下尽量选择一个有力的跑步位置。

图 8–18 展示了一种中长跑起跑以及起跑之后的加速跑方式，以供参考。

图 8–18 中长跑起跑及加速跑

（二）途中跑技术训练

1. 后蹬与前摆技术

跑步过程中，每次身体向前越过身体重心的支点时，开始进行后蹬与前摆动作。

摆动腿大腿用力向前上方向抬起，同时带动小腿向上，这个过程中小腿自然下垂，腿部前摆带动髋部向前。

蹬地动作主要由蹬地腿的三个关节完成，整个蹬地动作的顺序为伸髋—伸膝—伸踝。蹬地的过程中，除了腿部的大肌群参与运动，脚掌的小肌群也会参与到运动中，蹬地结束时，由脚趾蹬离地面。

2. 腾空技术

蹬地腿蹬离地面，迅速转入到前摆动作中，大腿用力向前上方向抬举。

小腿随着蹬地产生的惯性以及大腿的带动，自然上摆。

整个腿部自膝盖处弯曲，大小腿在空中形成折叠姿势。

脚掌在摆动动作以及大小腿折叠姿势的影响之下，抬高到摆动腿膝关节的位置，并从该处迅速在空中划过。

小腿顺惯性折叠，以髋带动大腿积极、迅速地向前摆动。

3. 着地与缓冲技术

摆动腿大腿积极下压，小腿借助大腿的力量顺势前摆，同时脚掌做扒地动作。

落地时，先用落地脚的前脚掌或者前脚掌的外侧着地，随后再慢慢过渡到用整个脚掌着地。

着地时，着地腿的膝盖应该保持弯曲，以降低着地时产生的缓冲力。

4. 上体姿势与摆臂动作

跑步过程中，上半身保持挺直或者前倾；头部和颈部保持放松状态，双目直视前方。

肩膀保持自然放松状态，两臂以肩膀为轴前后摆动，摆动时双臂自肘关节处弯曲，两手半握拳。

途中跑技术的全过程如图 8–19 所示。

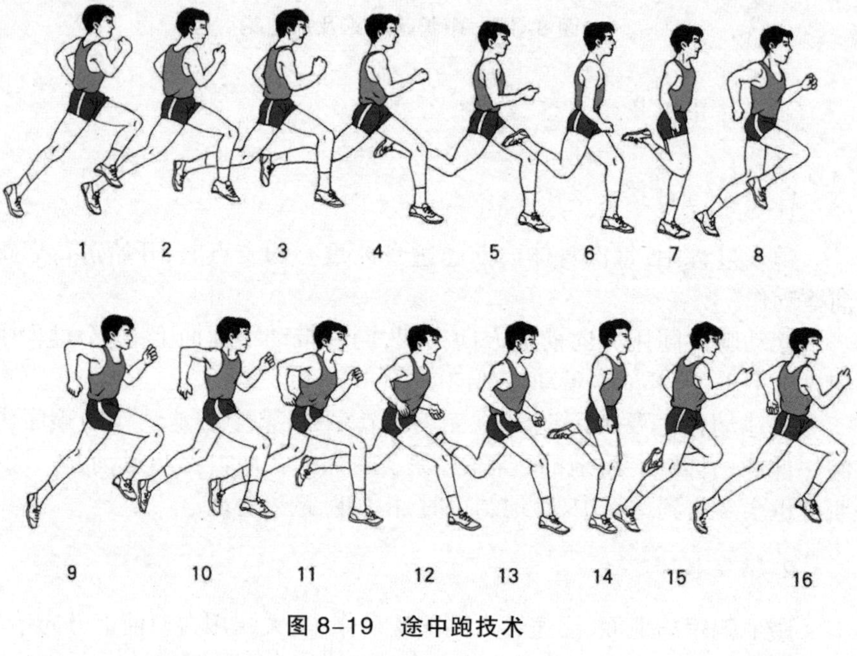

图 8–19　途中跑技术

（三）终点跑技术训练

不同跑步项目的终点跑距离不同，比如 800 米项目的终点跑距离为

300 ~ 200 米,1500 米项目的终点跑距离为 400 ~ 300 米,3000 米项目的终点跑距离为 400 米左右。在速度上占据优势的运动员,进行终点跑时,一般会在最后一个直道时突然加速;在耐力上占据优势的运动员,开始终点跑的距离一般会更长。

(四)训练注意事项

(1)在途中跑技术训练时,刚开始以帮助运动员掌握基础动作为主,比较适合进行统一训练。当运动员基本掌握途中跑技术之后,可以根据每个人的状况不同,分别提出不同的练习要求,以快速提高每位运动员的技术。可以利用小步跑、后蹬跑、高抬腿跑、上下坡跑等方式,对运动员进行有针对性的练习,不断完善运动员的技术。

(2)进行起跑技术训练时,注意向运动员强调听信号以及保持身体稳定性的重要性。

(3)在训练的过程中,注意训练运动员在跑步中调整呼吸的能力。

(4)除了培养运动员掌握正确的跑步技术之外,还要强调运动员在运用技术时要自然放松,形成自然放松的跑步姿势和跑步动作。

(5)注意培养运动员的战术意识,包括能够进行正确的体力分配、能够掌握合适的冲刺距离等。

二、竞走运动训练

(一)下肢技术训练

一个竞走单步中包含单腿支撑和双腿支撑两个阶段,其中单腿支撑又包含前支撑、垂直支撑和后支撑三个阶段。单腿支撑的过程中,另一只腿在做摆动动作,这里的摆动又包含后摆阶段、前摆阶段、双支撑阶段三个阶段。所以,竞走过程中共包含前支撑、垂直支撑、后支撑、后摆阶段、前摆阶段、双支撑阶段六个不同的阶段(如图 8-20 所示)。

当身体重心越过垂直支撑阶段中的垂直轴时,进入后支撑阶段,即支撑脚在身体后方用力蹬地使脚掌蹬离地面;在脚尖即将离开地面的瞬间,迅速转入双支撑阶段,在该阶段的后蹬动作过程中,盆骨沿着身体垂直轴转动;后蹬结束后,进入后摆阶段,摆动腿迅速做前摆动作,膝关节自然弯曲,大小腿之间形成的夹角大于 90°。

图 8-20　竞走运动的六个阶段

该阶段的具体技术过程如图 8-21 所示。

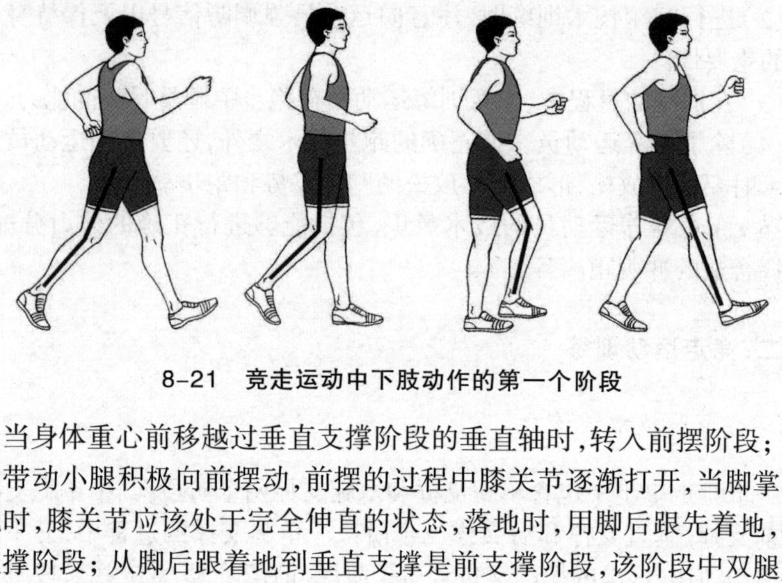

8-21　竞走运动中下肢动作的第一个阶段

当身体重心前移越过垂直支撑阶段的垂直轴时，转入前摆阶段；大腿发力带动小腿积极向前摆动，前摆的过程中膝关节逐渐打开，当脚掌即将落地时，膝关节应该处于完全伸直的状态，落地时，用脚后跟先着地，转入双支撑阶段；从脚后跟着地到垂直支撑是前支撑阶段，该阶段中双腿始终保持完全伸直的状态。

该阶段的具体技术过程如图 8-22 所示。

（二）上肢技术训练

竞走运动中，躯干始终保持正直状态，颈部自然放松，双眼平视前方。在行进过程中，肩膀和骨盆以身体的垂直轴为轴线，做反方向转动（如图 8-23 所示）。

图 8-22　竞走运动中下肢动作的第二个阶段

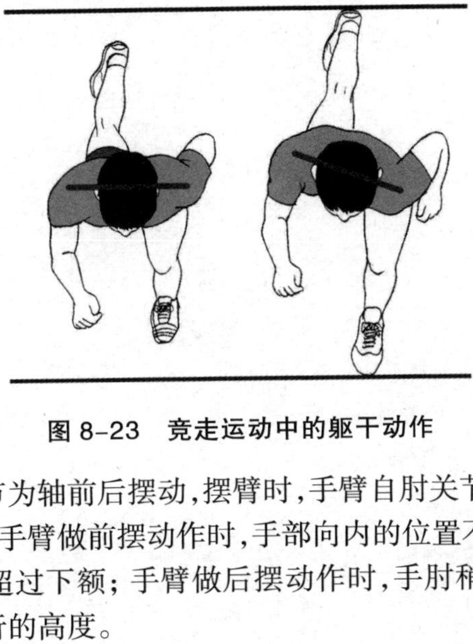

图 8-23　竞走运动中的躯干动作

双臂以肩关节为轴前后摆动，摆臂时，手臂自肘关节处弯曲成 90°，双手握成半拳状态。手臂做前摆动作时，手部向内的位置不能超过身体中线，向上的位置不能超过下颔；手臂做后摆动作时，手肘稍微向外，上臂摆动到和地面几乎平行的高度。

逆时针弯道竞走时，身体稍微向左倾斜，当蹬地的是右脚时，以右脚掌的内侧为发力点，当蹬地的是左脚时，以左脚掌的外侧为发力点，同时右臂的摆动幅度和摆动力量都要稍大于左臂。顺时针弯道竞走时，技术相反。

（三）训练注意事项

（1）竞走运动是一项特殊的运动项目，其运动技术独具特色，在训练的过程中应该注重相关理论的讲解，帮助运动员更好地理解该项运动，建立正确的技术概念，为后续的训练奠定基础。

（2）可以借助肋木等工具进行送膝练习和送髋练习，锻炼竞走行进能力。

（3）可以进行交叉步走练习和侧向前后交叉走练习，锻炼髋关节的灵活性。

（4）刚开始练习时可以采用中速或者慢速竞走的方式，不用过于追求速度，注意在练习中体会不得腾空和不得屈腿等要求。

第九章　技能主导类隔网/同场对抗性项群训练与指导

隔网对抗性项群的训练，要求遵循竞技运动发展的基本规律，在坚持一般训练原则的基础上，同时又要充分考虑本项群各项目的特点组织实施。技能主导类同场对抗性项群的技术训练，强调的是提高整体攻守效能，注重攻守训练内容的同步化。个人技术训练中视训练内容的专门化，突出个体的特长。战术训练则注重发展运动员的聪明才智，以求有目的地训练独立思考的能力。本章主要对技能主导类隔网对抗性项群中的羽毛球、网球和排球的训练，以及技能主导类同场对抗性项群的足球和篮球训练展开详细论述，深度解析技战术的训练内容和方法。

第一节　技能主导类隔网对抗性项群科学训练

一、羽毛球的训练与指导

（一）羽毛球技术能力的训练与指导

1. 发球技术练习

（1）徒手进行分解和完整的挥拍练习。练习时，可用网球拍代替羽毛球拍，这样做的目的是在练习动作的同时还可以增强手臂力量。

（2）反复做发球动作练习，用心体会球与球拍的接触点。

（3）在对方的场区划定一块区域，练习将球发入区域内，随着练习的进行与技术的提高，区域逐渐缩小，以提高发球的准确性。

（4）在练习发网前球时，安排另一球员在对方场区做扑球练习，这样可以提高发球质量。

2. 正、反手搓球练习

根据来球的路线与落点快速移动到击球位置。侧身对网，重心在右脚。击球时，以肘关节为轴，前臂外旋，腕部由展腕至收腕“抖动”，加快挥拍速度，体现“搓切”的动作，击球的右下底部，使球翻滚过网，击球后还原成准备姿势。练习动作如下：

（1）原地搓小球挥拍练习：每组做 10 ~ 15 次，练习 2 ~ 5 组。

（2）跨步击球练习：每组做 10 ~ 15 次，练习 2 ~ 5 组。练习的重点是熟悉和巩固正确的击球动作，掌握移动击球的衔接，加快挥拍的速度。

（3）多球练习：两人一组，一人站在网前抛网前球，一人练习搓球。每组 20 次，做 3 组。目的是提高原地搓球的稳定性，注意摩擦球托是在击球的瞬间。

（4）定点对搓练习：类似多球练习的方法，区别是练习者搓球后要回中，然后反复做上网搓球。目的是继续稳定动作使之定型，提高移动击球的能力。

（5）不定点搓球练习：两人一组，一人站在网前的中间位置，向练习者的网前两点随机抛球，练习者上网搓球然后回中。反复练习，重点练习快速上网搓球和快速退回中场的能力。两人交换练习。

3. 正手勾球练习

（1）过网高度练习：过网高度的控制可以用下沉手腕直立拍头的方式进行调整。如果球飞行过网较高，则将球拍角度调整得更直立，这样球过网飞行会相对较平。如果击球点较低或球不过网，可以将球拍拍面上扬，使球飞行弧线略微高一些。练习的方法是不做引拍动作，球拍以直立的状态进行多球练习，感觉并掌握勾球过网的高度。每组 20 ~ 30 次，每次做 2 ~ 3 组。

（2）击球力度练习：网前勾球的发力主要依靠手腕以及手指的力量。手腕的挥拍动作主要是控制方向，球飞行的速度与距离主要依靠手指的发力来控制。练习时掌握击球拍面控制稳定后，用手指的力量快速推送击球。每组 20 次，做 3 组。

（3）贴近球网练习：勾球落点越贴近球网，对手要移动的距离就越大，回球的难度也越大。球拍击球时，拍面尽可能地垂直对网。练习的方法为球拍拍头垂直对网，拍头从右至左轻轻挥动。每组 20 次，练习 3 组。

（4）斜拍面切击练习：适当增加斜拍面的切击，可以使球加快自转速度，球飞行过网更加稳定。练习时原地多球勾球练习。击球时，手腕增加外旋动作，使拍面切击球托的右外侧。每组20次，做3组。

（5）固定目标反向瞄准练习：在距离勾球落点区域放置一个球筒作为目标。每次练习勾球后，在球的落点和球筒目标之间画上直线，并将直线延长到落点和球间的相同距离。在直线末端为新的击球目标。每组20次，做3组。

4. 反手勾球练习

（1）挥拍练习

结合正手勾球进行挥拍练习，熟悉手腕以及肘部动作的配合。练习主要是做正反手挥拍，各20次，练习3组。

（2）多球勾球练习

原地做多球勾球练习可以提高对拍面的控制能力，以及对力度的控制能力。练习方法是正反手各进行30次，每次练习3组。

5. 勾、放结合练习

勾球和放球都是前场技术，但引拍和击球的动作不同，通过交替练习可以提高手腕的灵活性，增强网前技术的快速变化。每组20次，练习3组。

6. 勾、挑结合练习

挑球技术发力较大，目的是向前送，而勾球技术力量较小，它指向斜线。结合练习这两种动作时，对力量的灵活掌控和对拍面的变化调整有较大的难度。一旦熟练掌握可以显著地提高前场的控球能力和控制球路变化的能力。开始练习的时候，可以一个挑球、一个勾球的交替练习。待熟练后，可以根据喂球的质量来判断是运用挑球还是勾球。每组20次，做3组。

7. 反手击后场练习

当球飞向场区的底线附近，迅速移动到位，以右手执拍为例，球员应右脚前交叉跨到左侧底线附近，背对网，重心放在右脚上，肘部上抬略高于肩，拍面朝上。击球时，以肘关节为支点，以前臂带动手腕，通过手腕和拇指的配合自下而上地甩臂将球击出。同时左脚支撑右脚蹬跨回收，击球后，顺势转体面向球网，迅速返回中心位置准备还击。

8. 反手吊球练习方法

（1）动作要点

反手吊球准备动作与反手击高远球相同，只是在击球时握拍的方法和拍面的掌握以及力量的大小有所区别。吊直线球时，是用球拍反面切削球托的后中部，落点在对方场区前发球线附近。吊斜线球是用球拍反面切削球托的左侧部将球击出，落点在对方左场区前发球线附近。

（2）练习方法

①首先反复练习徒手挥拍动作。

②原地向上击球，做吊球练习。

③两人一组练习，一人隔网发高远球，一人将球吊回对方场区。

④两人一组练习，一人练习吊球，一人将球挑至对方场区。

（二）羽毛球战术能力的训练与指导

1. 高、吊配合练习法

（1）直线高球对角练习

两人一组进行练习。双方可同时练习直线高球和对角吊球、上网放网和直线挑高球，甲方回击一直线高球，乙方回击直线高球，甲方回击一直线高球，乙方吊一对角球，甲方放一直线网前球，乙方回一个直线高球，甲方回击直线高球，乙方再回击一直线高球，甲方吊一对角线球，乙方放一直线网前球，甲方挑一直线高球，重复至开始。由于球路固定，失误会减少。发球者也可从左边发球，顺序也是一样的。

（2）对角高球直线吊球练习

两人一组进行练习。球员甲由右场区发高远球，球员乙回击对角高球，甲方也回击一对角高球，乙方吊一直线球，甲方放一直线网前球，乙方挑一直线高球，甲方回击一对角高球，乙方也回击一个对角高球，甲方吊一直线球，乙方放一直线网前球，甲方挑一直线高球，乙方回击对角高球，反复进行练习。甲方也可从左边发球，顺序一样。

（3）对角高球对角吊球练习

甲方从右场区发高远球，乙方回对角高球，甲方吊对角线球，乙方回直线高球，甲方回对角高球，乙方回对角线球，甲方回挑直线高球，反复进行。发球者也可从左边发球，顺序一样。

2. 高、杀配合练习

(1)直线高球和杀对角球练习

两名球员一组进行练习。双方可同时练习直线高球和对角杀球,以及挡球和挑球,具体球路与直线高球对角吊球一样。

(2)对角高球直线杀球练习法的球路与对角高球直线吊球一样。

(3)对角高球对角杀球练习法的球路与对角高球对角吊球一样。

3. 吊、杀配合练习

发球球员由右区发高球,练吊、杀者先吊直线球,对方接吊挑直线球,练习者杀对角球。这样练习一方可练吊、杀,练一段时间后交换角色,双方都可以练到吊、杀和接吊、杀。

4. 不固定球路练习

(1)不固定高、吊练习

这是一种综合高、吊练习的高级阶段,主要是采用"二点打四点"或"四点打二点"方法。球员主要是站在自己球场中心点上向左右后场两边移动,采用高球或吊球控制对方,而对方只能回击到练习者后场的两边。

(2)不固定高、杀练习

①高、杀对接高、杀练习

练习高、杀的球员可任意打高球,比如平高球和平快球,一般要超过三拍结合杀球。如果对方打高球,接球球员也用高球还击。这种练习的目的是一方用高杀进攻,一方接高杀全场防守。一段时间后再交换练习。反复进行直至熟练掌握技法。

②高、杀对高、杀抢攻练习

这是一种强攻练习,双方均可采用高球或杀球练习,不但练习高、杀技术,也练习抢攻意识。

(3)不固定吊、杀练习

①吊、杀对吊、杀练习

练习吊、杀的球员可任意打吊或杀,如对方打吊球,接吊、杀者要回击高球。如果对方打杀球,可挡直线或勾对角球,反复练习。这种练习的目的是一方练习吊、杀上网进攻,另一方练习接吊、接杀防守练习,两人交换角色进行练习。

②吊、杀对吊、杀抢攻练习

这是一种抢攻练习法。双方均可采用吊球或杀球,练习吊、杀技术的同时也练习抢攻控网意识,是一种高水平的进攻练习。

(4)高、吊、杀组合练习

当进行高、吊、杀综合练习时,说明球员的各项能力已经发展到较高水平的阶段,因此可以不必采用固定球路的练习。在形式上可采用如下几种办法。

①半边场地高、吊、杀综合练习

在半边场地上进攻一方以高球吊球和杀球进攻,防守一方以挡、挑、放网来防守,这样一方练进攻技术,一方练防守技术。由于场地小,适合初步练习时采用。

②全场高、吊、杀对接高、吊、杀练习

一方练习发高、吊、杀,另一方练习接高、吊、杀,难度和强度均较大。这种练习基本接近实战。进攻一方可以使用高球、平高球、吊球、劈吊球、杀球、抽球、放网球、搓球、推球、勾球。而接球一方可以练习防守高球、挑球、挡球、勾球,全部基本技术都可练习到,因此这是一种最好的综合技术练习法。

5. 多球战术训练法

(1)多球练习法

练习者双方均可取 2 ~ 4 只球,当失误时,不用去捡球,而是将手中的球再发出去,以增加练习时间和击球次数,是一种增加强度和密度的练习方法,适用于单、双打练习。

(2)多球练习法

练习者可一人或两人,取一箱球(300 ~ 400 只)采用多球练习,可根据练习的要求,采用不同的路线、速度和组数、个数,由教师发多球给练习者练习。当一人练完一组后,可休息一段时间,换另外一名练习者练习,这种多球练习法是增加难度和强度的一种好方法。为了保证有一定密度,练习者最多不超过 5 人一组,最好是 3 ~ 4 人一组。双打练习也常采用多球练习法。

6. 多人陪练练习法

在单打中一般采用二对一的陪练法,这对提高练习的难度、强度和密度均有帮助。如二陪一进行高、吊、高、杀、吊、杀、高、吊、杀等练习。在双打中常采用三对二练习攻守,有时也进行四对二、三对二的进攻,两人练习防守，是一种提高防守能力的练习方法。

（1）“二一式”前后站位陪练法

两人一前一后站位进行进攻，另一人练习防守。后场的进攻者用高、吊、杀的技术进攻，前场的进攻者用搓、推、勾的技术进攻，这样的设置增强了进攻的速度和难度，可以很好地提高个人防守能力。

（2）“二一式”左右站位陪练法

这种站位法既适合于练习进攻，也适合练习防守。一人进攻时要按战术线路要求进攻，两人分边各负责自己半场区的防守；两人进攻时也要按照战术意图进行，不能盲目乱打。

（3）“三二式”前后站位陪练法

这是一种三人（一前二后）陪练两人的组合，主要练习两人组的双打防守及转攻的战术意识，对提高双打由防守转进攻的能力很有好处。

二、网球的训练与指导

（一）握拍与基本姿势

1. 东方式握拍

将手平放在拍面上，然后下滑到球拍拍柄处握住，这种握拍法接近于握手的感觉。东方式握拍的优点是易于正手抽球，而且对于初学者更为友好，更易于掌握用掌心击球的感觉，击出更加稳定的球。另外，东方式握拍还可以通过拍面对球后部的摩擦击出上旋球，以及力量大和穿透性强的平击球，如果想转换其他握拍方式也比较灵活。东方式握法非常适合网球的初学者。它的缺点是不适合打半高球，虽然东方式具有很强的穿透力，可击打出来的多为平击球，这就导致东方式握法的稳定性下降了，如果是多回合的打法则显得力不从心。因此，东方式握拍并不适合那些希望更多地打出上旋球的底线选手。

2. 西方式握拍

拍面水平于地面，由正上方握起，食指根部接触到平面就是西方式握拍法。一般喜欢打上旋球的选手多采用这种握法。因为它有利于以拍面强烈地击打球的后部使击出的球旋转强、落地后向前冲击也较大，给对手很大的压力。这种握法的另一个优势是出球可以恰好过网，并且球在过网后会立刻下坠，在球落地后便高高地弹起，这也就迫使对手退至底线后回球。另外，也更容易回击击球点较高的来球。但是回击低球是西方握拍法的致命弱点。另外，要以更快的挥拍动作以增加球的旋转，否则这种握法击出的球就会没有速度，并且深度不足。

（二）击球站位练习

1. 开放式击球站姿

运动员需双脚侧向自然分开以侧身击球，决定右脚位置的同时，必须扭转上半身使左肩朝前并向后拉拍。挥拍的过程中身体重心从右往左移动，右脚向后蹬地，打完球后可利用此力量回到中场。这是西方式、半西方式正手握拍选手多采用的击球站姿，因双脚侧向自然分开，所以当移动击球时速度更快。拉拍、挥拍时腰和肩的扭转幅度大，促使腰部发力充分。

2. 关闭式击球站姿

双脚开立，左脚向右前方上步，右脚向右旋转 90° 与球场底线平行，同时右手向后摆动引拍。以左肩膀朝前的姿势往前挥拍，挥拍时身体重心从右脚向左脚移动，腰和肩的扭转越大，获得的力量和速度越大。关闭式击球站姿多用于东方式、大陆式握拍的选手，这种站姿双脚前后站立，左肩朝前往前挥拍，所以，挥拍送球时间较长，击出的球较深。这种站姿对初学者侧身拉拍的习惯动作养成有很大帮助。

（三）移动步法和击球步法练习

1. “关闭式”步法

“关闭式”步法是一种在击球时充分利用身体前后移动的重心来打球的一种步法，因此一定要保证向前迈步击球的步法。在比赛中，“关闭式”步法多用于处理侧身迎接的来球，在击球前重心落在右脚，而在击球的一刹那将重心移至左脚。

2. 调整步

调整步也叫定向步，当身体位置需要进行微调时，可以通过这种步法定位，以确保站在最合适的位置上击球。

3. 冲刺步

冲刺步是一脚先向所要移动的反方向做一小跨步，然后利用蹬地的爆发力，跨出两步多远的距离。这是效率非常高的移动步法，向前移动和向侧移动时多采用此方法。

（四）击球路线的练习

网球场面积大，击球线路较多，以下是应用较多的几条基本的击球路线。

（1）假设球员是从自己的右角将球打到对方的右角，球的路线与边线成较大的角度，这条线称为右方斜线。

（2）假如击球者将球从自己的右角打到对方的左角，那么球的路线与右边线平行，因此这条线称为右方直线。

（3）假如击球者从自己的右角将球打到对方球场中点附近，称为右方中路。

（4）如果是从自己的左角将球打到对方的上述三点位置时，仍有三条球路，即左方斜线、左方直线、左方中路。

练习时可以两人一组，可以单线路练习也可以交叉线路练习，每组 10 次，练习三组。需要注意的一点是，为了提高击球的攻击性，在练习时就要打角度大的球。因为角度大可以调动对方，能将对手拉到边线外，使对方场上出现空当，从而攻击空当得分。

（五）击球点的练习

击球点包括以下三方面的内容。

（1）这个点距击球者身体的前后距离。

（2）这个点距击球者身体的左右距离。

（3）这个点距地面的垂直高度。

击球点对击球的命中率有直接的影响，如果击球点过于靠前，则击球无力。如果偏后则球拍前挥距离不够没有主动击球的效果。如果击球点过高或过低又会使动作变形。因此，可以两人一组专注练习击球点，掌握球感和对击球点的准确把握。

（六）抽球练习

当判断来球需用正拍回击时，左脚向右前方上步，右脚右转 90° 与底线平行。同时转肩和髋带动右手向后摆动引拍，如果是开放式步法，则左脚不必上步，两脚平站但需要更多向右转体的动作。引拍时拍头自然下垂，左手伸向前方指球，保持身体平衡。后摆引拍时身体重心移向右脚，左肩对着来球，手腕固定。正拍的击球点在身体的右侧前方，但不超过腰的高度,击球时加快挥拍速度,向前向上挥动球拍击球的中部或中上部。两人一组交替练习。

(七)正手下旋球的练习

正手下旋球一般在回接对方大力发球或防守移动不到位的情况下采用。练习方法如下:

(1)判断来球后身体做约 45° 的转体引拍,引拍幅度要小于正手上旋球。

(2)击球时挥拍由后上方向前下方挥击,球拍倾斜击球的后下部,使球产生下旋。

(3)击球后,应向击球方向做随送动作,使球向前飘行。

(八)近距离跑动对打练习

以尽可能慢的速度击球。两人一组,轮流给对方送球,送球一方站在场地右角上,接球一方站在队友的对角,送球方将球打给接球方,接球方接球打还给对方并跑向底线的另一端。送球方将球打给接球方,接球方将球打还给送球方,并跑回起始位置。重复进行。接球方在底线来回跑动,送球方站在原地不动。目标是一方能跑动 10 个来回不失误。

三、排球的训练与指导

(一)排球技术能力的训练与指导

1. 准备姿势的徒手练习

(1)球员徒手做准备姿势,教练检查并纠正动作。目的是让球员建立初步概念。

(2)球员分为两组相对站立,一组做动作,另一组纠正对方的错误动作,两排球员互教互学。

(3)全体球员听教练信号做动作。按照教练事先安排好的信号动作,依次做手臂向前平举、后排防守准备姿势、一般准备姿势、前排保护准备姿势等。反复练习,在练习的过程中,教练及时纠正动作。

2. 徒手练习移动

（1）徒手练习各种移动步法，体会动作要领。

（2）全体球员按教练的口令做各种步法的左右快速移动练习。重点是不要让身体的重心过于起伏跳动，移动后保持准备姿势。

（3）4 人一组站在端线后，先做原地快速小步跑，听到口令后快速起动冲刺跑过中线。

3. 结合球的移动练习

（1）两人一组练习，相距 2 ~ 3 米，做好准备姿势，一人向前、后、左、右抛球，另一人移动后把球接住再抛回，练习教练规定的次数后两人交换。

（2）两人一组练习，相距 4 ~ 5 米，一人向前、后、左、右抛球，另一人移动对准球后用头将球顶回。练习教练规定的次数后两人交换。

（3）两人一组，相距 6 ~ 7 米，各持一球，两人同时把球滚向对方体侧 3 米左右处，移动接住后再滚给对方，如此往复进行。

（4）两人一组练习，相对而立，一人将球抛到练习球员的身前、身后或两侧，练习的球员快速向前或转身改变方向。完成规定次数后两人交换练习。

4. 发球的徒手练习

（1）徒手发球

①全体球员徒手练习发球的动作，重点体会挥臂和抛球的身体用力情况，以及用力顺序，体会正确的挥臂方向和速度。

②徒手抛球挥臂击球：以准备姿势开始，左手徒手置于击球点的位置，右手做挥臂击球的徒手动作，体会抛球、挥臂、击球动作的协调性。

（2）抛球练习

①原地抛球：做抛球练习要求掌心向上，体会平稳地托送球、正确的抛球手法，以及体会抛球的位置和高度。

②固定目标的抛球：每人一球站在网边练习抛球的准确性。

（3）击固定球练习

①模仿发球挥臂动作击固定球：一人双手持球置于头上，另一人做挥臂击球并体会击球部位和手法。

②击固定球或吊球：将球按在墙上，另一手挥臂击固定球。或者将球吊在空中做挥臂击球的练习，目的是体会挥臂动作、击球手法、击球点和体会击球的部位。

（4）抛击结合

①抛球与挥臂击球：结合抛球、引臂和挥臂击球的练习，体会抛球引臂和挥臂击球动作的协调配合。

②对墙做抛球和挥臂击球：体会抛球与手臂挥摆的配合，以及击球用力的感觉。

③发具有强攻击性的球：加快发球速度，发力要重。

5. 垫球的徒手

（1）徒手练习

①练习双手叠掌或抱拳互握的垫球手形：前臂伸直，尽量加紧形成垫击平面。

②练习原地和移动的徒手垫球：按照口令先做原地垫球练习，然后做前、后、左、右的并步、交叉步、跨步的移动垫球动作练习。体会动作的连贯性。

（2）结合球的练习

①击固定球：两人一组，一人双手持球，另一人练习垫击动作。重点体会正确的击球点、手形及用力的感觉。

②垫抛球练习：两人或三人一组，相距 4 米做一抛一垫或一抛二垫的练习。

③对墙垫球练习：每人一球距墙 2 米处连续对墙自垫。目的是巩固击球手形、垫击点和击球部位，练习协调用力以及控制球的能力。

（3）结合移动的垫球练习

①移动自垫球练习：每人一球，向左、向右、向前、向后移动垫球。练习的目标是移动垫球时低重心移动和正面垫球。

②两人或三人一组练习，一人抛球，另一人或两人轮流向左、右前、后移动垫球。注意垫出的球要稍高，并控制好落点，移动要稳不要快。垫球者尽量做到正对垫球方向垫球。

③三人一组练习跑动垫球或四人一组练习三角移动垫球。练习时垫球的球员尽量移动到位，对正来球做到准确垫球。

（4）结合接发球的垫球练习

①两人一组相距 7 ~ 8 米，先做一掷一垫练习，熟练后做一人下手发球或上手发球，一人接发球。

②两人一组做一发一垫练习，相距 9 米而立；或者三人一组做一发二人轮流接发球练习。练习时注意开始发球要稳，然后逐渐拉长发球的距离，增加发球的难度。

③三人隔网或不隔网，一发一垫一传练习。发球力争准确，接发球者积极移动把球垫到传球队员的位置上，传球队员再将球传给发球人，循环往复练习。

（5）结合接扣球、吊球的垫球练习

①两人一组，一扣一防练习。要求接扣球的球员做好防守准备姿势，开始练习时做到扣球要稳，然后逐步增大扣球的难度。

②三人一组配合练习，一扣一防一传练习。要求扣球队员扣、吊结合，防守队员相互配合，互相保护。

6. 徒手练习传球

（1）徒手模仿

①首先徒手做练习，目的是熟悉动作要点、体会动作精神。在做传球的准备姿势时听教练的口令依次完成蹬地、展体、伸臂击球动作。重点是传球前的准备姿势，以及身体协调用力和传球的手形。

②两人一组练习，一人做传球的手形徒手持球于头的上方，另一人用手扶住球，持球者以传球的动作向前向上伸展，体会协调用力的感觉。

（2）原地传球

①每人手持一球，向自己额前上方抛球：做传球的手形将下落的球接住，重点是手形要正确。

②原地自传：练习把球传向头的正上方，传球的高度要做到离手1～1.5米，连续传30次为一组。

③对墙自传球：在距离墙50厘米处连续对墙自传球，体会正确的手形、手腕以及用力的感觉。

（3）移动传球

①每人一球在行进间做自传球练习：努力做到传球的手形始终正确，迅速移动身体并保持正面传球。

②每人一球，做向前后左右的移动传球练习；做高、低球切换的传球练习，练习控球能力。

③两人一组做一抛一传球：抛球队员向前后左右四个方向抛球，练习传球的队员根据来球做快速移动传球练习。

（4）背传球

①每人一球练习自抛背传球：练习时球员将球抛到头上的位置，两手腕后仰，掌心向上，依靠蹬地、展体、抬臂、伸肘动作把球传向后上方。

②三人一组做背传球练习：三人之间两两相距3米，两边的球员做抛球或传球，中间的球员做背传球练习。

（5）调整传球

两人一组相距 6 米，用调整传球动作练习高弧度传球，主要是练习蹬腿和伸臂的动作直至娴熟流畅。

（6）跳传球

①每人一球做对墙连续跳传球练习，这个练习的关键是掌握起跳时机，保持身体平衡。

②两人一组练习跳传球。

7. 扣球练习

（1）练习助跑起跳

①双脚做原地起跳：全体球员听教练口令练习原地起跳。动作要领是双脚要用力蹬地并快递起跳，双臂配合划弧摆动做扣球练习。

②助跑起跳：球员听教练口令做一步或两步的助跑起跳。注意要由慢到快逐步增加动作强度，并保持身体平衡。

（2）练习挥臂的击球手法

①扣球挥臂：听口令做挥臂练习，重点是体会弧形挥动动作。

②练习扣固定球：两人一组，一人双手持球高举，另外一人做原地扣固定球。或自己左手举球，右手做挥臂击球练习。要求击球时全手掌包满球，做快速鞭打动作。

③自抛自扣练习：每人一球，距墙 5 米左右练习自抛自扣，然后对墙连续练习扣反弹球，或两人面对相距 6 ~ 7 米对扣。要求击球力量不宜过大，动作放松，以练习动作的准确性为主。

④扣抛球练习：多人练习，一人站在距墙 5 米处抛球，其他人依次对墙扣抛球。要求抛球距离有近有远，弧度由低到高，扣球者选好起跳点，保持好击球点，挥臂击球手法正确。

7. 拦网练习

（1）拦网手型练习

①徒手练习：原地徒手练习拦网的手型。

②原地扣拦练习：两人一组，面对面相距 1 米左右站立，要求扣球者准确地把球扣在拦网人的双手上，让拦网者体会拦网手形和拦网时的肌肉感觉。

③原地结合低网一扣一拦练习：两人一组隔网站立，一人练习扣球，另一人练习拦网。扣球者要把球扣在拦网球员的双手上，拦网者要根据来球情况及时拦网，体会触球时的提肩、压腕动作。

(2)移动起跳拦网练习

①网前原地起跳拦网练习：按照口令在网前做原地起跳拦网。注意起跳后保持身体的平衡，不能触网或过中线犯规。

②隔网盯人移动拦网练习：两人一组隔网相对，其中一人主动向左右移动起跳拦网，另一人盯住对方，并及时移动起跳在网上与对方双手击掌。练习时要平行网移动，防止触网，移动要由慢到快。

(3)结合球的拦网练习

①一抛一拦练习：两人一组隔网站立，一人向网口上沿抛球，另一人起跳将球拦回。

②拦固定线路的扣球：一人在高台上扣球，固定扣直线或扣斜线球，其他球员轮流助跑起跳拦网。注意区别拦直线球和拦斜线球在取位和拦网手形上的异同。

(4)集体拦网练习

双人原地起跳配合拦网练习：要求两人4只手臂上举伸直，间隔距离保持适当，以中间不漏球为宜。

(二)排球战术能力的训练与指导

1.进攻战术的练习

(1)"中二二"进攻战术的练习

①徒手模仿"中二三"进攻战术的站位，然后进行不结合球的模仿跑动和轮转练习，了解各位置的分工与配合方法。

②场上队员按"中一三二"接发球站位，教练从发球区发来上手球，球员接发球组织"中二三"进攻战术，在进攻队员扣球时，后排队员跟进保护，练习保护意识。

(2)"边二三"进攻战术的练习

①徒手练习"边二三"进攻战术站位，球员按"边二三"进攻阵形站位，然后进行徒手跑动和轮转位置练习，熟悉"边二三"进攻战术各位置的跑动线路以及分工。

②结合球在简单条件下练习该战术。

③结合球在复杂条件下该战术。场上6名队员按"边一三二"接发球站位，接起教练从发球区发的上手球，组织"边二三"进攻。

④按照比赛的条件做巩固提高练习。可以3对3组织"边二三"进攻与防反练习。或者6对6进行"边二三"进攻对抗教学比赛练习。

（3）“插三二”进攻战术的练习

徒手站位练习。球员按“插三二”进攻战术站位，徒手练习跑动路线和分工等。

2. 攻防转换的战术练习

（1）调整传球和反攻练习。教练隔网站在高台上扣球，后排3名队员进行各种线路的防守，调整传球和反攻练习。

（2）人盯人拦网练习。教练在后场抛球给二传队员，扣球队员跑动扣球，对方队员进行人盯人拦网，后排队员进行防守反击。

（3）6对6攻防转换练习。教练在场外抛球，一方接发球组织进攻，另一方拦网防守后组织反攻，交替练习。

第二节　技能主导类同场对抗性项群科学训练

一、足球的训练与指导

（一）足球技术能力的训练与指导

1. 传球与控球练习

（1）直传球练习

队员分两组相对而立，甲组排头的第一名运动员将球直接传给对面组的第一名队员，然后跑向这组队尾等待下次传球。接球队员将球停好再回传给对面队员，同时跑向对方队尾。练习依次进行，练习的重点是直线传球，注意使用不同的技术进行传球和停球，并注意在控球、传球、跑动过程中保持较好的节奏。

（2）二次传球练习

队员在30米×20米的场地内分为两组相对而立，在场地中间设置一个标志物。持球组的第一名队员直接传给对面组沿斜线跑动的接应队员，然后迅速跑过标志物接应其回传球完成二次传球和跑动。

两人交换位置依次进行练习，也可以记录限定时间内成功传球的次数。注意一次传球的动作要有力准确，二次传球要平稳柔和。两名队员的配合应有一定的节奏。

（3）圆圈传球练习

5至8名队员围成圆圈站立。由一名队员开始，将球传给任一队员并跑向该队员与其换位。保持练习不间断地进行，待熟练后可以逐步增加难度，比如教练提出特殊要求，如用脚外侧停球、弧线传球或用“弱脚”传球。待再次掌握之后可以进行2～3个球同时传球，要保持几个球同时在运动且不会互相干扰，为了保证秩序可以在传球前呼喊接球队员的姓名。

（4）逼抢比赛练习

在60米×40米的场地中，进行有球门和守门员的6对6比赛练习。规则是进球方不允许再次得分，直至失球方进球得分。失球方只完成进攻任务，守门员也参与进攻，直到射门得分为止。犯规将被判罚任意球。训练的重点是进攻队员要全力进攻，防守队员紧逼盯人。

练习时球员要积极跑动，选择接球位置，做到快速、简单和准确传球。通过逼抢练习，提高运动员的渗透传球能力，同时培养控球耐心。

（5）有特定条件的比赛练习

在60米×40米的场地内进行6对6比赛。比赛的规则是所有传球距离不得小于10米，接应队员与持球队员也应保持不小于10米的距离。接回传球的队员必须马上完成一次向前的直传球，以此激励向前的渗透传球。传球队员传球后跑向接球队员实施策应，迫使其积极跑动支持同伴。

练习的要点是选择最佳传球机会，并快速传球，避开抢截队员，同时练习选择最佳位置进行策应，培养策应意识。

2. 运球、掩护球练习

（1）护球练习

每人一球在20米×20米的场地内运球并用手拍打其他运球队员。被拍打或失去控球的队员需离开场地等待下次练习。待熟练后可通过减小场地，增加人数等方式提高练习难度。踢出界外球最多的队员为胜利者。练习中注意感觉触球脚尽量不离球，学习用身体掩护球。

（2）夺球比赛练习

形式与上一练习相似。练习开始时每个队员一人一球在方形场地内运球。两名无球队员听到信号后迅速进入场内抢球，抢到球后运球并掩护球，失球队员在再进行抢截。同样的，该练习可以通过缩小场地范围增加抢截人数来提高难度。未失球及控球时间长的队员为比赛胜利者。

练习中要掌握抬头运球，杜绝原地护球。总之以提高运球、掩护球和各种抢截能力为练习目的。

（3）不间断地突破与防守练习

练习场地为20米×20米并用中线分成两块，在一端的底线位置放置两个小球门。队员分成几个练习小组，每组中有一名防守队员，其他队员每人一球。听到信号后，持球队员努力突破防守队员并力争射门得分。可以练习各种技术如合理冲撞、变换节奏运球突破等，也可以规定时间，进球多的队员为比赛胜利者。

练习的要点是向防守队员运球并诱使其失去重心，练习疲劳时的抢截能力和运球技术。

（4）1对1比赛练习

相等人数的两组球员面对面站在20米×15米的场地两端，场地设置小球门。每组第一名队员1对1比赛，进攻队员射门得分后，立即转为防守的队伍，防守失败的队员回到队尾准备下次练习。进球最多的队员为比赛的胜利者。练习的要点是鼓励运用假动作突破对手，防守队员练习体护球。进攻和防守队员在疲劳时要保持动作的规范性。该练习的主要目的是提高进攻队员的运球突破能力，提高防守队员的选位与抢截能力。

3. 传中球和头顶球练习

（1）正面顶球练习

队员分成两组相对而立，间隔2～3米。一组队员的第一名队员向空中抛球并顶给对面队员，然后跑向这组队尾。对面队员将球顶回完成同样练习。用头顶球保持球在空中运行。可以要求完成两次头顶球后再跑向对面，以提高训练难度。也可一名队员站在中央，以控制顶球高度。注意用额正面触球，顶球的下部使球达到一定高度。训练的目的是提高正面头顶球的技术。

（2）连续头顶球攻门练习

在20米×40米的场地内，队员分成两组，每组6名队员和一名守门员。3名队员在门后捡球，一名队员传中，两名队员头顶球攻门。练习开始时，传中队员向门前传球，两名进攻队员分别跑向前门柱和后门柱头顶球攻门。每次完成射门进攻队员要跑向另一侧球门接传中球并头顶球射门。队员交换练习。训练要点是根据球的运行路线选择顶球位置，观察球的运行路线，判断最佳顶球时机。

4. 一对一攻防射门练习

在35米×15米的场地内设两个球门，安排一名守门员，进行一对一攻防，突破或摆脱后立即起脚射门。可定向攻防，也可以由完成射门的球员再得球向另一方向继续进攻射门。

5. 抢球练习

（1）一对一抢球练习

队员分两组A和B两组，A为进攻组，B为防守组，两组相距20米。A运球前进，B上前抢球，抢到球后再传给进攻组，重复以上练习，两组定时交换并计分比赛。

（2）边路一抢一练习

队员分A、B两组，A为进攻组，B为防守组，由教练传给边路进攻的A、B抢球。A突破成功将球传出，B抢球成功后将球传给教练。依次重复练习，两组交换并计分比赛。

6. 守门员的技术训练

（1）看（听）信号选位练习

由教练员发出信号，如用哨声次数分别表示不同的动作，比如1声表示向左，2声表示向右，3声表示向前，4声表示向后。守门员站在球门区内，根据信号做选位移动练习。

（2）对墙自掷自接练习

守门员持球对墙掷球，并接由墙反弹回的球，练习接球的手法和手型，巩固动作记忆。距离墙的距离可以由远至近，逐渐提高难度，逐渐熟练后可缩短与墙的距离2～3米，练习快速接球。

（3）快速反应接球

守门员面向墙距离3～5米，脚部保持预动状态，由教练员从身后持球向墙掷球，守门员全神贯注，注视由墙反弹回的球，并快速接住。守门员面向墙的距离视熟练程度可远可近，教练员掷球的力量视守门员的熟练程度可大可小，也可将墙换成其他队员，教练员向队员头上掷球，守门员接队员头上的回顶球。

（4）一踢（抛）一接练习

由教练员向守门员踢（抛）出不同方向、高度的球，守门员连续接球或扑接球，或者两名守门员互相踢（抛）互接球进行练习。

（5）快速移动扑接球练习

守门员跪地并快速起动，移动接教练员向地上掷的反弹球，要求守门员必须在球反弹后的第二次未落地之前将球扑接住。

（6）快速出击练习

由陪练队员向球门区运球，守门员伺机出击扑接脚下球或破坏球。

（7）综合练习

在其他队员练习各种射门技术时，守门员可练习各种接球、拳击球、托球等技术。

（二）足球战术能力的训练与指导

1. 制造身后空当的比赛练习

在 60 米 × 40 米的场地内进行 6 对 6 的比赛，设置两个球门和两名守门员。战术要求如下：

（1）传球与跑位时机吻合。

（2）利用防守队员身后的空当。

（3）反切跑位，摆脱控制，或在防守队员身前跑动，拉出身后空当。

该练习的目的是培养拉开接应的进攻能力，能够做到正确决定跑动、跑动方向以及跑动的时机。

2. 合作防守的比赛练习

在 60 米 × 40 米的场地内进行 7 对 7 的比赛，设置两个活动球门和两名守门员。比赛的要求是距攻方持球队员最近的防守队员在抢球时要大声喊叫一句暗语，在听到呼喊声后，其他防守队员立即紧逼自己负责防守的进攻队员。如果抢截队员未大声喊叫，将由对方罚任意球。训练的要点是果断做出抢球决定，快速接近对手时不要失去重心。提高队员紧逼盯人的合作能力。

3. 挤压式防守练习

在练习场地的中心画一直径为 50 米的圆圈。一名进攻队员位于该小圆圈内，圈外是 6 打 3 练习。6 名进攻队员控制传球并试图传球给小圈内的同伴，防守队员进行干扰和阻止。防守队员可以穿越小圈但不能滞留在小圈内。可以转换角色进行循环训练。该练习的目的是培养密集防守、保护和平衡防守的能力。最初进攻队员只能传地滚球，也可以通过增加或减少队员人数或者规定有效防守时间来提高训练的难度。防守队员要积极靠近持球队员并阻止其传球。

4. 二过一跑位练习

A 将球传给 B 后快速起动，并在跑动一段距离后接回 B 的传球。B 可根据 A 跑动的快慢、距离，决定直接传球还是停球再传。A 与 B 可定时交换练习。

5. 二过一传球练习

将人员分成A、B两组，在30米见方的区域内做“二过一”传球练习。A向前匀速运球，传给队友后突然起动，突破后接回队友的传球，然后将球传给B组，B组以同样形式练习。熟练之后，此练习也可增至三人或四人同时进行，可取得不同效果。

6. 二过一攻防练习

在边长都为20米的场地内A与B一攻一防进行练习，A控球可与F、C、D、E任何人做“二过一”配合，B抢球后要求只能一脚出球，只能回传给A。B抢到球或A传球失误时互相交换攻防位置练习。

7. 间接二过一传球练习

队员分成两组，相距25 ~ 30米分站两边。由A传球给B，A传球后快速插上接回B的“二过一”传球，B接球后将球传给同时隐蔽插上的C，C接球后将球传给出发处，并跑向队尾。重复进行。

8. 个人边路强攻练习

队员分成两组，A做边路强攻练习，B接传中球射门。

9. 边卫助攻练习

A、B、C、D在中场做相互传球，做边卫助攻练习。熟练之后，可提高难度，在A、B、C、D之间的范围内逐步增多抢球人员，以增强A与E的传、接时间配合。

10. 前卫套边

在中场进行三抢四，由攻方A、B、C、D控球，当球传至A时，前卫B迂回到边路，A将球传到边路。B下底传中。A、D、C可上前包抄射门。

11. 快速反击

在中场30平方米的范围内进行4对4传抢练习，教练员随机鸣哨。根据不同的信号进行练习。如果信号发出时A方控球，则由A方任一控球队员即刻将球传至外线的A方队员，接球后的队员射门或突破射门。

12. 防守反击

队员分成两队进行半场攻、防练习，防守方控球后立即发动反攻，反击时要求至多传球两脚就要把球传到前场，并全体快速压出，有层次地跟上接应。练习可采取比赛形式，以增强练习中对抗的激烈程度。

13. 防守训练

（1）可采取半场攻、防练习，可以增强区域防守和混合防守的位置概念，或者协作防守换位、补位，练习彼此的默契程度。

（2）采取小范围比如1/4场地、1/2场地的人盯人练习，或者全场人盯人抢截练习，以提高盯人队员的责任心和个人防守能力。

（3）在比赛的练习中培养整体防守和个人防守能力。

三、篮球的训练与指导

（一）篮球技术能力的训练与指导

1. 运球

（1）原地高、低运球

①高运球

高运球通常用在没有防守队员的时候。其特点是球的反弹较高，便于观察场上情况，同时在行进中拍球的速度较均匀，因此动作简单易学。

运球时两腿微屈，保持目光平视，上体稍前倾。运球以肘关节为轴前臂自然屈伸，手腕和手指有力地拍球的后上方，用指根及指腹部位触球，食指向前。球的落点控制在运球手同侧脚的外侧前方，控制球的反弹高度在胸腹之间。快速运球行进时，手触球的部位要向后移，加大用力，球的落点离脚要远些。

高运球的动作要领是要主动迎球，随球上引，前臂屈伸并控制球的落点。手的拍球与脚步的移动相互协调配合。

②低运球

一般是在高运球行进的过程中遇到防守队员时立即改用低运球摆脱防守队员的抢截。

运球行进中如果遇到防守队员需立即减速弯腰屈腿，用手指和指根部位短促地拍球的后上部，使球控制在膝关节高度，从防守方的一侧超越。低运球的动作要领是突然改变运球高度并控制好拍球的反弹力量。

（2）运球急停、急起 .

当对方防守较紧时通过利用速度的变化摆脱对手。动作方法是在快速运球中突然急停，身体重心下降并拍球的前上方，使球停止向前运行，保持目视前方观察环境。急起时则两脚用力蹬地，上体迅速前倾起动，同时拍球的后侧上方，人、球同步快速前进。其口诀是“急停稳、起动快”，人和球速保持一致，上体和手、脚的协调配合。

（3）运球转身

当对手逼近不能用体前变向运球突破时可以迅速改用运球转身来突破防守。当对手堵右侧突破时那么迅速上左脚，微屈膝，重心移至左脚，以左脚为轴向后转身，右手将球拉至身体的后侧方并使球落在身体的外侧方，然后换左手运球并加速超越防守。要注意的是控制好重心和球，转身迅速动作协调连贯。

（4）背后运球

当对手堵截运球一侧且距离较近的时候，由于不便运用体前变向运球，可采用背后运球，改变方向突破防守。例如，在跑动中背后向左变向，右脚前跨同时右手按压球的前上方，手臂逐渐外旋，手心向前，在背后直臂按拍球的右侧后上方，使球向左脚的侧前方落地，随即迈左脚球反弹后换左手继续向前推拍前进，加速超越防守。

2. 持球突破

持球突破是一项攻击性很强的技术，它是指持球队员运用脚步动作和运球技术快速超越对手。持球突破不仅是有效的个人攻击而且能造成对方犯规、打乱对方防守部署的机会。

（1）蹬跨

准备突破时两脚左右开立宽于肩，屈膝以降低重心，双手持球于胸前。突破时跨出的第一步要稍大，好抢占有利的位置，但同时注意不能影响前进速度。跨出的脚要落在紧靠对手的侧面，脚尖指向突破方向，以便第二步蹬地时加速突破防守。

（2）转体侧身探肩

上体的前移转体与侧身探肩要同时进行，以利于加速突破的起动和用上体挡住防守者迅速占据空间，便于突破对手和保护球。

（3）推放球

突破前双手持球于腰胯部位，在转体侧身探肩的同时将球稍向侧移，同侧手扶球的后上部位，另一只手托球的下部。突破时突然起动蹬地产生超越时立即向前下方推放球，要做到以球领人顺利衔接下一个动作。

（4）加速

在完成上述动作之后迅速蹬地加速超越对手。需要注意的是蹬跨、转体侧身探肩、推放球和中枢脚蹬地几个环节要紧密衔接、快速连贯保证顺利完成突破。只有熟练地掌握这几个环节，才能较好地掌握持球突破的技术。

3. 断球

断球是用于抢获对方传接球的方法，可分为横断球、纵断球和封断球。不论是从接球者的侧面或后面进行断球还是封堵传球者的传球，重要的是都要有积极的移动步法，跃出获球或接近封堵都要准确地判断传球队员传球出手的瞬间。其中横断球和纵断球要注意的是跃出的步法，两种方式的蹬地都要快而有力，用身体将接球者挡在身后。截获球后要注意身体平衡，迅速转入下一个动作，迅速发动进攻。

当防守者要从对手右侧绕前断球时，右腿先向前跨一步，然后侧身跨左脚绕到对手身前，同时重心前移，左脚用力蹬地向前跃出，两臂前伸，将球截获。需要注意的是侧身绕前，跨步要迅速有力，手部前伸突然。横断球的动作方法是断球时重心迅速向断球方向移动，单脚或双脚用力蹬地突然跃出，用双手或单手将球截获。注意蹬地要有力，跃出要快速突然，才能达到出其不意的效果。

4. 防守持球队员的动作方法

（1）防投篮

防对手中距离投篮时应站在对手与球篮之间更贴近对手的位置，并屈膝直腰前脚同侧手伸向对手瞄篮的球并积极挥动，目的是干扰其投篮，同时重心略偏前脚，脚下不停地前后碎步移动。另一臂积极侧张防止其传球并保持自身平衡。如果防守队员距离对手较远，应在对手接到球的同时，迅速移动到适当靠近对手的位置上；如果对手已获球而防守队员的距离又较远时，防守球员应积极挥摆前伸的手，同时积极移动脚步逐渐接近对手防止其投篮。防守队员向前移动时切忌步幅太猛和过大，以免失去身体平衡给对手突破的机会。如果对手投篮时防守队员来不及上步阻止，可以根据对手的出球动作迅速顺势起跳，单臂上伸封盖，影响其投篮的方向。

（2）防突破

防突破要把握位置和距离的选择，要能够根据对方持球球员距离球篮的距离和对手的特点做出准确判断。当对手距球篮较远又善于突破时，防守队员应以防突破为主抢占持球队员与球篮之间贴近对手的位置，提前做好防守姿势。如果持球队员由投篮变为向防守队员的左侧突破时，防守队员应迅速用前脚掌内侧蹬地撤步并迅速向左侧斜后方滑步，阻截其突破路线。如果是向防守队员的右侧突破，那么防守队员应迅速蹬地向右侧斜后方做后撤步，并阻截其突破路线，使其被迫改变动作方式和动作方向。

(3)防运球

一般情况下为了防止对手运球超越自己，防守队员经常与对手保持一臂的距离，并且两臂侧下张，两腿弯曲，在积极移动中保持防守姿势，随时准备抢断球。如果提高攻击性也可采用贴近对手的平步防守，增加对手做动作的难度。

(4)防传球

当持球队员离球篮较远时，一般其主要的传球意图是向中锋转移球。防守时要判断其传球意图，控制其进攻性的传球。当对手离篮较近时，主要防其突然传球扣篮得分，防守队员要精神集中，随球而采取打、封、阻等动作。打球时以肘关节为轴，前臂上、下、左、右迅速屈伸，必要时配合脚的动作，用抢、打、断球破坏其传球。

(5)抢球

抢球是从进攻队员手中直接夺球。抢球的必要条件是接近持球队员，看准机会双手突然抓住球用猛拉或转拖将球抢过来。一般是利用对方持球队员注意力分散、转身和由空中获球下落、运球停止等时机，注意两手握球要准而快，用力要突然，以迅雷不及掩耳之势迅速获球发起进攻。

(6)打球与盖帽

①打球

打球是指打掉进攻队员手中的球。有时是打掉原地持球队员手中的球，有时是打掉运球队员手中的球，还有时是打掉上篮队员手中的球。打球时接近对手是前提，用力要大而快，根据对手持球部位的高低和走势，判断运球时球反弹的方向与速度、投篮举球到出手前的过程等，快速出手用腕、指的力量拍击球，动作要快而短促。

②盖帽

盖帽是防守投篮，即将出手或已经出手的打球技术，即球即将投出或已经投出正处于上升阶段时防守队员将球拍打掉的动作技术。随着运动员的身高和弹跳素质的增长、判断能力的提高，盖帽技术已成为防投篮最有威胁的手段。一般可根据不同情况采用按压式、上挑式、侧击式、封盖式拍打球。盖帽时要注意降低身体重心、快速移动，根据对手起跳和投篮出手时间及时起跳。手臂和身体充分伸展，动作要短促有力。

5. 抢篮板球

（1）抢进攻篮板球

抢进攻篮板球时要突出一个冲字。这是因为进攻队员抢篮板球时一般处于防守队员的外侧，需要移动和摆脱对手。其动作方法为，处于篮下或内线队员抢进攻篮板球，当同伴或自已投篮时靠近篮下的队员要在及时判断球反弹的方向并同时以假动作绕跨挤到对方的身前，然后跳到最高点进行补篮或直接获取篮板球。如果如进攻队员面向球篮，则要观察判断球的反弹方向、速度和落点后，突然起动冲向球反弹方向进行补篮或抢获篮板球。动作要领是要准确地判断和抢占有利的位置，及时起跳。

（2）抢防守篮板球

防守队员抢篮板球要突出一个挡字，利用自己身体挡抢篮板球。

当球员处于篮下防守而进攻队员投篮时，可根据对手移动情况运用上步、撤步和转身等动作把进攻队员挡在身后，并抢占有利位置。在篮下抢位挡人时，一般采用后转身挡人抢占空间面积，并保持最有利的起跳姿势。

如果是外围防守队员抢篮板球，首先要观察判断对手的动向，采用合理动作利用转身阻止对手向篮下移动，并提前抢占有利位置。起跳抢球时两脚前脚掌用力蹬地，身体和手臂达到最高点时，用单手或者双手抢球。最好在空中就将球传给同伴，完成发动快攻的第一传；如果在空中不能传球给同伴，则落地时应侧对前场，迅速传球发动快攻或运球突破摆脱防守及时将球传给同伴。需要注意的是防守队员要准确判断球的方向和落点，抢占有利位置，合理地先挡后抢。

（二）篮球战术能力的训练与指导

1. 进攻战术配合的训练方法

进攻战术的配合往往是两三名球员通过配合组织完成进攻战术方法。常用进攻配合战术有传切（空切）、突分、掩护和策应等。

（1）传切配合

传切配合是指利用传球和切入技术组成简单的配合组织和发动进攻，目的是训练利用传球和切入来创造进攻的机会，争取获得有利于本方的有利局面，具体方法如图所示（图 9–1，图 9–2）。

①基本传切配合

一传一切是篮球传切配合的最基本构成元素如图 9–1 所示，④号球员传球给⑤号，然后摆脱㉔的防守，切入接⑤号的回传球并运球上篮。

在篮球比赛中，空切配合也是常用的传切配合方法，是由无球队员掌握时机，切向防守空隙区域接球投篮，如图 9–2 所示，⑤号摆脱$\triangle$5的防守空切篮下，接队友④号的传球迅速上篮。

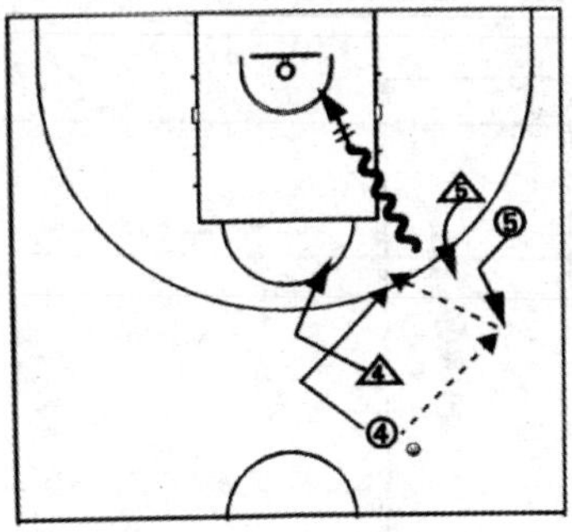

图 9–1　一传一切示例

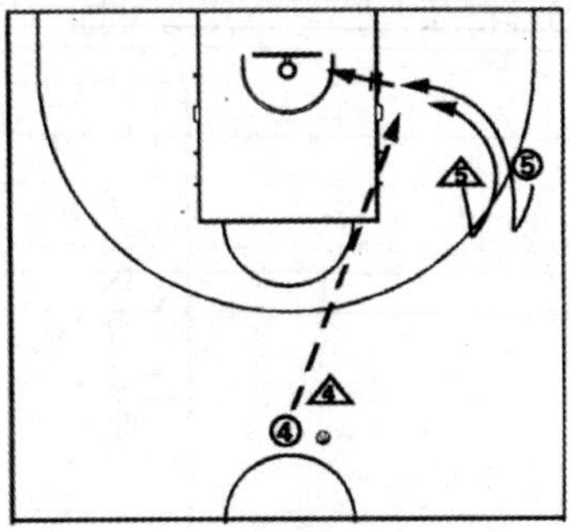

图 9–2　空切配合示例

②二人传切

④号传球给⑤后做向左切入的假动作，然后变向从右侧切入，⑤接球后回传给④的下一位队员，并做向底线切的假动作，然后变向从左侧横切。④切入后至⑤队尾，⑤至④队尾，然后依次进行练习（图 9–3）。

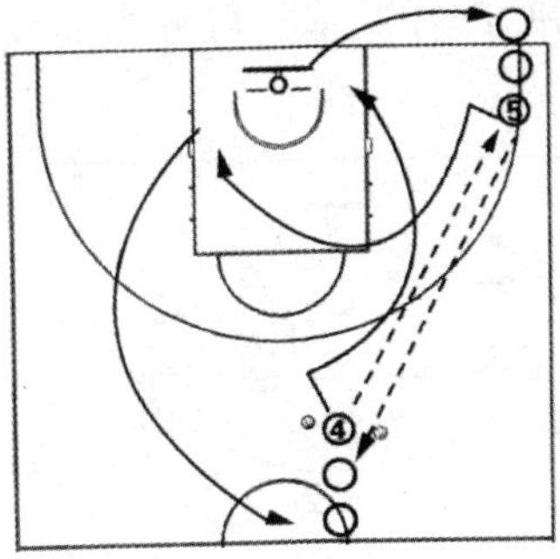

图 9–3　二人传切示例

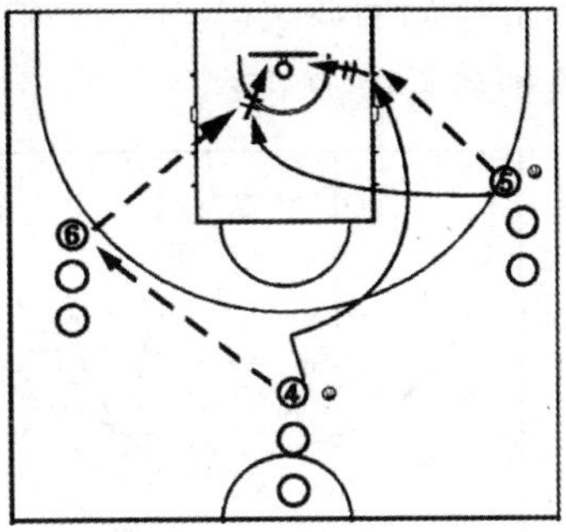

图 9–4　三人传切示例

③三人传切

如图 9–4 所示，两名球员④与⑤各持一球，④传球给⑥后从右侧切入接⑤传球投篮。⑤传球给④后，横切接⑥传球投篮。④、⑤投篮后自抢篮板球传给本组的另一人。按逆时针方向换位，连续练习。

（2）突分配合

突分配合是指运球突破对手后，及时将球传给进攻机会更好的队友的一种配合战术。目的是练习有效打破对方的防守布局，给队友创造最佳的外围投篮进攻机会。练习方法如图所示（图 9–5）。

开始时④号持球突破，突破中跳起传球给向两侧移动的⑦，⑦在接球后做投篮动作并传球给⑤，⑤接球后从底线或内侧突破，跳起传球给接应的⑧。位置交换，④到⑦队尾，⑦到④队尾。突破要有速度，注意保护好球。接应分球的队员要移动及时。

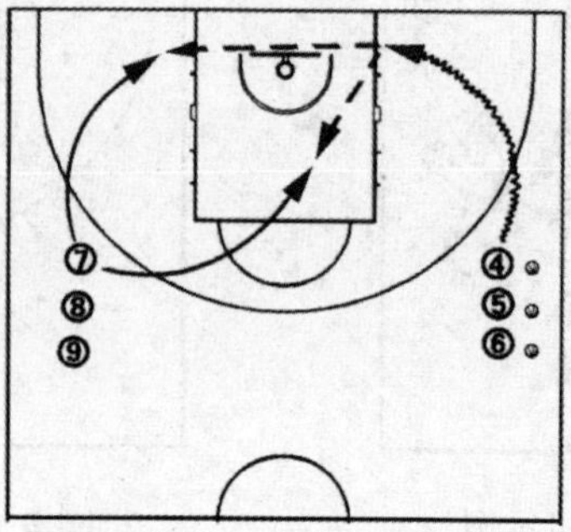

图 9–5　突分配合示例

（3）掩护配合

掩护配合的目的是通过进攻队员之间的配合移动造成对方防守局部负担过重，以达到预期的进攻目标，是攻破紧逼人盯人防守的有效方法之一。方法如图所示（图 9–6），根据身体位置和方向的不同，可分为前掩护、侧掩护和后掩护三种。

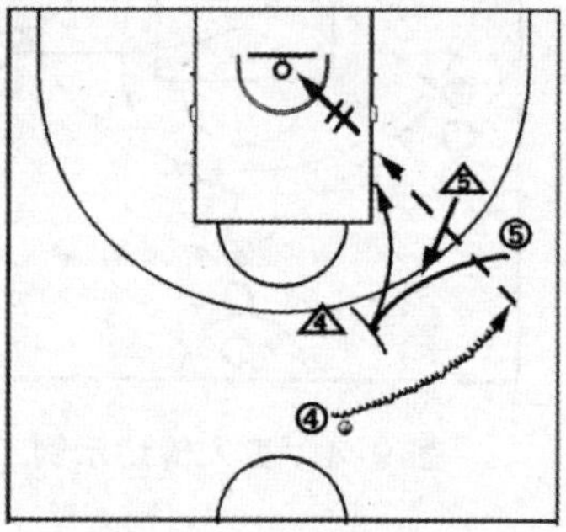

图 9–6　掩护配合示例

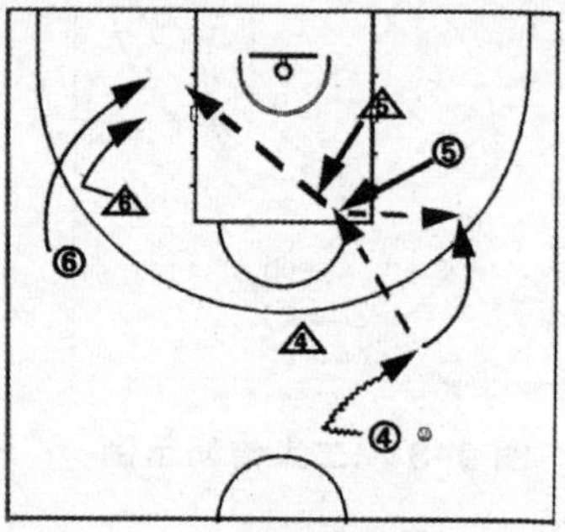

图 9–7　策应配合示例

（4）策应配合

策应配合的目的在于使进攻队员通过运用策应配合战术，来创造进攻机会，以达到预定的进攻目的。方法如图所示（图 9–7）。

球员④持球突破并传球给上提至罚球线的队友⑤，④纵切，⑥溜底线，⑤再传球给外围的④或底线的⑥。

3. 防守战术配合

篮球防守战术配合是通常是两三名防守队员协同防守的战术方法，常用的有以下几种方法。

（1）挤过配合

挤过配合是在对方进行掩护时，被掩护的防守队员主动靠近对手并随其移动，从两个进攻者之间侧身挤过并继续防守自己的对手。挤过配合的特点是主动性强，始终靠近对手，缺点是容易犯规。方法如图所示（图 9–8）。

球员④给⑤做掩护，当④接近△5的瞬间，△5抢前横跨一步贴近⑤，并从④和⑤之间主动侧身挤过去继续防守⑤。

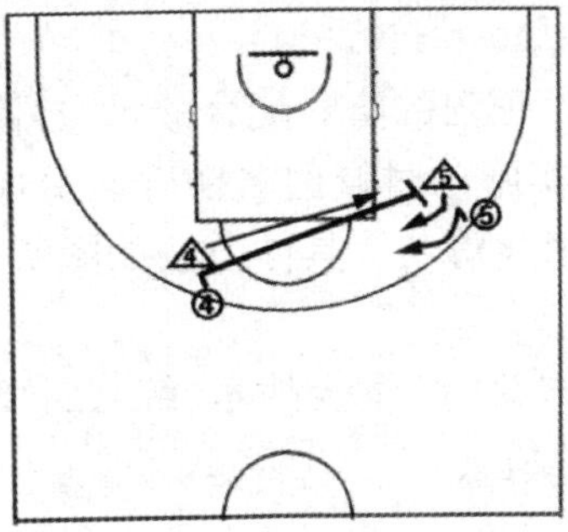

图 9–8 挤过配合示例

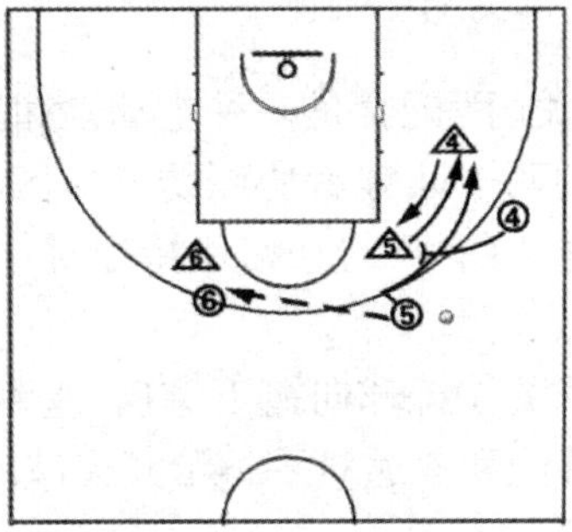

图 9–9 穿过配合示例

2. 穿过配合

穿过配合是指当对方进攻队员进行掩护时，防守掩护者的队员主动后撤一步，让同伴及时从自己和掩护队员中间穿过以便继续防守。具体方法如图所示（图 9–9）。

当④给⑤做掩护时，△5上前一步从△4和⑤之间穿过继续紧逼防守⑤。

3. 换防配合

换防是指交换防守，是指防守者之间及时交换各自的防守对象。目的是利用交换配合有效地遏制和破坏对方的掩护配合。具体方法如图所示（图 9–10）。

当⑤给④掩护成功，△4和△5要及时交换防守对象。

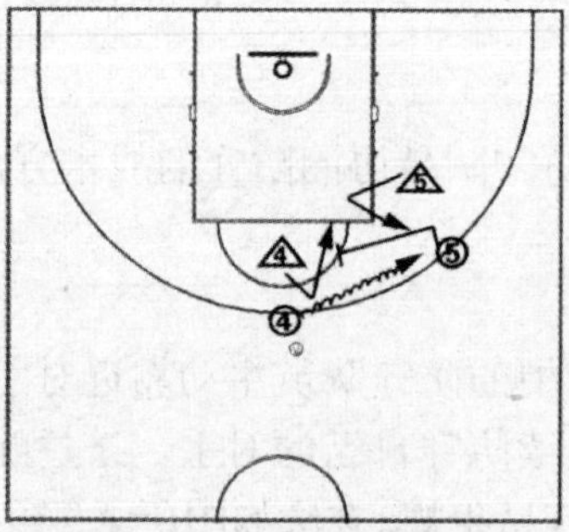

图 9-10　换防配合示例

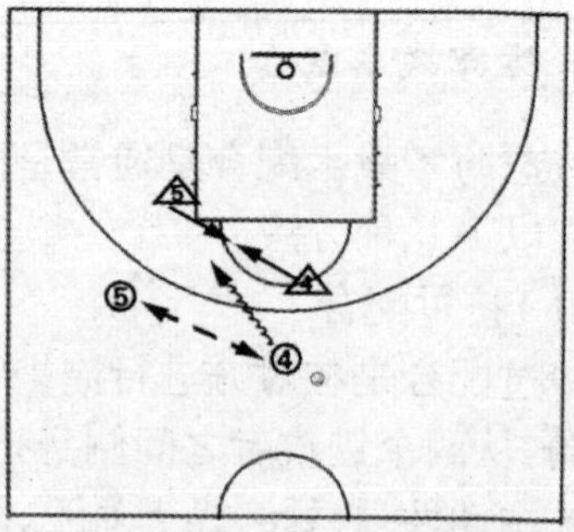

图 9-11 关门配合示例

4. “关门”配合

“关门”配合是一种主动性和攻击性都很强的防守配合战术，具体是指邻近的两个防守者协同防守。因为战术实施的时候两名防守队员像两扇门一样“关闭”起来堵住持球对手突破，因此得名。具体方法如图所示(图9-11)。

球员④持球向篮下突破，⑤和④采用“关门”配合战术，练习时要注意快速移动和紧逼对手不给其突破或投篮的机会。

参考文献

[1] 田麦久 . 运动训练学 [M]. 北京：人民体育出版社，2012.

[2] 曹垚 . 现代体育教学思想的革新与发展 [M]. 长春：吉林人民出版社，2020.

[3] 杨卓 . 现代运动训练内容分析与创新方法研究 [M]. 北京：中国商务出版社，2018.

[4] 杨建昌 . 运动生理学 [M]. 西安：西安地图出版社，2003.

[5] 商银行 . 运动心理学 [M]. 成都：电子科技大学出版社，2017.

[6] 曹青军 . 运动训练理论与实践 [M]. 北京：北京理工大学出版社，2010.

[7] 张松奎 . 体育教育学 [M]. 徐州：中国矿业大学出版社，2013.

[8] 孟献峰 . 田径 [M]. 徐州：中国矿业大学出版社，2015.

[9] 杜和平，葛幸幸 . 田径运动专项理论与实践 [M]. 北京：中国科学技术出版社，2019.

[10] 熊健，刘义峰 . 中小学体育教材教法 [M]. 北京：化学工业出版社，2017.

[11] 张忠秋 . 优秀运动员心理训练实用指南 [M]. 北京：人民体育出版社，2007.

[12] 胡桂英 . 运动心理学 [M]. 杭州：浙江大学出版社，2008.

[13] 梁智恒，孙丽波，鞠复金 . 运动训练原理与实践 [M]. 哈尔滨：东北林业大学出版社，2008.

[14] 陈树华，许永刚 . 篮球运动训练理论与方法 [M]. 广州：广东高等教育出版社，2000.

[15] 叶应满，王洪，韩学民 . 现代运动训练的理论分析与科学方法研究 [M]. 成都：电子科技大学出版社，2017.

[16] 王琳，薛锋．运动训练理论研究 [M]. 北京：中国社会科学出版社，2014.

[17] 顾长海．现代运动训练理论与实践研究 [M]. 上海：同济大学出版社，2018.

[18] 胡亦海．竞技运动训练理论与方法 [M]. 武汉：湖北人民出版社，2005.

[19] 全国体育院校教材委员会审定．运动训练学 [M]. 北京：人民体育出版社，2000.

[20] 刘青．运动训练管理教程 [M]. 北京：人民体育出版社，2007.

[21] 张新萍，屈萍．体适能提升与健康促进 [M]. 广州：中山大学出版社，2020.

[22] 王安利．运动康复技术 [M]. 北京：北京体育大学出版社，2015.

[23] 黄涛．运动损伤的治疗与康复 [M]. 北京：北京体育大学出版社，2017.

[24] 钱菁华．运动康复治疗 [M]. 北京：北京体育大学出版社，2018.

[25] 张凯，张力为．现役运动员心理指导手册 [M]. 北京：人民体育出版社，2020.

[26] 郭玉江．多维视角下优秀运动员心理健康的实证研究 [M]. 北京：人民体育出版社，2018.

[27] 李明，曹勇．体育运动心理训练理论与实践 [M]. 武汉：中国地质大学出版社，2015.

[28] 谭成清，李艳翎．体能训练 [M]. 长沙：湖南师范大学出版社，2012.

[29] 王向宏．体能训练理论与方法 [M]. 北京：北京航空航天大学出版社，2010.

[30] 文超．田径运动高级教程（第 3 版）[M]. 北京：人民体育出版社，2013.

[31] 刘建国．田径 [M]. 北京：高等教育出版社，2006.

[32] 宗华敬．田径 [M]. 北京：北京体育大学出版社，2005.

[33] 张英波．现代田径运动训练方法 [M]. 北京：北京体育大学出版社，2005.

[34] 张瑞林．篮球运动 [M]. 北京：高等教育出版社，2005.

[35] 孙民治．篮球运动教程 [M]. 北京：人民体育出版社，2006.

[36] 于振峰．现代篮球战术学练设计 [M]. 北京：高等教育出版社，2013.